第二版前言

中国外汇市场既是一个发展中的市场，又是瞬息万变的市场，每天都会发生许多故事，外汇行情每天都有新的变化。不同的经济环境、不同的国际形势、不同的汇率政策，也带来了不同的市场走势。鉴于外汇交易的时效性和市场性，同时也为了更好地体现本书的先进性，我们对全书内容进行了修订。

第二版教材修订幅度较大，主要涉及前五章的内容，既涉及第一版中的一些错误和表述不够准确、严谨的地方，也补充了一些汇率改革方面的内容。

第二版教材坚持第一版的指导思想，坚持面向培养应用型人才的院校，以满足学生掌握外汇交易能力的教学需要。

第二版教材由刘伟、李刚、白玮炜编著。其中，白玮炜负责编写第一、三、四章和第二章的前四节；李刚负责编写第五章、第二章第五节；刘伟负责编写第六、七、八、九、十章。

感谢东北财经大学实验教学中心领导和各位同仁的支持，感谢大连财经学院各位老师的关爱，感谢东北财经大学出版社编辑和相关人员的努力！正因为有了你们的支持、关爱和努力，本书第一版才能取得如此好的反响，进而才有了第二版的面世。另外，感谢高西老师、赵亮亮女士、李辉老师在本书修订过程中提供的有益帮助。在本书的编写过程中，作者参考了大量的研究文献与资料，在此一并向这些文献的作者表示谢意。

由于时间仓促，以及我们知识水平有限，本书再版仍可能存在不妥甚至错误之处，希望广大读者不吝指正，以使我们对本书不断完善。

编　者
2017年春

21世纪应用型本科金融系列规划教材

外汇交易

理论、实务、案例、实训

（第二版）

刘　伟　李　刚　白玮炜　编著

东北财经大学出版社
Dongbei University of Finance & Economics Press
大　连

图书在版编目（CIP）数据

外汇交易：理论、实务、案例、实训 / 刘伟，李刚，白玮炜编著. —2版. —大连：东北财经大学出版社，2017.8（2019.5重印）

（21世纪应用型本科金融系列规划教材）

ISBN 978-7-5654-2812-8

Ⅰ. 外… Ⅱ. ①刘… ②李… ③白… Ⅲ. 外汇交易-高等学校-教材 Ⅳ. F830.92

中国版本图书馆CIP数据核字（2017）第160115号

东北财经大学出版社出版

（大连市黑石礁尖山街217号 邮政编码 116025）

网　址：http://www.dufep.cn

读者信箱：dufep@dufe.edu.cn

大连永盛印业有限公司印刷　东北财经大学出版社发行

幅面尺寸：148mm×210mm　字数：306千字　印张：10.25

2017年8月第2版　2019年5月第4次印刷

责任编辑：田玉海　郭海雷　责任校对：惠恩乐

封面设计：姜　宇　版式设计：钟福建

定价：30.00元

教学支持　售后服务　联系电话：（0411）84710309

如有印装质量问题，请联系营销部：（0411）84710711

目 录

第一篇 理论篇

第二篇 实务篇

第三篇　案例、实训篇

第一篇　理论篇

第一章

外汇与汇率概述

引例

在世界上现有的200多个国家和地区中，绝大多数国家和地区都有自己的货币。通常情况下，一国货币不能在另一国内流通。由于各国所使用的货币不同，国际上又没有统一的世界货币，当需要清偿由国际经济交易引起的对外债权债务时，人们便需要把本国货币兑换成外国货币，或把外国货币兑换成本国货币，由此产生外汇交易。可以说，外汇和汇率的产生是商品流通和商品经济发展的必然结果。

早在中世纪，古罗马帝国的统治区域横跨欧、亚、非三洲，那时商品在国家之间的流通就已开始。随着商品交易活动的频繁进行，货币需求增加，加之携带金银货币不方便，于是各国商贾之间出现了作为国际支付工具的简单的商业汇票，成为现代国际支付的雏形。产业革命后，资本主义生产方式迅速发展，世界市场初步形成，国际贸易规模日益扩大，传统的金银货币作为支付手段已经不能适应国际贸易的需要。于是，商业票据兑换以及为其服务的银行业也随之产生，一些信用凭证、信用工具逐步成为货币的替代品，在国际贸易中成为支付工具，外汇的概念、内容和实质也开始形成。外汇交易必然涉及汇率，因为各种货币相遇，必然要涉及交换比价的问题。汇率是一个非常重要的变量，它受宏观经济和微观经济中许多因素的影响；反过来，汇率的变动也会影响微观主体的行为，并通过各种传导机制对一国的宏观经济产生影响。所以，对外汇和汇率的研究是外汇交易相关研究的基础性问题之一。

第一节　外汇的基础知识

外汇是国际金融学的基本概念，掌握外汇的内涵和外延，能够更好地进行外汇交易，分析国际收支往来。

一、外汇的含义

外汇具有双重含义，即外汇的概念有动态和静态之分。

（一）动态的外汇概念

动态的外汇是国际汇兑（foreign exchange）这一名词的简称。国际汇兑的“汇”是指货币在各国间的异地移动，“兑”是把一个国家的货币兑换成另外一个国家的货币。因此，国际汇兑就是将一个国家的货币兑换成另外一个国家的货币，并转移至另外一个国家以清偿债权债务关系的一种国际金融活动。

一般而言，每个国家都有在其本国流通的货币，根据国内的法律，这些货币在本国具有强制流通的性质。一旦这些货币跨越了国境，便失去了自由流通的属性。然而，世界上的货币收付活动并不局限于一国境内，国家间发生的贸易和非贸易的经济往来和交流都会引起货币收支的产生和债权债务关系的变化。这些跨越国境的结算行为与一国国内收付款截然不同，参与者必须通过银行把本国货币兑换成外国货币或把外国货币兑换成本国货币，以国际通用的支付手段来完成货币收支以及债权债务的清偿。这种国家间货币相互兑换转移的金融活动就是国际汇兑，简称外汇。

（二）静态的外汇概念

静态的外汇概念是从动态的国际汇兑行为中衍生而来的，它是外汇的物质存在形态，是国家间为清偿债权债务关系进行的汇兑活动所凭借的手段和工具，或者说是用于国际汇兑活动的支付手段和工具。我们通常所说的外汇就是静态意义上的外汇。静态的外汇概念又分为狭义和广义两个层次。

1.狭义的外汇

狭义的外汇就是我们通常所说的外汇，它是指以外币表示的，可以用于国际结算的支付手段。依据狭义的外汇定义，外汇必须具备五个基本特征：①外汇是以外币计值或表示的资产。任何以本国货币表示的信用工具、支付手段、有价证券对本国人来说都不是外汇。②外汇是对外支付的金融资产。它可以表现为外币现金，也可以表现为外币支付凭证，还可以表现为外币有价证券。③外汇必须充分可自由兑换。如果以某种货币表示的资产在国际上的自由兑换受到限制，它是无法成为外汇的。一国货币是否具有充分可自由兑换的属性，取决于该国的货币制度和外汇管制程度。④外汇必须具有可偿付性。外汇必须是在国外能够得到补偿的债权，空头支票和遭到拒付的汇票不能视为外汇。⑤外汇必须具有普遍接受性，即这种外币资产在国际经济往来中能被各国普遍地接受和使用。

虽然狭义的外汇要求外汇必须以外币表示，但并非所有的以外币表示的资产都是外汇，作为外汇的外币资产必须可以用于国际收支清算。根据狭义的外汇定义，外国货币（现钞）、外币有价证券、黄金等不能视为外汇，因为它们不能直接用于国际结算。因此，不能把外汇简单地理解为外国货币，也不能把外国货币统统理解为外汇。只有在国外银行的存款，以及索取这些存款的外币票据和外币凭证（如汇票、支票、本票和电汇凭证等）才是外汇。国外银行存款是狭义外汇的主体。

2.广义的外汇

广义的外汇一般用于外汇管理政策中对外汇的界定。国际货币基金组织（IMF）对此的定义是："外汇是货币行政当局（中央银行、货币管理机构、外汇平准基金及财政部）以银行存款、财政部库券、长短期政府证券等形式保有的在国际收支逆差时可以使用的债权。其中包括中

央银行之间及政府间协议而发行的在市场上不流通的债券，而不论它是以债务国货币还是债权国货币表示。”根据这一定义，外汇具体包括：①可以自由兑换的外国货币，包括纸币、铸币等；②以外币表示的长短期有价证券，即政府公债、国库券、公司债券、金融债券、股票、息票等；③外币支付凭证，即银行存款凭证、商业汇票、银行汇票、银行支票、银行支付委托书、邮政储蓄凭证等；④特别提款权、欧元；⑤其他外汇资产。

我国于1996年1月颁布并于2008年8月新修订通过的《中华人民共和国外汇管理条例》第三条规定，“外汇，是指下列以外币表示的可以用作国际清偿的支付手段和资产：①外币现钞，包括纸币、铸币；②外币支付凭证或者支付工具，包括票据、银行存款凭证、银行卡等；③外币有价证券，包括债券、股票等；④特别提款权；⑤其他外汇资产。”

可见，广义的外汇概念比狭义的宽泛，狭义外汇强调以外币表示的支付手段和资产，广义外汇除此以外还包括依据政府间协议而发生的以本币表示的债权。

二、外汇的分类

（一）根据外汇是否可以自由兑换，可以将外汇划分为自由外汇和记账外汇

1.自由外汇

自由外汇，是指无须外汇管理当局批准，可以自由兑换成其他国家货币或用于对第三国支付的外汇。换句话说，凡在国际经济领域可自由兑换、自由流动、自由转让的外币或外币支付手段，均称为自由外汇。例如，美元、英镑、日元、欧元、瑞士法郎等货币以及以这些货币表示的支票、汇票、股票、公债等都是自由外汇。由于许多国家基本上取消或放松外汇管制，因此目前世界上有50余种货币是自由兑换货币，持有它们可自由兑换成其他国家货币或向第三方进行支付，因而成为国际上普遍可以接受的支付手段。

2.记账外汇

记账外汇，又称为协定外汇或双边外汇，是指在两国政府间签订的支付协定项目中使用的外汇，不经货币发行国批准，不准自由兑换成他

国货币，也不能对第三国进行支付。记账外汇只能根据协定在两国间使用，协定规定双方计价结算的货币可以是甲国货币、乙国货币或第三国货币；通过双方银行开立专门账户记载，年度终了时发生的顺差或逆差通过友好协商解决，或是转入下一年度，或是用自由外汇或货物清偿。记账外汇的特点：它只能记载在双方银行的账户上，用于两国间的支付，既不能兑换成他国货币，也不能拨给第三方使用。一些彼此友好的国家与第三世界国家之间为了节省双方的自由外汇，常采用记账外汇的方式进行进出口贸易。例如，历史上原来隶属于《华沙条约》组织的东欧国家之间的进出口贸易，曾经采用部分或全部记账外汇的方式来办理清算。

（二）根据外汇的来源和用途不同，可以将外汇划分为贸易外汇和非贸易外汇

1.贸易外汇

贸易外汇，是指进出口贸易所收付的外汇，包括货物及相关的从属费用，如运费、保险费、宣传费、推销费用等。由于国际经济交往的主要内容就是国际贸易，所以一个国家外汇的主要来源与用途就是贸易外汇。

2.非贸易外汇

非贸易外汇，是指除进出口贸易和资本输出、输入以外的其他各方面所收付的外汇，包括劳务外汇、旅游外汇、侨汇、捐赠外汇和援助外汇以及投资收益汇回等。一般来说，非贸易外汇是一国外汇的次要来源与用途。当然，也有个别国家例外，如瑞士，非贸易外汇是其外汇的主要来源与主要用途。

（三）根据外汇买卖的交割期限，可以将外汇划分为即期外汇和远期外汇

1.即期外汇

即期外汇，又称现汇，是指外汇买卖成交后两个营业日以内办理交割的外汇。所谓交割，是指本币的所有者与外币所有者互相交换其本币的所有权和外币的所有权的行为，即外汇买卖中的实际支付。

2.远期外汇

远期外汇，又称期汇，是指买卖双方不需即时交割，而仅仅签订一

纸买卖合同，预定将来在某一时间（在成交两个营业日以后）进行交割的外汇。远期外汇，通常是由国际贸易结算中的远期付款条件引起的；买卖远期外汇的目的，主要是为了避免或减少由于汇率变动所造成的风险损失。远期外汇的交割期限从1个月到1年不等，通常是3~6个月。

三、外汇的作用

外汇是国际经济交往的必然产物，同时它又在国际贸易中起着媒介作用，推动着国际经贸关系的进一步发展，而且外汇在国际政治往来、科学文化交流等领域中也起着非常重要的纽带作用。

（一）促进国际经济贸易发展和政治文化交流

外汇作为国际结算的计价手段和支付工具，转移国家间的购买力，使国与国之间的货币流通成为可能，方便了国际结算，促进了国际经济贸易发展和政治文化交流。国家间各种形式的经济交往形成了债权债务关系，国家间债权债务的清算需要一定的支付手段。以贵金属货币充当国际支付手段时，国际经济交往要靠相互运送大量贵金属来进行，这给国际经济交往带来许多麻烦和不便，妨碍了国际经济交往的扩大和发展。以外汇作为国际支付手段和支付工具进行国际清偿，不仅节省了运送贵金属的费用，而且缩短了支付时间，大大方便了国际支付。另外，外汇的出现促进了国际贸易的发展。利用外汇进行国际结算，具有安全、便利、节省费用和节省时间的特点，因此加速了国际贸易的发展进程，扩大了国际贸易范围。外汇作为国际结算的支付手段，是国际经济交流不可缺少的工具。

（二）加速世界经济一体化的进程

外汇能调节资金在国际上的流动，调节国家间资金供求的不平衡，加速世界经济一体化的进程。各种外汇票据在国际贸易中的运用，使国际上的资金融通范围扩大，同时随着各国开放度不断加强，剩余资本借助外汇实现了全球范围的流动，因此外汇加快了资本流动的速度，扩大了资本流动的规模，促进了世界经济一体化的进程。同时，世界各国经济发展的不平衡性导致了资金余缺状况不同，存在着调节资金余缺的客观需要。一般而言，发达国家存在着资金过剩，而发展中国家则面临资金短缺，外汇可以加速资金的国际流动，有助于国际投资和资本转移，使国际资本供求关系得到调节。

（三）外汇可以充当国际储备手段

一国需要一定的国际储备，以平衡国际收支、稳定汇率、偿还对外债务、应付各种国际紧急支付的需要。在黄金充当国际支付手段时期，各国的国际储备主要是黄金。随着黄金的非货币化，外汇作为国际支付手段，在国际结算中被广泛采用，因此外汇成为各国一项十分重要的储备资产。若一国存在国际收支逆差，就可以动用外汇储备来弥补；若一国的外汇储备多，则代表该国国际清偿能力强。外汇在国际支付中的重要作用，决定着它是重要的国际储备手段；外汇在充当国际储备手段时，不像黄金那样必须存放在金库中，成为一种不能带来收益的暂时闲置资产。它广泛地以银行存款和以安全性好、流动性强的有价证券为存在形式，为持有国带来收益。

第二节　汇率概述

一、汇率的概念及标价方法

（一）汇率的概念

汇率，亦称外汇牌价或汇价，是一国货币兑换另一国货币的比率，也可以说是用一种货币表示的另外一种货币的价格。在国际汇兑中，由于世界各国货币的名称不同，币值不等，在进行货币交换时，一国货币兑其他国家货币就需要设定一个兑换比率，即汇率。如同商品都有价格一样，汇率就是外汇的价格。

国家间的经济往来所产生的债权债务关系到期要进行结算，而国际结算就是通过货币的兑换或者说是通过外汇的买卖来完成的。汇率就是外汇买卖的价格。在国际汇兑中，不同的货币之间都可以相互表示对方的价格，因此外汇汇率也就具有双向表示的特点：既可以用本国货币来表示外国货币的价格，也可以用外国货币来表示本国货币的价格。也就是说，本国货币和外国货币同样具有表示对方货币价格的功能。汇率究竟如何表示，取决于各国所采取的不同的标价方法。

（二）汇率的标价方法

汇率的确定必定涉及两种货币——基准货币（base currency）和标价货币（quoted currency）。基准货币是指各种标价法下数量固定不变的货币；标价货币是指数量变化的货币。汇率的表达方式为一单位的基准货币可兑换多少单位的标价货币。根据基准货币和标价货币的不同，国际上通行的标价方法有三种：直接标价法、间接标价法和美元标价法。在直接标价法下，基准货币为外币，标价货币为本币；在间接标价法下，基准货币为本币，标价货币为外币；在美元标价法下，基准货币是美元，标价货币是其他各国货币。

1.直接标价法

直接标价法（direct quotation），就是用若干单位的本币表示一定单位的外币，或是以一定单位的外币为标准，折算成若干单位本币的一种汇率表示方法。在这一标价法下，相当于把外国货币看作是“商品”，把本国货币看作是货币，两者对比后的比值为外币价格，表明买卖一定单位的外币应付或应收多少单位的本币。目前世界上绝大多数国家都采用直接标价法，我国国家外汇管理局公布的外汇牌价采用的也是直接标价法。

直接标价法的特点：

（1）外币的数量固定不变，折合本币的数量随着外币币值和本币币值的变化而变化。

（2）汇率的涨跌都以本币数额的变化表示。如果一定单位的外币折算成本币的数额比原来增加，则说明外汇汇率上升，本币汇率下降；反之，如果一定单位的外币折算成本币的数额比原来减少，则说明外汇汇率下降，本币汇率上升。在这种标价方法下，外汇汇率的升降与本币标价额的增减是一致的，也就是说，本币标价额的增减直接地表现了外汇汇率的涨跌。

直接标价法与商品买卖的常识相类似，以美元兑人民币汇率为例，作为中国居民，我们把美元看作是“商品”，1美元即为1单位商品，且单位不变，人民币作为货币一方，是变化的，表现出商品的价格。例如，中国人民银行公布的美元兑人民币汇率的中间价如下：2013年7月31日，1美元=6.1788人民币元；2013年8月1日，1美元=6.1778人民币元；2013年8月2日，1美元=6.1817人民币元。从7月31日到8月1日，1美元换得的人民币数额减少，所以美元汇率下降，人民币汇率上升；从8月1日到8月2日，1美元换得的人民币数额增加，所以美元汇率上升，人民币汇率下降。

2.间接标价法

间接标价法（indirect quotation）是用若干单位的外币表示一定单位的本币，或是以一定单位的本币为标准，折算成若干单位外币的一种汇率表示方法。在这一标价法下，将本币看作是“商品”，将外币看作是“货币”，两者对比后的比值，表明买卖一定单位的本币应付或应收多少外币。目前只有少数国家采用该种标价方法[①]。

间接标价法的特点：

（1）本币的数量固定不变，折合外币的数量随着本币币值和外币币值的变动而变动。

（2）汇率的涨跌都以外币数额的变化来表示。如果一定单位的本币折算成外币的数量比原来增加，则说明本币汇率上升，外汇汇率下降；如果一定单位的本币折算成外币的数量比原来减少，则说明本币汇率下降，外汇汇率上升。在这种标价方法下，本币汇率的升降与外币标价额的增减是一致的，也就是说，外币标价额的增减直接地表现了本币汇率的涨跌。

直接标价法和间接标价法所表示的汇率涨跌的含义正好相反，所以在引用某种货币的汇率和说明其汇率高低升降时，必须明确采用哪种标价方法，以免混淆。

3.美元标价法

美元标价法，是以一定单位的美元为标准来计算应兑换多少单位的其他国家货币的汇率表示方法。这是对美国以外的国家而言的，即各国均以美元为基准来衡量各国货币的价值，非美元外汇买卖时，则是根据各自与美元的比率套算出买卖双方货币的汇率。

美元标价法的目的是简化报价并广泛地比较各种货币的汇率，随着国际金融市场之间外汇交易量的猛增，为了便于国际外汇交易的进行，

① 早期，世界上大部分国家都使用直接标价法，英联邦国家多使用间接标价法，如英国、澳大利亚、新西兰等。

目前各大国际金融中心已普遍使用这种标价方法[1]。

美元标价法的特点是美元的单位始终不变，美元与其他货币的汇率是通过其他货币量的变化体现出来的。

二、汇率的种类

汇率虽然被概括地定义为两种货币的兑换比率，但在不同的场合，汇率有不同的表现形式，或者说，在实际应用中，汇率可以从不同的角度去理解和划分。

1.从制定汇率的角度来划分

从制定汇率的角度来划分，汇率可分为基本汇率（basic rate）和套算汇率（cross rate）两种。

由于外国货币种类很多，一国在制定本国货币兑换外币的汇率时，逐一地根据它们的实际价值进行对比来确定，既麻烦也没有必要。一般做法是，**在众多的外国货币中选择一种货币作为关键货币，根据本国货币与这种关键货币的实际价值对比，制定出对它的汇率，称为“基本汇率”。其他各种外国货币与本币之间的汇率可以通过基本汇率和国际金融市场行情套算出来，这样得出的汇率就称为套算汇率或交叉汇率。**

从基本汇率和套算汇率的分类可知，一国所制定的汇率是否合理在很大程度上取决于关键货币的选择合理与否，因此各国政府对关键货币的选择都非常慎重，一般来说遵循三条原则：①必须是该国国际收支中，尤其是国际贸易中使用最多的货币；②必须是在该国外汇储备中所占比重最大的货币；③必须是可以自由兑换的、在国际上可以被普遍接受的货币。第二次世界大战后，美元在国际汇兑中使用得最多，在各国外汇储备中所占比重最大，也是各国普遍接受的可以自由兑换的货币。因此，大多数国家都把美元当作关键货币，把本国货币对美元的汇率作为基本汇率。

【例1-1】假设1美元=6.1275人民币元，1美元=7.7558港元，则港币兑人民币的交叉汇率为1港元=6.1275/7.7558=0.7901人民币元[2]。

---

① 美元标价法与非美元标价法是国际外汇市场买卖外汇报价的习惯做法，在国际上已约定俗成，形成惯例。目前在国际金融市场上，英镑兑美元、欧元兑美元、澳元兑美元、新西兰元兑美元采用的是非美元报价，其他国家的货币大都采用美元报价。

② 外汇的买卖通常采用双向报价，实际汇率的套算比较复杂，有关内容请参见第五章的汇率套算。

2.从银行买卖外汇的角度来划分

从银行买卖外汇的角度来划分，汇率可分为买入汇率（buying rate）、卖出汇率（selling rate）、中间汇率（middle rate）和现钞汇率四种（bank note rate）。

外汇是一种特殊金融商品，需要外汇银行作为中间人来实现外汇的买卖及其他交易。银行经营外汇买卖业务时存在一定的成本，也需要赚取一定的利润，这种盈利主要体现在买入与卖出的差价上；换句话说，银行外汇卖出价高于买入价的部分是其买卖外汇的毛收益，包括手续费、保险费、利息和利润等。因此，所有经过银行交易的外汇汇率都分为买入汇率和卖出汇率两种。

（1）买入汇率

买入汇率即买入价，是外汇银行向同业或者客户买进外汇时所使用的汇率，即银行收取外币时愿意支付的价格。因为其客户主要是出口商，所以买入汇率又称为出口汇率。

（2）卖出汇率

卖出汇率也叫卖出价，是外汇银行向同业或客户卖出外汇时所使用的汇率，即银行出售外币时愿意收取的价格。因为其客户主要是进口商，所以卖出汇率又被称为进口汇率。

买入汇率和卖出汇率都是站在银行（而不是客户）的角度来定的，这些价格都是外汇（而不是本币）的买卖价格。买入价和卖出价的差价代表银行承担风险的报酬，一般为1‰～5‰。银行同业之间买卖外汇时使用的买入汇率和卖出汇率也称同业买卖汇率，实际上就是外汇市场买卖价。

汇率的标价方法不同，买入汇率和卖出汇率的确定也不相同。外汇牌价数字的标价排列总是前一数字小，后一数字大，因而在不同的标价法下，买卖价的排列顺序也就不同。在直接标价法下，汇价的前一数字为买入价，后一数字为卖出价。如在日本东京外汇市场，USD1=JPY108.05-108.15，则美元的买入价是USD1=JPY108.05，卖出价是USD1=JPY108.15。在间接标价法下，汇价的前一数字为卖出价，后一数字为买入价。如在美国纽约外汇市场上，USD1=HKD7.7330-7.7335，则银行买入7.7335港元需付1美元，卖出7.7330港元收入1美元。

（3）中间汇率

中间汇率亦称“外汇买卖中间价”，是指买入汇率与卖出汇率的平均数。

中间汇率不含银行买卖外汇的收益，常用来衡量和预测某种货币汇率变动的幅度和趋势，是一个分析指标，各国政府规定和公布的官方汇率以及经济理论著作中或报道中出现的汇率一般都是中间汇率，企业发生外币业务时，在会计记账时一般也采用中间汇率。

（4）现钞汇率

现钞汇率又称现钞买入价，是指银行买入外币现钞时所使用的汇率，通常在对外挂牌公布汇率时另外注明。

从理论上讲，现钞买卖价同外币支付凭证、外币信用凭证等外汇形式的交易所达成的买卖价应该相同。但现实生活中，由于一般国家都存在外汇管制，不允许外国货币在本国流通，持有者需要把买入的外币现钞运送到发行国或能流通的地区去，这就需要花费一定的运费和保险费，因此银行购买外币现钞的价格要略低于购买现汇的价格，通过这种方式将这些费用转移到客户身上。一般而言，银行在收兑外币现钞时使用的汇率，稍低于其他外汇形式的买入汇率；而银行卖出外币现钞时使用的汇率则与外汇卖出价相同。表1–1为来源于中国银行网站的2016年11月5日的外汇牌价情况。

表1–1 **2016年11月5日外汇牌价**

货币名称	现汇买入价	现钞买入价	现汇/钞卖出价	现汇/钞卖出价	中间价
英镑	843.12	816.87	848.79	848.79	841.93
港币	86.93	86.24	87.27	87.27	87.06
美元	674.38	668.84	676.94	676.94	675.14
瑞士法郎	694.96	673.51	699.84	699.84	693.06
日元	6.5298	6.3264	6.5736	6.5736	6.553
加拿大元	502.58	486.68	505.96	506.21	504.06
澳大利亚元	517.13	501.03	520.6	520.6	518.82
欧元	750.79	727.41	755.84	755.84	749.44

3.按外汇交易的交割时间来划分

按外汇交易的交割时间不同，汇率可分为即期汇率（spot rate）和远期汇率（forward rate）两种。

（1）即期汇率

即期汇率，也称现汇汇率，是指外汇买卖成交后，买卖双方在当天或在两个营业日以内进行交割所使用的汇率。即期汇率是由交易时外汇市场的供求关系所决定的，在外汇市场上挂牌的汇率，除特别标明远期汇率以外，一般都是指即期汇率。

（2）远期汇率

远期汇率，也称期汇汇率，是指外汇买卖成交后，约定在未来某一时间办理交割手续的外汇交易所使用的汇率。远期外汇买卖是一种预约性交易，是由于外汇购买者对外汇资金需要的时间不同，以及为了避免外汇风险而引进的。一般而言，期汇的买卖差价要大于现汇的买卖差价。

4.按外汇管理的宽严程度不同来划分

按外汇管理的宽严程度不同，汇率可分为官方汇率（official rate）和市场汇率（market rate）两种。

（1）官方汇率

官方汇率是指国家的货币金融管理机构如中央银行或外汇管理当局所公布的汇率，是外汇管制较严格的国家授权其外汇管理当局制定并公布的本国货币与其他各种货币之间的外汇牌价。官方汇率由于具有法定性质，所以又称法定汇率，它规定了凡进行外汇交易都要以官方公布的汇率为准，一般没有外汇市场。官方汇率一经制定，往往不能频繁变动，这虽然保证了汇率稳定，但汇率缺乏弹性，不能真正反映市场供求关系。

（2）市场汇率

市场汇率是指在自由外汇市场上买卖外汇的实际汇率，它一般存在于市场机制较发达的国家和地区。市场汇率是由市场上外汇供求关系所决定的，随外汇供求关系的变化而自由波动。官方机构只能通过参与外汇市场活动来干预汇率的变化，以避免汇率出现过度频繁或大幅度的波动。

在外汇市场上，官方宣布的汇率往往只起中心汇率的作用，实际外汇交易则按市场汇率进行，是外汇市场上自由买卖外汇的实际汇率。各国外汇管理当局对市场汇率的波动并不是采取完全放任自流的态度，而是利用各种经济手段进行干预，使之不会偏离官方汇率太远。在外汇管制较宽松的国家，外汇交易一般按市场汇率进行；在外汇管制较严格的国家，往往会出现高于官价的黑市汇率。

5.按汇率是否适用于不同的来源与用途划分

按汇率是否适用于不同的来源与用途，汇率可划分为单一汇率（single rate）和多重汇率（multiple rate）两种。

（1）单一汇率

单一汇率是指一国货币对某一外国货币只规定一个汇率，各种不同来源和用途的外汇收支和买卖都按这一汇率结算。

（2）多重汇率

多重汇率是指一国货币对某一外国货币的比价因用途及交易种类的不同而规定有两种或两种以上的汇率，也叫复汇率。

一国实行多重汇率是为了保障某些特殊的经济利益，比如鼓励出口、限制资本流入等。这种汇率安排方式在发展中国家，尤其是在较落后的发展中国家还具有一定的普遍性，不过由于各国具体情况不同，采用的复汇率在性质上也略有差异。

比较常见的复汇率，是按外汇资金的用途和性质不同实行贸易汇率（commercial rate）和金融汇率（financial rate）并存的状态。

贸易汇率是指用于进出口贸易及其从属费用方面支付结算的汇率。金融汇率是指用于国际资本流动、旅游和其他非贸易收支方面支付结算的汇率。一般来说，一国实行这种复汇率制度有两个目的，一方面是为了鼓励出口，限制进口，改善贸易收支；另一方面是为了防止国际资本流动，尤其是短期投机资金移动给本国国际收支和经济发展所带来的冲击。

6.按外汇交易中支付方式的不同划分

按外汇交易中支付方式的不同，汇率可划分为电汇汇率（telegraphic transfer rate，T/T rate）、信汇汇率（mail transfer rate，M/T rate）和票汇汇率（demand draft rate，D/D rate）三种。

（1）电汇汇率

电汇汇率是银行以电讯方式买卖外汇时所采用的汇率。银行通过加密押的电报或电传向国外的分行或代理行发出解付指令的汇款方式称电汇，适用于电汇的汇率就是电汇汇率。由于电汇具有迅速、安全、交易费用相对较高的特点，一方面，电汇汇率要比信汇汇率、票汇汇率高；另一方面，在当前信息社会，为避免外汇汇率波动所带来的风险，在国际业务中基本上以电汇业务支付结算，因此电汇汇率是基础汇率，其他汇率都是依据电汇汇率计算出来的，主要外汇市场上所显示的汇率，多指银行的电汇汇率。

（2）信汇汇率

信汇汇率是指银行以信函方式通知收付款时所采用的汇率。信汇业务具有收付时间长、安全性低、交易费用低的特点，并且银行可以利用在途资金的时间也比较长，通常情况下，信汇汇率要比电汇汇率低一些。

（3）票汇汇率

票汇汇率是指兑换各种外汇汇票、支票或其他各种票据时所采用的汇率。由于从开立票据到最终支付之间的时间间隔较长，银行可以在这段时间内占用客户的头寸，因而票汇汇率较电汇汇率要低。票汇汇率根据票汇支付期限的不同，又可分为即期票汇汇率和远期票汇汇率。即期票汇汇率是银行买卖即期汇票的汇率，较电汇汇率低，大致同信汇汇率相当；远期票汇汇率是银行买卖远期汇票的汇率，由于远期票汇交付时间比较长，所以其汇率比即期票汇汇率还要低。

7.按营业时间划分

按营业时间划分，汇率可分为开盘汇率（opening rate）和收盘汇率（closing rate）两种。

（1）开盘汇率

开盘汇率，是指经营外汇业务的银行在每个营业日开始营业时进行首批外汇买卖的汇率，亦称开盘价，它一般根据前一个交易日的收盘价确定。

（2）收盘汇率

收盘汇率，是指外汇银行在每日将结束营业时买卖外汇的汇率，亦称收盘价。

8.按外汇买卖的对象不同划分

按外汇买卖的对象不同划分，汇率可分为银行间汇率（inter-bank rate）和商业汇率（commercial rate）两种。

（1）银行间汇率

银行间汇率，也叫同业汇率，是指银行与银行之间买卖外汇的汇率。由于外汇银行是外汇市场的主要参与者，银行间的外汇交易是整个外汇交易的中心，因此银行间汇率又被称为市场汇率。银行间汇率由外汇市场供求关系决定，买卖差价很小。一般情况下，报纸杂志上刊登的汇率是银行同业间电汇汇率的中间价。

（2）商业汇率

商业汇率，是指银行与客户之间买卖外汇所使用的汇率。商业汇率是根据银行同业汇率适当增（卖出价）减（买入价）而形成的，所以买卖差价要大于同业汇率。

9.按汇率制度的不同划分

按汇率制度的不同，汇率可分为固定汇率（fixed rate）和浮动汇率（floating rate）两种。

（1）固定汇率

固定汇率是指一国货币同另一国货币的汇率基本保持固定，汇率的波动被限制在一定幅度以内，当汇率波动超出规定的界限时，货币当局有义务对外汇市场进行干预以维持汇率稳定。固定汇率是在金本位制和布雷顿森林体系下各国货币汇率安排的主要形式。

（2）浮动汇率

浮动汇率是指一个国家不规定本国货币的固定比价，也没有任何汇率波动幅度的上下限，汇率随外汇市场的供求关系自由浮动。在这种制度下，货币当局原则上没有义务维持汇率的稳定，但往往会根据经济政策的需要，对汇率施加影响。浮动汇率是自20世纪70年代初布雷顿森林体系崩溃以来各国汇率安排的主要形式。

固定汇率和浮动汇率不是具体的汇率水平，而是两种汇率制度，在以下章节会详细介绍。

10.按汇率是否经过价格调整划分

按汇率是否经过价格调整，汇率可分为名义汇率（nominal

exchange rate）和实际汇率（real exchange rate）两种。

（1）名义汇率

名义汇率，是指在社会经济生活中被直接公布和使用的表示两国货币之间比价关系的汇率，没有剔除通货膨胀因素的影响。影响名义汇率变动的因素有很多，其中主要包括两国的相对价格水平、相对利率水平和贸易平衡情况。名义汇率既可能由市场决定，也可能由官方决定。

（2）实际汇率

实际汇率是指在名义汇率的基础上剔除通货膨胀因素影响后的汇率。它用来反映去除两国货币相对购买力变动的影响后，汇率变化对两国国际竞争力的实际影响，可以表示为：

$$\text{实际汇率}=\text{名义汇率}\times\frac{\text{外国价格指数}}{\text{本国价格指数}} \tag{1-1}$$

11.按汇率使用的范围不同划分

按汇率使用的范围不同，汇率可分为双边汇率（bilateral exchange rate）和有效汇率（effective exchange rate）两种。

（1）双边汇率

双边汇率是指两种货币之间的汇率，在外汇市场上用以测定另一种货币的价值，并可判断两种货币价值之间的相对变动。银行公布的外汇牌价通常指的都是双边汇率。

（2）有效汇率

有效汇率是一种货币相对于其他多种货币双边汇率的加权平均数，又称汇率指数。

一般情况下，在外汇市场上，一种货币可能对某几种货币升值，而对另外一些货币贬值，即使该种货币同时对其他货币升值（或贬值），其幅度也不一定完全一致，这样我们就很难判断该货币究竟是升值还是贬值，幅度有多大，所以我们通常采用有效汇率，即采用一种汇率指数来测定外汇市场上汇率的平均变动幅度。

有效汇率通常选用某个变量为权重，对一国货币与各样本国货币的汇率比值进行加权平均。在测算有效汇率[①]指数时，研究人员往往根据自己的特殊目的来选择样本货币范围、变量指标和加权平均数的计算方

① 有效汇率的计算参见本章拓展阅读栏目。

法以及基期，上述变量如果不同，计算的有效汇率指数也存在差异。目前，国际货币基金组织定期公布17个工业发达国家的若干种有效汇率指数，包括劳动力成本、消费价格、批发价格、贸易比重等为权数的经加权平均得出的不同类型的有效汇率指数。从20世纪70年代末起，各国开始使用有效汇率指数来观察某种货币的总体波动幅度及其在国际经贸和金融领域中的地位，通常以贸易比重为权数。

有效汇率是一个非常重要的经济指标，以贸易比重为权数计算的有效汇率可以反映一国货币汇率在国际贸易中的总体竞争力和总体波动幅度，也可以用于研究货币危机的预警指标以及一个国家相对于另外一个国家居民生活水平的高低等问题。

上述计算的其实是名义有效汇率（nominal effective exchange rate），以名义有效汇率为基础，剔除通货膨胀对一国和各样本国货币购买力的影响，就可以得到实际有效汇率（real effective exchange rate）。实际有效汇率不仅考虑了一国对各样本国双边名义汇率的相对变动情况，而且剔除了通货膨胀对货币本身价值变动的影响，能够综合地反映本国货币的对外价值和相对购买力，以及本国商品和劳务的国际竞争力。

第三节　汇率的决定与变动

各国货币之所以可以进行兑换，能够形成相互之间的比价关系，是因为它们都代表着一定的价值量，这是汇率的决定基础。在不同的货币制度下，由于各国货币价值的决定方式不同，因此汇率决定的基础就不同，这也决定了汇率变动的幅度和方式有所不同。

一、汇率的决定

（一）金本位制度下汇率的决定

金本位制度（gold standard system）泛指以黄金为本位货币的货币制度，包括金币本位制（gold coin standard system）、金块本位制（gold bullion standard system）和金汇兑本位制（gold exchange standard system）。金币本位制盛行于19世纪中期至20世纪初期，属于完全的金本位制度。后两种金本位制出现在由金铸币流通向纸币流通过渡和第二次世界大战后对黄金与货币兑换实行限制的时期，而且存在的时间较短，属于不完全的金本位制度。通常，金本位制度主要是指金币本位制。

1.金币本位制下汇率的决定

在金币本位制下，用一定重量和成色的黄金铸造的金币为法定通货，金币可以自由铸造和自由熔化，金币与流通中的银行券可以自由兑换，作为一种世界货币，金币在国际结算中可以跨国境自由输入输出。各国都以法律形式规定每一金铸币单位所包含的黄金重量与成色，即法定含金量（gold content）。两国货币的价值量之比就直接而简单地表现为它们的含金量之比，称为铸币平价（mint parity）。黄金是价值的化身，铸币平价是决定两国货币之间汇率的价值基础，它可以表示为：

$$1\text{单位A国货币} = \frac{\text{A国货币含金量}}{\text{B国货币含金量}} = \text{若干单位B国货币} \qquad (1\text{-}2)$$

1925—1931年，英国规定1英镑金币的重量为123.2744格令（grains），成色为22k（carats），即1英镑含113.0016格令纯金（123.2744×22/24）；美国规定1美元金币的重量为25.8格令，成色为0.9000，则1美元含23.22格令纯金（25.8×0.9000）。根据含金量之比，英镑与美元的铸币平价为：113.0016/23.22 = 4.8665，即1英镑的含金量是1美元含金量的4.8665倍，或1英镑可兑换4.8665美元。

可以看出，按照等价交换的原则，铸币平价是决定两国货币汇率的基础。

那么，由铸币平价决定的两国货币的汇率就是外汇市场上的实际汇率吗？显然不是。铸币平价是法定的，一般不会轻易变动，而实际汇率受外汇市场供求影响，经常上下波动。当外汇供不应求时，实际市场汇率就会超过铸币平价；当外汇供过于求时，实际市场汇率就会低于铸币平价。正像商品的价格围绕价值上下波动一样，实际市场汇率也围绕铸币平价上下波动。但在典型的金币本位制度下，由于黄金可以不受限制地输入输出，不论外汇供求的力量多么强大，实际市场汇率的涨落都是有限制的，即被限制在黄金输出点和输入点之间。

黄金输出点和输入点统称黄金输送点（gold transport point），是指

在金币本位制下，汇率涨落引起黄金输出和输入国境的界限。它由铸币平价和运送黄金费用（包装费、运费、保险费、检验费、运送期的利息等）两部分构成。铸币平价是比较稳定的，运送费用是影响黄金输送点的主要因素。以直接标价法来表示，黄金输出点等于铸币平价加运送黄金费用，黄金输入点等于铸币平价减运送黄金费用。

第一次世界大战以前，在英国和美国之间运送黄金的各项费用和利息，约为所运送黄金价值的5‰～7‰，按平均数6‰计算，在英国和美国之间运送1英镑黄金的费用约为0.03美元。按上文所述，英镑与美元的铸币平价为4.8665美元，那么对美国厂商来说，黄金输送点为：

黄金输出点 = 4.8665 + 0.03 = 4.8965（美元）

黄金输入点 = 4.8665 − 0.03 = 4.8365（美元）

在金币本位制下，汇率波动的规则为：汇率围绕铸币平价，根据外汇市场的供求状况，在黄金输出点与输入点之间上下波动。当汇率高于黄金输出点或低于黄金输入点时，就会引起黄金的跨国流动，从而自动地把汇率稳定在黄金输送点所规定的幅度之内（如图1–1所示）。

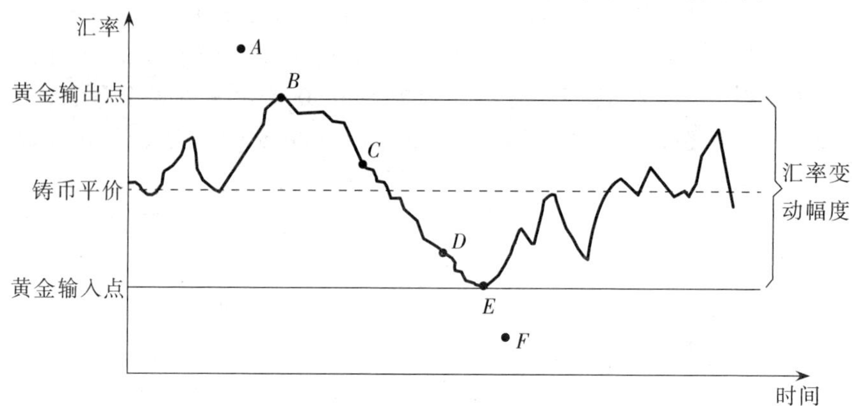

图1–1　金本位制下汇率波动的规则

图1–1表示一段时期内美国外汇市场上英镑汇率波动的轨迹。如果汇率高于铸币平价，则意味着英镑的需求大于英镑的供给，这往往是由于美国对英国产生国际收支逆差所引起的。在A点，美国厂商情愿在国内用美元购买黄金，并把黄金运到英国偿还债务。因为以输出黄金偿还1英镑债务的代价（铸币平价 + 运送费用 = 4.8665 + 0.03 = 4.8965（美

元））小于在A点上用美元购买英镑所付出的代价。因此，汇率是不可能升至A点或高于黄金输出点的。在B点，美国厂商在国内购买黄金，并把黄金运送到英国偿还债务，或是到外汇市场上购买英镑偿还债务，其偿还1英镑债务的代价是相同的，都是4.8965美元，汇率升至B点是可能的。在C点，美国厂商会选择购买英镑偿债，因为以这种方式偿还1英镑债务的代价小于输出黄金的代价（4.8965美元）。在黄金输出点与铸币平价之间，在C点所做的选择都是适用的。

如果汇率低于铸币平价，则意味着英镑供给大于需求，美国对英国产生国际收支顺差。在D点，美国厂商愿意接受英镑，并在外汇市场上兑换成美元，因为在这种选择下每1英镑可换取的美元多于用1英镑在英国购买黄金运回国内所能换取的美元（4.8665-0.03＝4.8365（美元））。在铸币平价与黄金输入点之间，在D点的选择也都是适用的。在E点，美国厂商接受英镑，并在外汇市场上兑换成美元，或是用英镑在英国购买黄金运回国内，每1英镑可换取4.8365美元。因此，汇率是可能跌至E点的。在F点，美国厂商宁愿以英镑在英国购买黄金运回国，也不愿接受英镑，并用英镑到外汇市场上兑换美元，因为运回价值1英镑的黄金至少还可以换到4.8365美元（4.8665-0.03＝4.8365），所以汇率是不可能跌至F点或低于黄金输入点的。

黄金的输出与输入使外汇市场上的供求趋于平衡，并使汇率在一定幅度内波动，这就是金币本位制下汇率波动的自发调节机制。这个自发调节机制由英国经济学家休谟（David Hume，1752）最早提出，又称为黄金-物价国际收支调节机制。

2.金块本位制和金汇兑本位制下汇率的决定

要特别指出的是，汇率围绕铸币平价，根据外汇市场供求状况，在黄金输出点与输入点之间上下波动的规则，只能在完全的金本位制度——金币本位制下发挥稳定汇率的作用。第一次世界大战爆发后，许多国家的货币发行不受黄金储备的限制，通货膨胀严重，现钞的自由兑换和黄金的自由流动等“货币纪律”遭到破坏，金币本位制陷于崩溃，各国相继实行金块本位制或金汇兑本位制。在这两种本位制下，两国货币实际代表的含金量之比还是决定汇率的价值基础，称为法定平价（official parity），实际汇率会围绕法定平价上下波动，但此时汇率波动的幅度已经不再受制于黄金输送点。在金块本位制和金汇兑本位制下，黄金的输出入已经受到严格的限制，因此黄金输送点实际上已经不复存在。在金块本位制和金汇兑本位制这两种残缺不全的金本位制度下，汇率决定的基础虽然依然是金平价，但汇率的波动幅度则由政府来规定和维护。政府一般通过设立外汇平准基金来维持本国货币汇率的稳定。当外汇汇率上升时，便出售外汇；当外汇汇率下降时，便买进外汇，通过这种方法将汇率的波动限制在允许的幅度内。很显然，在金块本位制和金汇兑本位制下，汇率的自发调节机制已经不存在了。1929—1933年世界性的经济危机爆发后，残缺不全的金本位制度迅速瓦解，金本位制彻底崩溃。不久，各国普遍实行了纸币流通制度。

（二）纸币本位制度下汇率的决定

纸币只是交易的媒介，本身没有价值，在与黄金脱钩了的纸币本位制度下，纸币不再代表或代替黄金流通，从而使金平价（铸币平价和法定平价）不再是汇率决定的基础。从本质上讲，纸币本位制度（paper money standard system）下汇率决定的基础应该是纸币所代表的实际价值，即纸币的购买力，而在现实经济生活中，汇率决定受多种因素的影响，世界各国经济学家都在探讨纸币与黄金脱钩后的汇率决定问题，从而形成了不同的汇率决定理论。我们将在第四章详细介绍这些理论。

二、汇率的变动

汇率是连接国内外市场的重要纽带，一方面，汇率的变化受制于一系列因素；另一方面，汇率的变动又会对其他经济因素产生影响。了解汇率变动对经济的影响，对于研究各国货币当局制定的汇率政策具有重要意义。

（一）汇率变动的形式

汇率变动（fluctuations in exchange）是指货币对外价值的上下波动，其表现为货币升值和货币贬值。货币升值是指一国货币对外价值的上升，或称该国货币汇率上涨。货币贬值是指一国货币对外价值的下降，或称该国货币汇率下跌。货币的升值与贬值都是一种货币相对于另一种货币而言的，其幅度可以通过变化前后的两个汇率计算出来。

在直接标价法下：

本币汇率变化的幅度=（旧汇率/新汇率-1）×100%

外币汇率变化的幅度=（新汇率/旧汇率-1）×100%

在间接标价法下：

本币汇率变化的幅度=（新汇率/旧汇率-1）×100%

外币汇率变化的幅度=（旧汇率/新汇率-1）×100%

货币的升值与贬值在不同的货币制度或汇率制度下有不同的表现形式，在固定汇率制度下，政府通常是以法令形式提高或降低本国货币价值，因此称为法定升值（revaluation）或法定贬值（devaluation）；在浮动汇率制度下，汇率随市场供求关系的变化而变化，称为汇率上浮（appreciation）或汇率下浮（depreciation）。

（二）影响汇率变动的因素

在当前浮动汇率制度下，汇率的变动主要取决于外汇市场上各种货币的供求关系，而影响供求的因素是多方面的，既有货币购买力、经济发展水平、经济政策等经济因素，也有突发事件、心理预期等非经济因素。因此，研究影响汇率变动的因素，要从各个角度进行分析。

1.影响汇率变动的长期因素

（1）国际收支

在影响汇率变动的长期因素中，国际收支，特别是国际收支中的经常项目是最重要的因素。国际收支是一国对外经济活动的综合反映，国际收支平衡表中所列的各种经济交易最终表现为一国的外汇供给和外汇需求。简单来说，国际收支平衡表统计的是一国对外经济交往中所发生的全部收入和支出。当一国的国际收支顺差，即收入大于支出时，外汇市场上外汇的供给就大于需求，因此本国货币汇率上升，外国货币汇率下降；反之，当一国的国际收支逆差，即收入小于支出时，外汇市场上外汇的供给就小于需求，因此本国货币汇率下降，外国货币汇率上升。

必须指出，国际收支状况并不一定会影响到汇率，这要看国际收支失衡的性质。短期的、临时性的、小规模的国际收支失衡，可以轻易地被国际资本流动、相对利率水平、通货膨胀率、政府在外汇市场上的干预等其他因素抵消。不过，长期的、巨额的国际收支失衡，必然会导致本国货币汇率的变化。

（2）通货膨胀

国内外通货膨胀率的差异是决定一国货币汇率长期走势的主导因素。在纸币本位制度下，汇率从根本上说是由两国货币所代表的实际价值量的对比关系所决定的，而货币所代表的实际价值是由货币的购买力来体现的。纸币发行的特点决定了纸币的实际价值是不稳定的，一旦一国的货币发行过多，流通中的货币量超过了商品流通过程中实际需要的货币量，就会造成通货膨胀。在一国发生通货膨胀的情况下，该国货币在国内的购买力下降，其所代表的实际价值减少，货币对内贬值。在其他条件不变的情况下，货币对内贬值，必然引起对外贬值。在两国都发生通货膨胀的情况下，汇率的变化就取决于两国通货膨胀率的对比。

需要注意的是，通货膨胀率的差异对汇率的影响需要通过其他渠道，如投资、消费、贸易往来、资本流动甚至是人们的心理预期等发生作用，是一种间接的影响过程，因此，一般需要经过一段时间才能显现出来。

（3）经济增长

经济增长对汇率的影响较为复杂。从理论上来说，经济增长率的变化反映一国经济实力的变化，经济增长快、经济实力强的国家可以增强外汇市场对其货币的信心，因而货币汇率有上升的可能。但实际上，由于全球经济一体化，国与国之间的联系与交往越来越紧密，各国的经济周期越来越一致，经济增长率的变化在各国是同时发生的，对汇率不会产生太大的影响，只有各国的经济增长速度明显不同，才会影响到汇率方面。

具体而言，国内外经济增长率的差异对一国货币汇率的影响主要表现在以下几个方面：第一，一国经济增长率较高意味着该国收入较高，高收入引致的进口较多，会引起本币贬值；第二，一国经济增长率较高也可能意味着该国劳动生产率较高，产品成本较低，这能够改善本国出口商品在国际竞争中的地应，有利于增加出口，抑制进口，会引起本币升值；第三，一国经济增长率较高又意味着一国的投资利润率较高，能够吸引外国资金流入，从而引起本币升值；第四，若较高的经济增长率伴随着较高的通货膨胀率，则资金外流又会导致本币贬值。

总体来说，较高的经济增长率会对本国货币对外升值起到有利的支撑作用，并且这种影响持续的时间也较长。一般而言，一国的高经济增长率是支持本币成为国际货币市场硬通货的有利因素。当然，这和一国的产业结构以及对外贸易发展战略有着密切的关系。因此，不能单纯地将经济增长率的高低作为判断汇率长期变动的标准。

2.影响汇率变动的短期因素

（1）资本流动

资本流动是在短期内对汇率影响最大的因素。国际资本的大量流入，会使外汇供给相对增加，外币币值相对于本币下降，从而使本币升值，外币贬值。反之，则会使本币贬值，外币升值。由于国际游资流量巨大，流动迅速，对短期汇率产生的影响不可低估。下面所述的其他因素主要都是通过影响国际资本流动而影响汇率的。

（2）利率差异

在开放经济条件下，利率对汇率的影响是通过不同国家的利率差异所引起的资本流动，特别是短期资本的流动发挥作用的。作为金融资产的价格，利率的高低反映和影响着借贷资本和金融资产的供求。如果一国的利率水平相对于其他国家较高，就意味着本国金融资产的收益率较高，对投资者更具吸引力，这会增加外国资金流入，减少本国资金流出，本币有升值的压力；相反，如果一国的利率水平相对于其他国家较低，就意味着外国金融资产的收益率较高，对投资者更具吸引力，这会促使本国资金外流，减少外国资金流入，本币有贬值的压力。

需要注意的是，对于在国际上追逐高利润的短期资本来说，在选择投资方向时，除了要考虑利率差异以外，还要考虑到汇率的因素。只有在两国利率差异大于两国远期汇率预期变动时，资金才会从利率低的国家流向利率高的国家。也就是说，利率通过资本流动影响汇率，而汇率的预期变动又会对这一资本流动产生抵消作用。这就是国际资本套利活动中的利率平价原理，可以看出，利率对汇率的影响过程是非常复杂的。

（3）经济政策

政府的经济政策包含许多方面，如货币政策、财政政策、汇率政策等，它们都会对汇率产生重要的影响。政府的货币政策主要是调控本国的货币供给量，这会影响本国的通货膨胀率，进而影响汇率；政府的财政政策可以通过税收和补贴改变贸易成本和投资成本，进而影响国际收支，也会影响到汇率。货币政策和财政政策都是作用于总需求进而作用于产出的，总需求和总产出的变化会影响进出口，进而影响汇率。如果政府调整汇率政策，则直接表现为本币的升贬值，对汇率的作用更为明显。外汇市场对这些政策变化十分敏感，因此政策的变化在短期内都会表现出来。

（4）政府干预

无论是在固定汇率制度下，还是在浮动汇率制度下，中央银行要么为了保持汇率稳定，要么有意识地操纵汇率以服务于某项经济目标，都会对外汇市场进行直接干预。在开放的市场经济条件下，中央银行介入外汇市场进行干预，对汇率的影响最直接，效果也最明显。通常中央银行干预外汇市场的措施有四种：直接在外汇市场上买进或卖出外汇（需要有外汇储备作为基础）；对资本流动实行管制；在国际范围内公开发表导向性言论以影响市场心理预期；与国际金融组织和有关国家合作，政策协调，联合进行干预。

中央银行对外汇供求的影响虽不能从根本上改变汇率，但在短期内确实可以对汇率产生较大影响。固定汇率制度在第二次世界大战后维持了25年之久，足以显示中央银行干预的成效。特别是20世纪80年代以来，发达国家在管理浮动汇率制度的基础上进行联合干预，更使得中央银行的行为成为外汇市场上影响汇率的不可忽视的力量。

（5）心理预期

心理预期是人们对将来事物发展变化的预计。这种预计对汇率的变动起着相当大的作用，预期具有自我实现的能力。影响人们心理预期的主要因素有：信息（information）、新闻（news）和传闻（rumors）。如果人们通过上述渠道产生某种货币将会升值的预期，那么他们便会在外汇市场上大量买进该种货币，以获取升值收益，这种行为本身就会推高该货币的汇率；如果人们产生某种货币将会贬值的预期，那么市场上将会出现大量抛售该种货币的情况，从而加大了该货币贬值的压力。由于公众预期具有投机性和分散性的特点，汇率短期波动加剧。

随着信息社会的发展和国际外汇市场电子通信设施的完善，各种信息、新闻和传闻转瞬之间就会诱发大规模的外汇资金转移，因此，心理预期对短期汇率的影响极大，在有些时候，其影响甚至远远超过其他的影响因素。

(6) 投机活动

在当今的国际金融市场上，短期游资规模巨大，四处追逐高额利润。由于浮动汇率制度的特点，这些游资在外汇市场上的投机活动也愈演愈烈。它们往往凭借雄厚的资金实力在外汇市场上推波助澜，使汇率的变动远远偏离其均衡水平；有时它们也利用市场趋势对某一货币发动攻击，攻势之强，使各国央行甚至与国际货币基金组织联手干预也难以阻挡。过度的投机活动，阻碍了正常外汇交易的发展，扭曲外汇供求关系，加剧了汇率的波动。

(7) 政治与突发因素

资本具有追求安全的特性，政治及突发因素对外汇市场的影响是直接和迅速的。国际性的政治、经济、军事等突发事件的冲击，包括政局的稳定性、政策的连续性、政府的外交政策以及战争、经济制裁和自然灾害等，会在很大程度上影响投资者的信心，进而引发大规模资本流动，对汇率产生巨大影响。政治与突发事件因其突发性及临时性，使市场难以预测，很容易对市场造成冲击，一旦市场对消息做出反应并将其消化后，原有消息的影响力就会大为削弱。

上述因素均为影响汇率的主要因素，这些因素并非彼此孤立存在的，而是相互交织、相互影响，它们有些作用相互抵消，有些则相互促进，形成一种对汇率变动的综合影响力。我们在前面所论述的影响作用，只有在假定“其他条件都不变”的情况下才能显示出来。当然，促使汇率变动的因素还有其他方面，如政策时间的不一致性、汇率政策信誉等，这使得分析汇率变动的任务更加困难和复杂。

(三) 汇率变动对经济的影响

汇率是连接国内外商品市场和金融市场的纽带。汇率与多种经济因素密切相关。这种关系不仅表现为许多经济因素的变化会导致汇率水平的变动，还表现在汇率的变动对其他经济因素具有不同程度、不同形式的作用或影响，使其发生相应的变化。以货币贬值为例，这种影响具体表现为：

1.汇率变动对一国对外经济的影响

（1）对贸易收支的影响

汇率的频繁变动会增大国际贸易的风险，不利于国际贸易的顺利开展。但是在一定条件下，利用汇率的变动可以改变一国的贸易收支状况。简单来说，一国货币对外贬值后，有利于本国商品的出口，不利于外国商品的进口，因而会减少贸易逆差，增加贸易顺差；而一国货币对外升值后，则有利于外国商品的进口，不利于本国商品的出口，因而会减少贸易顺差或扩大贸易逆差。

汇率变动对贸易收支的影响主要是通过进出口商品价格的变化体现的，如果一国货币贬值，可以由以下四条渠道作用于贸易收支：①出口商品的数量增加。如果该国货币贬值，并且出口商品的本币价格不变，则以外币表示的出口商品的价格就会下降，当出口商品需求弹性较大时，外国居民就会增加对该国出口商品的需求，这样可以使出口大幅增加。②出口商积极性提高。若出口商品的外币价格不变，由于该国货币贬值，出口同样数量的商品，换回本国货币的数量增加，出口商的利润增加，从而刺激出口的积极性。③进口商品的价格提高。如果该国货币贬值，那么以本币表示的进口商品的价格上涨，从而使该国居民减少对进口商品的需求。④进口数量受到抑制。如果维持原有的以本币表示的国内售价不变，就只能压低进口商品的外币价格，这会招致外国出口商的反对，因此，本币对外贬值会抑制进口。

以上四条渠道或单一作用，或兼而有之，使汇率的变动传导到贸易收支上面。汇率变动对贸易收支的影响在理论上和实践上都可以得到证实，但其需要满足一定的条件，发挥作用也要经历一段时间，这就是马歇尔-勒纳条件和J曲线效应。

（2）对非贸易收支的影响

一国货币升值或贬值，对该国国际收支经常项目中的旅游和其他劳务收支的状况也会产生一定的影响。如果一国货币贬值，外国货币的购买力相对提高，该国的交通、导游、住宿等各项劳务费用就会变得相对便宜，这会吸引大量外国游客来该国旅游，扩大了非贸易收入的来源；同时，本国居民去国外旅游的各项劳务支出相对提高，从而抑制了本国的对外支出。两个方面同时起作用，货币贬值会使一国的非贸易收支状况得到改善。相反，货币升值会使一国的非贸易收支恶化。

（3）对资本流动的影响

汇率变动对一国资本流动的影响，取决于汇率变动后人们对该国货币日后走势的预期。以货币贬值为例，如果货币贬值后人们普遍产生该国货币将进一步贬值的预期，那么人们会将资金从本国转移至他国，以避免遭受更大的损失；但如果市场普遍认为货币贬值已使该国货币处于均衡水平，或认为货币贬值过度，该国货币汇率将出现反弹，那么人们会将资金从他国转移至本国来获利。

货币贬值对国际资本流动的影响可以从长期资本流动、短期资本流动两个方面进行分析。从长期资本流动来看，货币贬值造成的影响比较小，因为长期资本流动注重的是投资环境总体的好坏，而贬值所造成的风险只是诸多环境因素中的一个，起不了决定性作用。不过，一般而言，货币贬值或多或少有利于长期资本净流入的增加，这是因为在其他条件不变的情况下，贬值使外国货币购买力相对上升，有利于吸引外商到货币贬值国进行更多的投资。就短期资本而言，货币贬值造成的影响则比较大。短期资本流动性强，而且大都是投机资本，一国货币一旦贬值，投机者为避免损失或追逐利润，往往在外汇市场上将该国货币兑换成坚挺的外币，将资金调往国外。经验表明，在贬值后的一段时期内，短期资本流出的规模往往大于资本流入的规模。

汇率变化对于资本流动既有流向上的影响，又有流量上的影响，影响程度有多大，或者说资本流动对于汇率变化的敏感性如何，则还要受其他因素的制约，其中最主要的因素是一国政府的资本管制。资本管制严格的国家，汇率变动对资本流动的影响较小；资本管制松散的国家，汇率变动对资本流动的影响较大。除此之外，资本投资的安全性也是一个重要因素，如果一国货币贬值使资本流入有利可图，但同时国内投资安全性差，那么资本流入也不会成为现实。

（4）对外汇储备的影响

外汇储备是一国国际储备的主要内容，汇率变动对外汇储备的影响主要有直接和间接两个方面。直接影响表现为，一国汇率的变动会引起外汇储备实际价值的变动。简单来说，如果储备货币的汇率上升，会增加外汇储备的折算价值；如果储备货币的汇率下跌，则会减少外汇储备的折算价值。20世纪70年代以来，各国外汇储备币种逐渐“多元化”，有时虽然外汇市场汇率波动较大，但因储备货币中升、贬值货币的力量均等，外汇储备总值不会受到太大影响；有时虽然多种货币贬值，但占比重较大的储备货币升值，外汇储备总值也能保持稳定或略有上升。国际储备多元化加上汇率变化的复杂化，使国际储备管理的难度加大，因此各国货币当局都密切关注外汇市场行情的变化，进行相应的储备货币调整，以避免汇率波动给外汇储备带来损失。

间接影响表现为，汇率变动会引起一国贸易收支的变动，从而引起外汇储备变动。如前面所述，如果一国货币贬值，会导致该国贸易顺差，这会增加该国外汇储备；如果一国货币升值，可能会导致贸易逆差，这会减少该国外汇储备。汇率变动还可以通过资本流动来影响本国的外汇储备，这中间的影响过程就更为间接和复杂。

另外，汇率变动影响某些储备货币的地位和作用。如果一国货币连续贬值，国际收支长期恶化，那么该国货币作为储备货币的地位就会削弱，甚至丧失；相反，另外一些储备货币的地位则日益提高，作用加强。

2.汇率变动对一国国内经济的影响

（1）对价格水平的影响

在货币发行量一定的情况下，本币贬值会引起国内价格水平的上升，其原因主要有三个方面。首先，本币贬值有利于本国商品出口，出口商品数量增加会导致国内市场供给不足，促使价格上涨；其次，本币贬值会导致进口商品以本币表示的价格上涨，进口原材料、中间品和机器设备等的价格上升，会造成国内使用这些进口投入品的商品的生产成本提高，推动这些商品的价格上升；最后，进口消费品的价格上升会直接（或通过进口替代品价格的上升间接）引起国内消费价格某种程度的上升。同样，在货币发行量一定的情况下，本币升值会引起国内价格水平下降。

由上面分析可知，汇率与价格水平之间的关系十分密切，并且互为因果。在纸币制度下，以价格指数衡量的货币的购买力是决定汇率变动的长期和基本因素，而汇率变动反过来又影响价格水平。在现实经济运行中，一国如果发生通货膨胀，则必然导致本币对外贬值，而本币贬值又会对价格上涨造成压力。汇率与价格水平之间的关系就成为汇率理论和汇率政策研究的一项重要内容。

（2）对产出、就业和收入的影响

一国货币贬值后，由于“奖出限入”作用，贸易收支往往会得到改善。如果该国还存在闲置的生产要素，则一国的总产出将通过净出口增加的乘数效应扩张。此外，贸易收支改善后，增加的外汇积累若用于进口先进的机器设备等资本品，在存在闲置生产要素条件下，可进一步增强该国生产能力，从而增加总产出。

货币贬值会增加总产出，在国内没有达到充分就业的情况下，这种产出的增加将会创造出更多的就业机会。但通过货币贬值来提高就业水平还有一个前提，就是货币工资不变或其变动幅度小于汇率的变动幅度，否则货币贬值所产生的增加就业机会的效应将会被抵消。从另一个方面看，一国货币贬值后，能够较多地吸引国外长期直接投资和间接投资，这也能增加一定的就业机会。

产出和就业的增加也会使国民收入增加，在经济进入相对过剩、国内就业压力日益加大的情况下，许多国家不时采用各种措施降低本国货币汇率，以达到增加国民收入和充分就业的目的。

（3）对资源配置的影响

一国货币贬值后，进口商品本币价格一般会上升，进口替代品本币价格也会上升，这样整个贸易品部门的价格相对于非贸易品部门的价格就会上升，由此会引发生产资源从非贸易部门转移到贸易部门。这样，一国的生产性资源就会更多地向贸易品部门配置，从而呈现出更为开放型的产业结构。

在发展中国家，货币贬值还可以提高资源配置效率。首先，货币贬值后，一国可以相应取缔原来本币定值过高而设置的进口关税、进口配额、进口许可证等保护措施，有利于促进进口替代行业的生产效率提高；其次，货币贬值后，原先因定值过高而受到歧视性损害的农业部门（往往是发展中国家的出口部门）获得正常发展；最后，与国外竞争的贸易品部门扩大，本身也有助于产业结构的升级和资源配置效率的提高。

3.汇率变动对国际经济的影响

外汇市场上各种汇率频繁地、不规则地变动，不仅给各国对外贸易、国内经济造成了深刻的影响，而且也影响着国际经济往来。

（1）汇率变动影响国际贸易

如果一国实行以促进出口、改善贸易逆差为主要目的的货币贬值，必然会使其他国家货币相对升值，出口竞争力下降，这种“以邻为壑”[①]的汇率政策或“外汇倾销”[②]必然引起其他利益相关国家的反抗甚至报复。这些国家会采取针锋相对的措施，直接地或隐蔽地抵制贬值国商品的侵入，“竞争性贬值”[③]和“汇率战”由此产生。通过货币贬值促进本国商品出口是国际上很普遍的现象，由此造成的不同利益国家之间的分歧和矛盾也层出不穷，这加深了国际经济关系的复杂化。

（2）汇率变动促进国际储备货币多元化

汇率是否稳定坚挺，是选择国际储备货币的主要标准。由于某些储备货币国家的国际收支恶化，通货不断贬值，其储备货币的地位就会受到威胁，甚至失去储备货币的地位。如第二次世界大战之后，英国金融实力的衰退致使英镑不断贬值，英镑在国际支付中的使用量也随之锐减，其储备货币地位大大削弱。与此同时，某些货币在国际结算领域中作用日渐增强，如20世纪80年代德国马克和日元的崛起，促进了国际储备货币多元化局面的形成。

（3）汇率变动加剧国际金融市场的动荡

汇率的波动使投机成为外汇市场上的不稳定因素，外汇投机的发展，将造成国际金融市场的动荡与混乱。如1993年夏，欧洲汇率机制危机产生的原因就是外汇投机。

（4）汇率变动促进国际金融创新

汇率波动在加剧金融市场动荡的同时，也加速了国际金融创新的过

---

① 以邻为壑政策（beggar-thy-neighbor policy）是指一个国家为改善本国经济状况而采取的经济措施（通常为了减少失业），对其他国家经济有不利影响。一个国家可能会用货币贬值、关税、进口限额或出口补贴的方法来增加出口、减少进口，以达到增加国内就业的目的。该国所得到的利益是以牺牲其他国家的利益为代价的，其他国家承担了出口减少或进口增加的后果，进而就业率处于较低水平，这些国家可能被迫采用类似的报复措施。

② 外汇倾销（foreign exchange dumping）是指一国政府利用本国货币对外贬值的手段来达到提高出口商品的价格竞争能力和扩大出口的目的。这是向外倾销商品和争夺国外市场的一种特殊手段。外汇倾销必须具备以下条件才能起到扩大出口的作用：货币对外贬值的幅度要大于国内价格上涨的程度，其他国家不同时实行同等程度的货币贬值，不同时采取另外的报复性措施。

③ 竞争性贬值（competitive devaluation）是指如果一国采取货币贬值的方式来促进出口、限制进口，那么其他国家可能也会跟着采取同样的做法来提高其出口产品竞争力，结果就出现“竞争性贬值”这一恶果。

程。期货、期权、货币互换等国际金融新业务的出现是国际金融市场机制不断创新的结果，也是市场规避汇率风险的产物。

总之，汇率变动对经济的影响是多层次多角度的。上述分析都只是理论上的一般传导关系。由于不同国家、不同时期的经济条件有差异，汇率变动对经济的影响也是有差别的，而且在很多时候，由于各种因素的综合作用，汇率对经济的影响可能并不是确定的。

4.制约汇率发挥作用的条件

（1）一国对外开放的程度

一国对外开放程度越高，其经济对国际环境的依赖程度就越高，进出口贸易占国内生产总值的比重越大，汇率变动对该国经济的影响程度就越大；反之，则越小。

（2）贸易商品结构

汇率变动对贸易商品结构单一的国家影响较大，因为这样的国家面临的供求弹性小；相反，汇率变动对贸易商品结构多样化的国家影响较小。

（3）与国际金融市场的联系程度

与国际金融市场联系密切的国家，参加外汇交易的种类多、数额大，汇率变动对其经济的影响也比较大；对于较少参与国际金融市场活动的国家来说，汇率变动的影响就小很多。

（4）货币的可兑换性

一国货币若完全可自由兑换，在国际收支中的使用量就会较多，汇率变动对该国经济的影响就较大；否则，其影响就较小。

此外，各国对经济的干预政策、外汇管制与进口管制措施等，都会导致汇率对一国经济影响程度的差异。一国政府当局在运用汇率这一政策手段时，需要多方面考虑，权衡各种因素。

拓展阅读

我国曾经使用过的外汇分类

1. 按外汇管制程度划分

（1）现汇，中国《外汇管理暂行条例》（现已废止）所称的四种外汇均属现汇，是可以立即作为国际结算的支付手段。

（2）额度外汇，国家批准的可以使用的外汇指标。如果想把指标换成现汇，必须按照国家外汇管理局公布的汇率牌价，用人民币在指标限额内向指定银行买进现汇，按规定用途使用。

2．按交易性质划分

（1）贸易外汇，来源于出口和支付进口的货款以及与进出口贸易有关的从属费用，如运费、保险费、样品、宣传、推销费用等所用的外汇；

（2）非贸易外汇，进出口贸易以外收支的外汇，如侨汇、旅游、港口、民航、保险、银行、对外承包工程等外汇收入和支出。

3．按外汇使用权划分

（1）中央外汇，一般由国家计委掌握，分配给中央所属部委，通过国家外汇管理局直接拨到地方各贸易公司或其他有关单位，但使用权仍属中央部委或其所属单位；

（2）地方外汇，中央政府每年拨给各省、自治区、直辖市使用的固定金额外汇，主要用于重点项目或拨给无外汇留成的区、县、局使用；

（3）专项外汇，根据需要由国家计委随时拨给并指定专门用途的外汇。

4．按其他分类方法

（1）留成外汇，为鼓励企业创汇的积极性，企业收入的外汇在卖给国家后，根据国家规定将一定比例的外汇（指额度）返回创汇单位及其主管部门或所在地使用；

（2）调剂外汇，通过外汇调剂中心相互调剂使用的外汇；

（3）自由外汇，经国家批准保留的靠企业本身积累的外汇；

（4）营运外汇，经过外汇管理局批准的可以用收入抵支出的外汇；

（5）周转外汇额度和一次使用的外汇额度，一次使用外汇额度指在规定期限内没有使用完，到期必须上缴的外汇额度，而周转外汇额度在使用一次后还可继续使用；

（6）居民外汇和非居民外汇，境内的机关、部队、团体、企事业单位以及住在境内的中国人、外国侨民和无国籍人所收入的外汇属于居民外汇，驻华外交代表机构、领事机构、商务机构、驻华的国际组织机构和民间机构以及这些机构常驻人员从境外携入或汇入的外汇都属非居民外汇。

当前以及曾经出现过的主要外汇的英文简称

美元（USD）、欧元（EUR）、日元（JPY）、英镑（GBP）、瑞士法

郎（CHF）、德国马克（DEM）、法国法郎（FRF）、意大利里拉（ITL）、荷兰盾（NLG）、比利时法郎（BEC）、丹麦克朗（DKK）、瑞典克朗（SEK）、奥地利先令（ATS）、港元（HKD）、加拿大元（CAD）、澳大利亚元（AUD）、新西兰元（NZD）、新加坡元（SIN）、澳门元（MOP）、马来西亚林吉特（MYR）等。

目前在我国可兑换的币种

目前在我国可兑换的币种主要包括：英镑、港元、美元、瑞士法郎、新加坡元、瑞典克朗、丹麦克朗、挪威克朗、日元、加拿大元、澳大利亚元、欧元、澳门元、菲律宾比索、泰国铢、新西兰元、韩国元和新台币等。

有效汇率的计算公式为：

$$EER=\sum_{i=1}^{n}EI_iW_i$$

式中：EER（effective exchange rate）代表有效汇率，EI_i为汇率指数，W_i为贸易权重。

表1-2和表1-3为2011年人民币有效汇率（EER）和2011年人民币实际有效汇率（REER）的计算过程。

表1-2 **人民币有效汇率（EER）** 外汇单位：100

国家或地区	年平均汇率		汇率指数（2011年）=（3）÷（2）	中国对外贸易情况（2011年）	
	名义汇率（2006年）	名义汇率（2011年）		进出口额（单位：亿美元）	权重
（1）	（2）	（3）	（4）	（5）	（6）
美国	¥797.18/$	¥645.88/$	0.8102	4 466.4	0.3164
欧盟	¥1 001.9/€	¥900.11/€	0.8984	5 672.1	0.4019
日本	¥6.8570/J¥	¥8.1050/J¥	1.182	3 428.9	0.2429
英国	¥1 505.95/£	¥1 036.39/£	0.6882	547.5	0.0388
总计				14 114.9	1.0000

人民币有效汇率$_{2011}$=0.8102×0.3164+0.8984×0.4019+1.182×0.2429+0.6882×0.0388=0.9312

资料来源 根据中国国家外汇管理局、国际清算银行、欧洲中央银行、美国劳工部、英国国家统计局、日本统计局等机构发布的经济数据整理，下同。

表1-3　　**人民币实际有效汇率（REER）**　　外汇单位：100

国家或地区	2006年的价格指数(1)	2011年的价格指数(2)	2011年的实际汇率(3)	2006年的实际（名义）汇率(4)	实际汇率指数(5)=(3)÷(4)	2011年的贸易权重(6)
美国	100	109.93	¥591.2857/$	¥797.18/$	0.7417	0.3164
欧盟	100	110.46	¥827.9992/€	¥1 001.9/€	0.8264	0.4019
日本	100	99.08	¥6.6876/J¥	¥6.8570/J¥	0.9753	0.2429
英国	100	116.89	¥1 008.8577/£	¥1 505.95/£	0.6699	0.0388
中国	100	120.08				

人民币实际有效汇率$_{2011}$=0.7417×0.3164+0.8264×0.4019+0.9753×0.2429+0.6699×0.0388=0.8297

本章小结

静态的外汇概念是从动态的国际汇兑行为中衍生而来的，它是外汇的物质存在形态，是国家间为清偿债权债务关系进行的汇兑活动所凭借的手段和工具，或者说是用于国际汇兑活动的支付手段和工具。

狭义的外汇就是我们通常所说的外汇，它是指以外币表示的，可以用于国际结算的支付手段。

广义的外汇一般用于外汇管理政策中对外汇的界定。国际货币基金组织（IMF）对此的定义是："外汇是货币行政当局（中央银行、货币管理机构、外汇平准基金及财政部）以银行存款、财政部库券、长短期政府证券等形式保有的在国际收支逆差时可以使用的债权。"

根据外汇是否可以自由兑换，可以将外汇划分为自由外汇和记账外汇。

根据外汇的来源和用途不同，可以将外汇划分为贸易外汇和非贸易外汇。

根据外汇买卖的交割期限，可以将外汇划分为即期外汇和远期外汇。

汇率，亦称外汇牌价或汇价，是一国货币兑换另一国货币的比率，也可以说是用一种货币表示的另外一种货币的价格。

根据基准货币和标价货币的不同，国际上通行的标价方法有三种：直接标价法、间接标价法和美元标价法。

从制定汇率的角度，汇率可分为基本汇率（basic rate）和套算汇率（cross rate）两种。

从银行买卖外汇的角度，汇率可分为买入汇率（buying rate）、卖出汇率（selling rate）、中间汇率（middle rate）和现钞汇率四种（bank note rate）。

按外汇交易的交割时间不同，汇率可分为即期汇率（spot rate）和远期汇率（forward rate）两种。

按外汇管理的宽严程度不同，汇率可分为官方汇率（official rate）和市场汇率（market rate）两种。

按汇率是否适用于不同的来源与用途，汇率可分为单一汇率（single rate）和多重汇率 （multiple rate）两种。

按外汇交易中支付方式的不同，汇率可分为电汇汇率（telegraphic transfer rate, T/T rate）、信汇汇率（mail transfer rate, M/T rate）和票汇汇率（demand draft rate, D/D rate）三种。

按营业时间不同，汇率可分为开盘汇率（opening rate）和收盘汇率（closing rate）两种。

按外汇买卖的对象不同，汇率可分为银行间汇率（inter-bank rate）和商业汇率（commercial rate）两种。

按汇率制度的不同，汇率可分为固定汇率（fixed rate）和浮动汇率（floating rate）两种。

关键概念

静态的外汇、狭义的外汇、广义的外汇、汇率、直接标价法、间接标价法、美元标价法、基本汇率、套算汇率、买入汇率、卖出汇率、中间汇率、现钞汇率、即期汇率、远期汇率、官方汇率、市场汇率、单一汇率、多重汇率、名义汇率、实际汇率、双边汇率、有效汇率、黄金输送点

综合训练

一、单项选择题

1.中间汇率是指（　　）。

A.开盘汇率和收盘汇率的算术平均数

B.即期汇率和远期汇率的算术平均数

C.官方汇率和市场汇率的算术平均数

D.买入汇率和卖出汇率的算术平均数

2.通常情况下，一国国际收支发生顺差时，外汇汇率就会（　　）。

A.上升　　B.下降

C.不变　　D.不确定

3.影响汇率变动的政策因素是（　　）。

A.通货膨胀　　B.资本流动

C.外汇干预　　D.心理预期

4.以整数单位的外国货币为标准，折算为若干数额的本国货币的标价法是（　　）。

A.直接标价法　　B.间接标价法

C.美元标价法　　D.应收标价法

5.基本汇率是指一国货币与（　　）之间的汇率。

A.美元　　B.欧元

C.日元　　D.关键货币

6.外汇成交后，在未来约定的某一天进行交割所采用的汇率是（　　）。

A.浮动汇率　　B.远期汇率

C.市场汇率　　D.买入汇率

7.黄金输送点是（　　）。

A.输送黄金的地点　　B.汇率上下波动的界限

C.黄金市场　　D.黄金价格

二、多项选择题

1.若其他条件不变，一国货币贬值的影响包括（　　）。

A. 有利于增加进口　　B. 有利于增加出口

C. 有利于抑制进口　　D. 有利于抑制出口

E. 有利于降低国内物价水平

2.在间接标价法下，外币数额减少，表示（　　）。

A. 本币币值不变　　B. 本币贬值

C. 外汇汇率上涨　　D. 本币汇率上涨

E. 外汇汇率下降

3.汇率变动会影响一国的（　　）。

A. 国际收支　　B. 通货膨胀

C. 工资收入　　D. 旅游收入

E. 外汇储备

三、思考题

1.说明常见的汇率种类。

2.影响汇率变动的因素有哪些？

3.简述一国货币贬值对该国经济的影响。

第二章

汇率制度

引例

2014年1月23日，阿根廷比索兑美元汇率在单个交易日之内暴跌12.4%，由前一日的7.125比索兑1美元跌到收盘时的8.01比索兑1美元。其间最高跌幅一度达到16.5%，阿央行联合了部分出口企业入市干预，才使得收盘时汇率跌幅有所缩小。这是13年来阿根廷比索汇率的最大单日跌幅，引发了阿根廷各界及国际金融市场的高度关注。

进入2014年以来，阿根廷比索兑美元汇率已经贬值22.8%。而在过去一年时间里，比索累计贬值61%。在急剧的汇率波动下，阿国民经济许多领域受到冲击，一些外贸公司和涉外旅游公司甚至暂停了部分业务。阿根廷一些政经界人士和部分国际金融机构分析称，阿根廷经济正面临非常严峻的考验。

据了解，导致比索汇率暴跌的直接原因是阿根廷与巴黎俱乐部关于外债谈判的分歧。除此之外，部分外资企业突然大额抛售比索购入美元，也加剧了汇率波动。

2014年1月21日，阿根廷经济部长基西洛夫对外宣布，阿政府与巴黎俱乐部就拖欠其成员国债务问题的谈判进入预备阶段，阿将争取与巴黎俱乐部成员国就约100亿美元的债务偿还达成协议。但巴黎俱乐部传出的消息却不如阿政府的表态乐观，其部分重要成员国要求把国际货币基金组织引入谈判。阿根廷政府则认为，让国际货币基金组织对阿根廷公共账户进行审计的要求侵犯阿根廷主权，因此予以抵制。

阿根廷欠巴黎俱乐部的债务是几十年前产生的。迄今为止，阿根廷拖欠该组织成员国的债务本息已累计达100亿美元。阿根廷长期积欠外债，使得该国政府和私营企业都很难进入国际资本市场融资，成为阻碍该国经济发展的一块难以撼动的“巨石”。

造成汇率暴跌的另一个短期因素是，壳牌石油阿根廷分公司于2014年1月23日突然通过汇丰和花旗设在阿根廷的两家银行抛出比索购买美元，交易总额达6 000万美元，由于阿根廷官方外汇市场平常交易量很小，这笔大额交易很快大幅拉低了比索汇率。据阿根廷媒体之前的报道称，壳牌等一些外资能源公司与阿根廷政府长期存在分歧。

然而，造成阿根廷比索汇率持续贬值的根本原因是该国严重、长期的通货膨胀和外汇储备流失。

2007年以来，由于央行货币持续超发，阿根廷平均每年的通货膨胀率都超过20%。出于对持续通胀的担忧，许多企业和居民都想方设法把积蓄的阿根廷比索兑换成相对保值的美元。尽管阿根廷政府采取了许多严厉的外汇管制措施，但收效甚微。2014年1月份阿根廷央行的外汇储备不足300亿美元，是2006年以来的最低水平。

阿根廷经济学家佩雷斯告诉本报记者，阿根廷政府编制2014年财政预算时设想的汇率是6.33比索兑1美元，但1月份汇率就已经远远超过了设想数值，政府今年想实现财政平衡几乎已经不可能。此外，阿根廷各省政府过去都从国际市场发债融资，规定的还债利息都与美元挂钩，本币汇率暴跌，将使各省政府还债压力大幅上升，很可能超出其偿债能力，形成新的债务违约。

资料来源　范剑青. 比索汇率暴跌冲击阿根廷经济［N］. 人民日报，2014-01-25.

汇率制度（exchange rate regime or exchange rate system）又称汇率安排（exchange rate arrangement），是指各国或国际社会关于汇率确定、维持、调整及管理的原则、方法、方式和机构等所做出的一系列安排和规定。具体而言，汇率制度应当包括以下几个方面的内容：

（1）确定汇率的原则和依据，即货币如何定值，是以货币本身的价值为依据，还是以法定代表的价值为依据等；

（2）维持与调整汇率的办法，即汇率如何变动，是采用公开法定升值或贬值的办法，还是采取任其浮动或官方有限度干预的办法；

（3）管理汇率的法令、体制和政策等，如各国外汇管制中有关汇率及其适用范围的规定；

（4）制定、维持与管理汇率的机构，如外汇管理局、外汇平准基金委员会等。

第一节　固定汇率制

一、固定汇率制的定义

固定汇率制度，简单来说，就是指一国货币当局（通常指中央银行）把本国与其他国家货币互换的汇率加以基本固定。**固定汇率是将一国货币与另一国家货币的兑换比率基本固定的汇率，固定汇率并非汇率完全固定不动，而是围绕一个相对固定的平价的上下限范围波动。**该范围最高点叫“上限”，最低点叫“下限”。当汇率价格涨跌至上限或下限时，一国货币当局就要采取措施，以维持汇率的稳定性。固定汇率制按照时间可以划分为两个阶段，分别为：金本位体系下的固定汇率制和布雷顿森林体系下的以美元为中心的固定汇率制。

二、固定汇率制度——布雷顿森林体系时期

（一）布雷顿森林体系的形成

1944年7月1日，44个国家或政府的经济特使在美国新罕布什尔州的布雷顿森林召开了联合国货币金融会议（简称布雷顿森林会议），商讨战后的世界贸易格局。经过3周的讨论，会议通过了以“怀特计划”

为基础制订的《国际货币基金协定》和《国际复兴开发银行协定》，确立了以美元为中心的国际货币体系，即布雷顿森林体系。

（二）布雷顿森林体系的基本内容

首先，布雷顿森林体系建立了国际货币基金组织和世界银行两大国际金融机构。国际货币基金组织负责向成员国提供短期资金借贷，目的是保障国际货币体系的稳定；世界银行提供中长期信贷来促进成员国经济复苏。

其次，布雷顿森林体系确立了黄金与美元、美元与其他货币的固定关系，以及确定了储备货币与结算货币的管理细则，具体如下：

1.美元与黄金挂钩

各国确认1944年1月美国规定的35美元一盎司的黄金官价，每一美元的含金量为0.888671克黄金。各国政府或中央银行可按官价用美元向美国兑换黄金。为使黄金官价不受自由市场金价冲击，各国政府需协同美国政府在国际金融市场上维持这一黄金官价。

2.其他国家货币与美元挂钩

其他国家政府规定各自货币的含金量，通过含金量的比例确定同美元的汇率。

3.实行可调整的固定汇率

《国际货币基金协定》规定，各国货币对美元的汇率，只能在法定汇率上下各1%的幅度内波动。若市场汇率超过法定汇率1%的波动幅度，各国政府有义务在外汇市场上进行干预，以维持汇率的稳定。若会员国法定汇率的变动幅度超过10%，就必须得到国际货币基金组织的批准。1971年12月，这种即期汇率变动的幅度扩大为上下2.25%的范围，决定“平价”的标准由黄金改为特别提款权。布雷顿森林体系的这种汇率制度被称为“可调整的钉住汇率制度”。

4.各国货币兑换性与国际支付结算原则

《国际货币基金协定》规定了各国货币自由兑换的原则：任何会员国对其他会员国在经常项目往来中积存的本国货币，若对方为支付经常项货币换回本国货币。考虑到各国的实际情况，《国际货币基金协定》作了“过渡期”的规定。《国际货币基金协定》规定了国际支付结算的原则：会员国未经基金组织同意，不得对国际收支经常项目的支付或清算加以限制。

5.确定国际储备资产

《国际货币基金协定》中关于货币平价的规定，使美元处于等同黄金的地位，成为各国外汇储备中最主要的国际储备货币。

6.国际收支的调节

国际货币基金组织会员国份额的25%以黄金或可兑换成黄金的货币缴纳，其余则以本国货币缴纳。会员国发生国际收支逆差时，可用本国货币向基金组织按规定程序购买（即借贷）一定数额的外汇，并在规定时间内以购回本国货币的方式偿还借款。会员国所认缴的份额越大，得到的贷款也越多。贷款只限于会员国用于弥补国际收支赤字，即用于经常项目的支付。

（三）布雷顿森林体系的良好作用与缺陷

1.布雷顿森林体系的良好作用

从布雷顿森林体系建立一直到1958年，整个体系处于良性运行之中，表现为：

（1）在国际货币市场中，大体上按照国际货币基金组织设想的体系运转，以美元为核心的国际货币体系，除了在加拿大和法国等少数国家出现过汇率波动与货币贬值外，总体上还是比较稳定的。

（2）国际货币基金组织较好地促进了国际贸易和资本流动自由化。

（3）在美国1948—1949年、1953—1954年和1957—1958年三次经济危机中，都比较平稳地度过。

知识窗

美国战后的三次经济危机

1948年8月—1949年10月，美国发生了第二次世界大战后第一次经济危机。这次危机是美国经过了短暂繁荣后的突然爆发。这次危机的根本原因，是第二次世界大战时期美国形成的高速生产惯性和第二次世界大战后重建时国际国内市场需求暂时萎缩形成的尖锐矛盾的爆发。为了缓和危机，杜鲁门政府在1948年出台了著名的“马歇尔计划”，其实质是美国对欧洲进行援助，也称为“欧洲复兴计划”，它为北大西洋公约组织和欧洲经济共同体的建立奠定了基础，同时也成功地缓解了美国这次持续15个月的经济危机。

1953年7月—1954年4月，美国发生了第二次世界大战后第二次经济危机，上台不久的艾森豪威尔总统结束了朝鲜战争。受战争失败的拖累，美国经济在战争中形成的高速增长势头被打断，陷入经济危机，工业生产的幅度下降9.1%，失业率达到6.2%。衰退时间持续了将近1年，直到1954年4月才结束。为了应付危机，美国财政部启用了减税和削减联邦政府开支的办法，美联储也改变了紧缩通货政策，放松银根，这种做法导致了通货膨胀。

1957年3月—1958年4月，美国发生了第二次世界大战后第三次经济衰退，这次危机时间虽然比较短，但后果较前两次危机严重得多，出现了经济危机和通货膨胀同时并存的新情况。美国工业生产骤然下降13.5%，失业率高达7.5%。美国消费者物价指数上涨了4.2%，生产者价格指数上涨了2.2%。美国的出口竞争力也被进一步削弱。美联储随后采取提高利率的紧缩政策，却诱发了1960年的经济危机。

2.布雷顿森林体系的缺陷

布雷顿森林体系从建立伊始就存在着严重的缺陷。

（1）布雷顿森林体系把美元的价值固定在黄金之上，即“各国确认1944年1月美国规定的35美元一盎司的黄金官价，每一美元的含金量为0.888671克黄金”。这一标准实际上是用相对静态的黄金内在价值固化了相对动态的美元内在价值。

（2）布雷顿森林体系用美元这一主权国家货币既去承担结算货币地位又去承担储备货币地位，长期来看承担结算货币就会要求其币值下降，而承担储备货币地位则恰好相反，这一对矛盾会削弱美元的内在价值。

罗伯特·特里芬教授在其著作《黄金与美元危机——自由兑换的未来》中用实际数据质疑了美元的储备货币地位：“美国欠外国中央银行短期债务的持续增长，在过去10年的世界储备增长中占了一半，而在1958—1959年中更高达70%。世界上美国以外地区的储备一直依靠美国的黄金流入和对外国中央银行及国际机构短期债务的增加——其程度，在过去10年间占2/3，在1958—1959年间达到92%。这一过程没有无限制持续下去的理由，现在任何人都能一目了然。在不断扩张的世界经济中，准确的储备增长量应该是多少，尽管可以有不同的观点，但是面对整个50年代中为储备提供三分之二增加量之来源的日趋枯竭，面对这样事件的长远影响，谁又能若无其事，无动于衷?”进而，罗伯特·特里芬教授直言美元的储备地位危机：“在我们的净储备地位这样持续疲软——即使速率在减缓——的情况下，谁还能想象将美元作为关键通货由其他国家当储备而蓄积起来的局面会长期维持下去呢?”

（四）布雷顿森林体系的解体

1.布雷顿森林体系危机四伏时期——约翰·F.肯尼迪时期

1961年1月20日，约翰·F.肯尼迪正式宣誓就任美国第35任总统，同年2月6日，约翰·F.肯尼迪总统发表了《致国会的咨文：国际收支与黄金》，该咨文与德怀特·D.艾森豪威尔政府的经济与货币领域政策相比焕然一新，在咨文中，肯尼迪总统首先提及了美国财政收支恶化问题，布雷顿森林体系建立后黄金与货币危机、短期资本流动的作用和国际货币体系自身缺陷等问题，咨文写道“……需要有越来越多的国际货币储备来支撑自由世界各国之间贸易、劳务和资本运动，它们的数量始终在增长。迄今为止，自由国家依靠的一直是增加黄金生产和持有更多的美元和英镑。在未来，再要完全依靠这些来源就不合需要或不适宜了。我们必须从现在起，与其他放贷国家合作，开始考虑国际货币机构——尤其是国际货币基金组织——加强和有效地利用的方式，既要研究如何供应所需增加的储备，也要研究如何提供所要求的灵活性，以支持健康而且增长的世界经济。所以我已指示财政部长及时展开以此为目的的研究……”。其次，肯尼迪总统也在咨文中提出关于重建国际货币与金融体系，以及加强国际货币基金组织与经合组织作用的合理构想，咨文写到“……美国必须起带头作用，协调世界上各个工业国家的金融与经济政策以实现稳定增长。这些国家的经济行为明显地影响着世界经济的进程以及国际支付的趋势……”，“我诚挚地请求参议院早日批准美国成为经济合作与发展组织的成员……它也将提供一个坚实的框架，我们可以在其中就金融与货币政策进行深入而经常的国际磋商，找到必须推行的政策以便在国际支付地位中实现并维持较好的均衡。”

此外，约翰·F.肯尼迪在1961年2月20日发表的《美国国际收支形式备忘录》中再次表达了这种担忧，但是此次所采用的语言更加具备冲击力，“……我们还必须就美国从第二次世界大战结束以来一直遵循的一个原则达成共识。这个原则认为任何一个国家持续不断地累积黄金和其他储备都对国际社会有破坏作用。特别是在今天，贸易的扩充远快于黄金的生产，我们必须学会在共同的基础上运用我们的储备，认识到一个国家的‘得’只能是另一个国家的‘失’。……美国政府正是根据这些原则来看待手头的特殊事物：亦即自由世界国际收支形式中一直在发展的不平衡现象。当前形势的特征是某些国家持续的基本赤字以及另一些国家持续的基本顺差。这已导致了外国流动美元持有量的增加，而且在近几年已经导致黄金从美国外流，结果减少了美国的储备……”。

2.布雷顿森林体系解体——理查德·尼克松时期

1971年8月15日，理查德·尼克松宣布实行“新经济政策”，停止履行外国政府或中央银行可用美元向美国兑换黄金的义务。尼克松的“新经济政策”，目的在于对外维持美元的经济霸主地位，对内控制通货膨胀刺激经济回升。它分四个阶段进行：第一阶段（1971年8月15日—1971年11月）冻结工资和物价，禁止外国用美元兑换黄金并增收10%的进口附加税；第二阶段（1971年11月—1972年12月）对工资和物价实行管制，把年通货膨胀率控制在2%~3%，工资增长率不得超过5.5%，同意将美元贬值7.89%，并取消10%的进口附加税；第三、四阶段都以限制工资和物价增长率为目标。1973年又将美元与黄金的比价贬值10%。

1971年12月，西方十国在史密森尼学会商讨确立新的国际货币制度协定，史称《史密森协定》，它标志着美元与黄金挂钩的体制名存实亡。《史密森协定》的主要内容是：美元对黄金贬值7.89%，每盎司黄金的官价由35美元提高到38美元；调整汇率平价，美元平均贬值10%，其他欧美主要货币升值；非储备货币对美元的波动允许幅度由正负1%调整为正负2.25%；美国政府取消10%的临时进口附加税。

1973年3月，西欧出现抛售美元，抢购黄金和马克的风潮。1973年3月16日，欧洲共同市场9国在巴黎举行会议并达成协议，联邦德国、法国等国家对美元实行“联合浮动”，彼此之间实行固定汇率。英国、意大利、爱尔兰实行单独浮动，暂不参加共同浮动。其他主要西方货币实行了对美元的浮动汇率。至此，固定汇率制度完全解体。

美元停止兑换黄金和固定汇率制的解体，标志着第二次世界大战后以美元为中心的货币体系瓦解。

第二节 浮动汇率制

一、浮动汇率制度的定义

1971年8月15日，尼克松宣布美国实行新经济政策，任由美元汇率自由浮动。1973年，各国普遍实行浮动汇率制度。

1976年1月，IMF国际货币制度临时委员会达成《牙买加协定》，同年4月1日，IMF理事会通过了《IMF协定第二次修正案》(《第一次修正案》是在1968年，授权IMF发行SDRs)，认可了1971年以来国际货币关系的重大变化，废除了以美元为中心的国际货币体系，确立了浮动汇率的合法地位，标志着全球从此进入牙买加体系的浮动汇率制度（floating exchange rate system）时代。1987年，自由浮动汇率制度被国际货币基金组织正式采用。至此，外汇交易市场初步形成并不断发展。

浮动汇率制度是指一国货币同他国货币的兑换比率没有波动幅度的限制，而由外汇市场的供求关系自行决定汇率的波动，中央银行不进行干涉的汇率制度。

与固定汇率制度相比，浮动汇率制度的内涵发生了根本性的变化。首先，汇率决定的基础发生了变化。布雷顿森林体系崩溃后，纸币与黄金完全脱钩，各国不再规定纸币的含金量，汇率由各国货币的内在价值决定。货币的内在价值则主要由货币发行国的经济发展水平、货币购买力、国际收支等因素决定。这些因素通过市场反应，表现为汇率由外汇市场的供求状况决定。其次，汇率波动的范围发生变化。牙买加体系承认浮动汇率合法化，也就是说各国中央银行不再承担维持汇率波动界限的义务，在一般情况下，汇率随供求情况自由波动。再次，干预手段发生变化。在浮动汇率制度下，一国货币当局为使汇率波动符合本国政策目标，经常对外汇市场进行或多或少、或明或暗的干预。货币当局可以在外汇市场直接买进或卖出外汇来影响市场汇率，也可以通过货币政策或财政政策影响短期资本流动，间接影响外汇市场汇率，还可以采取对外汇收入和外汇支出进行直接管制的方式影响外汇供求和汇率。最后，IMF的作用发生变化。在牙买加体系下，IMF不再具有管理、协调和监督会员国维持汇率稳定的功能。因此，在主要国家货币汇率出现剧烈波动时，主要发达国家达成了联合干预汇市的协议，奠定了浮动汇率制度下多国协调机制的基础。

（一）浮动汇率制度的特点

1.汇率波动频繁剧烈

在浮动汇率制度下，货币当局不再规定货币的兑换比价和汇率的波动范围，也不承担维持汇率稳定的义务，汇率完全由市场供求状况决定。市场汇率受政治、经济形势的影响非常大，所以其波动的频率和幅度都是固定汇率制度所远不能及的，这种汇率频繁剧烈地波动，给世界经济发展带来了不利影响。

2.有干预的浮动是共性

在浮动汇率制度下，完全自由浮动的汇率是不存在的。各国货币当局出于各种动机和考虑，都会采取措施不同程度地对汇率进行干预，只不过干预的力度和干预的频率有差别而已。

3.汇率制度安排多样化

牙买加体系将汇率制度的选择权交给了各个会员国，现实中各国往往根据自身的需要选择汇率制度。各国国情不同，在国际贸易中所处的地位及货币地位也不同，因此在汇率浮动幅度和干预程度上都存在着巨大差异，从而形成了全球多样化的混合式汇率制度安排。

（二）浮动汇率制度的优点

1.发挥汇率对国际收支的调节作用

在浮动汇率制度下，汇率根据市场供求状况自发调整，使一国的国际收支自动趋于平衡，不需要以牺牲国内经济为代价。例如，一国出现国际收支逆差时，本币就会贬值，这样可以刺激出口，抑制进口，改善国际收支状况；反之亦然。这种调节作用会同时发生在逆差国和顺差国，有利于全球经济的平衡。

2.保持货币政策的独立性

在浮动汇率制度下，可以利用汇率杠杆对国际收支进行自动调节。

当一国发生暂时性或周期性国际收支失衡时，货币当局可以利用汇率变动代替破坏国内经济平衡的货币政策来调节国际收支。这样，一国实施货币政策的独立性就比较强，更有利于保持国内经济的相对稳定。

3. 节约国际储备

在浮动汇率制度下，各国货币当局没有义务维持货币的固定比价，汇率随外汇供求关系的变化而变化，不会出现因被迫干预外汇市场而导致的储备变动。政府干预外汇市场的义务减少，需要的外汇储备也自然就减少。

4. 缓解国际游资的冲击

在浮动汇率制度下，汇率随市场供求随时变动，名义汇率与实际汇率不会相差太远，国际游资没有攻击机会。另外，在浮动汇率制度下，汇率对市场信息反应灵敏，变动非常迅速，即使存在投机机会，也很难在较短的时间调动资金，投机获利。

5. 避免经济周期的国际传播

在浮动汇率制度下，如果一国发生通货膨胀，将导致该国国际收支逆差，但在该国货币贬值（汇率自动调整）后，该国出口商品本币价格的上涨便会被货币贬值所抵消，因此出口商品折成外币的价格变化不大，外国的价格水平和货币供应量并不会受到影响。也就是说，浮动汇率制能够隔绝国际性的通货膨胀传播。

6. 促进自由贸易，提高资源配置效率

汇率本身是一种价格，在浮动汇率制度下，不存在对汇率这种价格的管制，就可以更好地进行外汇这种资源的配置。另外，汇率自由浮动可以调节国际收支，从而减轻政府对各种直接管制措施的依赖，这有助于市场价格信号更有效地发挥资源配置功能。

（三）浮动汇率制度的缺点

1. 不利于国际贸易和国际投资

在浮动汇率制度下，汇率频繁变动，人们的预期也不稳定，这增加了进出口贸易的成本和风险，也增加了结算的困难，人们往往不愿意签订长期贸易合同，也不愿意进行长期投资，这非常不利于世界经济的发展。

2. 助长了国际金融市场上的投机活动

在浮动汇率制度下，汇率波动频繁、幅度较大，投机者利用一系列外汇交易，甚至是人为造势，在汇率的波动中牟取暴利。这些投机活动扰乱了市场秩序，加剧了国际金融局势的动荡。

3.不利于各国政策协调和国际经济合作

在浮动汇率制度下，各国之间缺乏关于汇率约束的协议，一些国家愿意采用货币贬值的手段来达到内部均衡的目标。这种贬值往往会招致其他国家的报复，形成竞争性贬值，引发贸易摩擦，造成各国在汇率政策上的利己主义和各自为政，不利于国际协调合作。

二、浮动汇率的分类

根据一国中央银行是否干预程度，可以把浮动汇率分为自由浮动汇率和管理浮动汇率。

（一）自由浮动汇率的含义

自由浮动汇率是指中央银行对汇率上下波动不采取任何干预措施，完全听任外汇市场的供求变化自由涨落的一种浮动汇率制度。自由浮动汇率仅仅停留在理论假设之中，现实中不存在绝对意义上的自由浮动汇率。

（二）管理浮动汇率的含义

管理浮动汇率，又称干预浮动汇率制度，是指一国中央银行采取各种方式干预本国的外汇水平，使本国的汇率水平与中央银行的目标保持一致的一种浮动汇率制度。管理浮动汇率是目前市场中比较常见的浮动汇率。

第三节　当代各国汇率制度安排

传统上将汇率制度分为固定汇率制度和浮动汇率制度两种，这种分类方法过于简单，因为固定或浮动的程度是很难掌握的，在固定汇率和浮动汇率之间还存在着众多的中间汇率制度。

汇率制度分类最根本的问题是基于何种汇率进行分类。现有文献对汇率制度分类的归纳，一般有两种方法：一种是基于事实（de facto）的分类；另一种是基于各国政府所公开宣称的名义（de jure）的分类。

布雷顿森林体系崩溃以后，IMF不断细化汇率制度的分类。IMF原来对各成员国汇率制度的分类主要依据的是各成员国所公开宣称的汇率制度，即名义的分类，但这种名义的分类具有事实做法和官方宣称经常不符的局限性。1997年和1999年，IMF分别对基于名义的汇率制度的分类方法进行了修正，修正后成员国汇率制度按事实分类法分为八类；2009年，IMF对汇率制度的事实分类方法又进行了修订，修订后的全球汇率制度安排分为十类（见表2-1）。

表2-1　**汇率制度安排分类**

汇率制度安排	采用的国家数		
	2009年	2010年	2011年
无独立法定货币的汇率安排（exchange arrangement with no separate legal tender）	10	12	13
货币局制度（currency board arrangement）	13	13	12
传统钉住安排（conventional pegged arrangement）	42	44	43
稳定化安排（stabilized arrangement）	13	24	23
爬行钉住安排（crawling peg）	5	3	3
类似爬行钉住安排（crawl-like arrangement）	1	2	12
水平带钉住的汇率制度安排（pegged exchange rate within horizontal bands）	4	2	1
其他管理安排（other managed arrangement）	21	21	17
浮动（floating）	46	38	36
自由浮动（free floating）	33	30	30
总计	188	189	190

资料来源　《国际货币基金组织年报》，2009—2011年。

根据汇率的波动幅度，IMF进一步将表2-1中的汇率安排分为硬钉住安排、软钉住安排、浮动汇率安排和其他汇率安排四大类。

一、硬钉住安排

（一）无独立法定货币的汇率安排

无独立法定货币的汇率安排（exchange arrangement with no separate legal tender）包括两种类型：第一种是一个国家采用另一个国家的货币替代本币作为唯一法定货币，如用美元替代本币；第二种是隶属于某一货币联盟，共同使用同一法定货币，包括美元化和货币联盟国家。

货币替代（currency substitution）是指在开放经济条件下，一国居民将本币兑换成外币，使得外币在价值尺度、支付手段、交易媒介和价值贮藏方面全部或部分取代本币的现象。当这种外币由美元来充当时，被称为美元化（dollarization）。属于此类汇率安排的代表国家有巴拿马、厄瓜多尔、萨尔瓦多、津巴布韦等。采用货币替代的国家可以有效防止政府推行通货膨胀政策，消除外汇风险和避免国际游资的冲击，但是以损失铸币税收益和丧失货币政策独立性为代价。

加入货币联盟的国家，意味着该国完全丧失了对本国货币政策的独立控制权，典型代表为欧洲货币联盟。1999年1月1日，在实行欧元的欧盟国家中实行统一货币政策，2002年7月，欧元成为欧元区唯一合法货币。截至2016年，共有19个国家（分别是德国、法国、意大利、荷兰、比利时、卢森堡、爱尔兰、西班牙、葡萄牙、奥地利、芬兰、立陶宛、拉脱维亚、爱沙尼亚、斯洛伐克、斯洛文尼亚、希腊、马耳他、塞浦路斯）加入欧元区，从整体和长远利益看，欧元区国家实施统一货币政策有利于保持通货膨胀率和物价稳定，并促进各国改革经济和财政政策，为经济发展创造良好的环境，同时能够降低货币兑换成本和汇率风险，增强各国在国际金融和贸易中抵御外部金融风险的能力。2007年以前，加入货币联盟的国家全部归类为无独立法定货币的汇率安排。自2007年开始，IMF依据货币联盟统一货币的汇率表现进行分类，调整后的货币联盟归属：欧元区各国归入自由浮动汇率制度，中非货币联盟和西非货币联盟各国归入传统钉住汇率制度，东加勒比货币联盟各国归入货币局制度。

（二）货币局制度

货币局制度（currency board arrangement）是关于货币发行和汇率制度的安排。它以法律的形式规定当局发行的货币必须要有外汇储备或硬通货做全额支持；货币发行当局根据法定承诺按照固定汇率来承兑指定的外币，并通过对货币发行权的限制来保证履行法定承兑义务。这意味着国内货币发行必须按照法定汇率以100%的外汇储备作为保证，当外汇汇率高于法定汇率时，发钞银行卖出外汇买进本币；当外汇汇率低于法定汇率时，发钞银行买进外汇卖出本币，以保持法定汇率稳定。采用货币局制度的国家和地区有多米尼加、波斯尼亚、保加利亚以及中国香港等。

在货币局制度下，将本币和外币的比价严格固定下来，有利于抑制通货膨胀，规避汇率风险，促进贸易和投资的发展。但货币局制度不能实现独立的货币政策，同时也不能排除货币贬值的可能性，因而也无法免受游资投机行为的攻击。

IMF的统计资料表明，采用硬钉住安排的国家和地区从1991年的25个增加到2004年的48个，2011年则为25个，考虑到2007年对货币联盟国家归类的调整，可以说采用硬钉住安排的国家和地区基本稳定。

二、软钉住安排

（一）传统钉住安排

传统钉住安排（conventional pegged arrangement）是指一国官方宣布以一个固定的汇率将本国货币钉住另一种货币或一个货币篮子。在这种汇率制度下，货币当局通过直接或间接干预随时准备维持固定平价，但没有承诺永久保持平价，市场汇率围绕中心汇率在上下不超过1%的范围内波动，或将即期市场汇率的最高值和最低值维持在中心汇率的2%的范围内至少6个月，锚货币或篮子货币权重是公开的或报知IMF。采用传统钉住安排制度的国家有约旦、沙特阿拉伯、委内瑞拉、丹麦、科威特等。

一些国家由于政治、历史、经济等方面的原因，其对外贸易和金融交易主要集中于一个发达国家或主要使用某一种外币，为避免汇率波动造成的不利影响，采用钉住该国货币的汇率制度。另一些国家将本国货币汇率钉住一篮子货币，篮子货币主要由与本国经济交往较为频繁的国家的货币和对外支付使用较多的货币组成，可以将汇率变动对国内经济的冲击降到最低，保持汇率的稳定。本币与被钉住货币保持固定比价关系，与被钉住货币一起对其他货币共同浮动。

（二）稳定化安排

稳定化安排（stabilized arrangement），即事实上的传统钉住安排，也称类似钉住安排，指政府不明确承诺维护汇率稳定的目标，但即期市场汇率波动幅度至少连续6个月不超过2%。该汇率制度安排不是一国货币当局的政策承诺，稳定化安排要求汇率保持稳定是官方行动的结果。人民币汇率在2009年和2010年被归入此类。2011年采用稳定化安排制度的国家包括柬埔寨、越南、老挝、牙买加、巴基斯坦、乌克兰等。

（三）爬行钉住安排

爬行钉住安排（crawling peg）是指将本国货币钉住外国货币，汇率按照固定的、预先宣布的比率作较小的定期调整或依据所选取的定量指标的变化作定期调整。爬行的幅度可以根据以往通胀变动对汇率变动的要求来设置，也可以根据预期未来可能发生的通胀情况来设置。通常情况下，一国货币当局每隔一段时间就对本国货币汇率进行一次小幅度的贬值或升值。当前采用爬行钉住汇率安排的国家有3个，分别是尼加拉瓜、博茨瓦纳、乌兹别克斯坦。

（四）类似爬行钉住安排

类似爬行钉住安排（crawl-like arrangement），即事实上的爬行钉住，是指即期市场汇率至少连续6个月在2%的狭窄范围内波动，通常其要求的最小波动率大于稳定化汇率安排。但是如果年度波动率至少为1%，只要汇率是以一个充分单调和持续的方式升值或贬值，该汇率就被认定为类似爬行钉住安排。采用类似爬行钉住安排制度的国家包括中国、埃塞俄比亚、克罗地亚、阿根廷、孟加拉、多米尼加等。

（五）水平带钉住的汇率制度安排

水平带钉住的汇率制度安排（pegged exchange rate within horizontal bands）是指本币对外币仍然规定固定的中心汇率，但其波动幅度大于其他传统钉住安排，市场汇率围绕中心汇率上下至少1%的范围波动，或汇率的最高值和最低值可超过2%的范围波动。中心汇率和带宽是公开的或报知IMF。当前采取水平带钉住的汇率制度安排的国家仅有汤加。

采用软钉住汇率制度安排，可以克服固定汇率制的过分僵化和自由浮动汇率制的反复无常，达到既保持汇率基本稳定，又使经济政策具有一定灵活性的效果。但是钉住汇率制使本国货币当局负有维持汇率稳定的义务，使本国货币供应在很大程度上成为一个内生变量，货币当局无法主动、灵活地加以控制；本国货币政策必须与被钉住货币国货币政策保持一致，对被钉住货币国的经济依附加强；钉住汇率制可能造成币值高估或低估或需重新定值，刺激了游资的投机行为，加剧了汇率波动幅度。近年来，采用水平钉住、爬行钉住制度安排的国家数量有所下降，采用传统钉住和稳定化安排的国家呈增加趋势。

三、浮动汇率安排

（一）浮动

浮动（floating），是指汇率在很大程度上由市场决定，没有一个确定的或可预测的汇率路径，一国货币当局在外汇市场上的干预，旨在缓和汇率的变动和防止汇率的过度波动，没有设定明确的以特定汇率水平为干预目标。采取这种汇率制度的国家包括蒙古、巴西、罗马尼亚、泰国、匈牙利、冰岛、以色列等。

（二）自由浮动

在自由浮动（free floating）的情况下，汇率由市场决定，一国货币当局在外汇市场上的干预只是偶尔发生，旨在处理无序的市场状况。它要求在过去6个月内，政府对汇率的干预不得超过3次，每次干预不超过3个营业日，而且干预导致的市场失衡只持续1至2天就消失。如果汇率的确是由市场决定的，但不符合自由浮动的严格定义，则归于上一个类别——浮动。在这一汇率制度下，理论上货币当局可以追求独立的货币政策目标。其代表国家包括欧元区国家、美国、日本、英国、新西兰、加拿大、澳大利亚、瑞典、挪威、波兰等。

四、其他汇率安排

其他管理安排（other managed arrangement），是指当汇率制度安排不满足上述任何类别标准时归入的类别。通常情况下，其他管理安排是指政府频繁且无规律地干预汇率，使得货币当局的汇率制度不符合任何一种定义。其代表国家包括苏丹、阿尔及利亚、新加坡、尼日利亚等。

从各国汇率制度安排来看，发展中国家由于金融市场和资本账户开放程度不同，选择了介于固定与浮动汇率制度之间的软钉住或中间汇率制，主要发达国家的汇率制度则趋于自由浮动安排。从长期来看，在金融全球化影响下，资本因素将逐渐取代贸易因素成为影响汇率变动的主体，在短期由于宏观经济变量和外部冲击的影响，汇率制度表现出一定的波动性。在资本因素影响不断加大的过程中，发达国家维持货币汇率制度的成本可能会增加，发展中国家经济快速发展会推动一国的汇率制度向更具弹性的方向发展。

五、汇率制度的选择

合理的汇率水平及汇率变动方式对于一国的经济稳定和经济发展至关重要，在当前全球经济一体化的背景下，任何一个国家都要面临汇率制度选择的问题。面对这一问题，从不同的角度和背景出发，经济学家们也提出了不同的理论。

（一）从成本-收益的角度来研究汇率制度的选择

20世纪50年代，西方学者对汇率制度的选择争论进入了白热化阶段，以金德尔伯格（Kindleberger）为代表的一批学者极力推崇固定汇率制，以弗里德曼（Friedman）为代表的另一批学者则极力主张浮动汇率制。他们分别从实行这两种汇率制度所带来的经济利益和成本出发，各执一词展开了激烈的争论。其实，这意味着货币当局在选择汇率制度时，应当比较每种汇率制度的预期收益以及潜在成本，比较的结果可以决定一国究竟应当采用哪种汇率制度。

（二）从经济结构特征角度来研究汇率制度的选择

在“固定对浮动”的优劣之争相持不下的情况下，经济学家蒙代尔（Mundell，1961）另辟蹊径，提出了“最优货币区”（optimal currency areas）理论。他认为不能笼统而抽象地谈论汇率制度的优劣，应当结合某种经济特征来进行汇率制度的选择。蒙代尔提出了以“生产要素流动性”作为建立最佳货币区的标准。

在最优货币区理论的基础上，汇率制度的选择理论得到了进一步的发展。一是美国经济学家罗伯特·赫勒（Heller，1978）提出的“经济论”，认为一国汇率制度的选择主要取决于经济结构特征因素，如经济规模、经济开放程度、进出口贸易的商品结构与地域分布、相对通货膨胀率以及同国际金融市场一体化程度等。一般来说，经济开放程度较高、经济规模较小或者进出口集中度较高的国家多实行固定汇率制或钉住汇率制，而经济开放程度低、进出口商品多样化或者地域分布分散化，同国际金融市场联系密切，资本流动较为可观和频繁，或者国内通胀与其他主要国家不一致的国家，则倾向于实行浮动汇率制。二是一些发展中国家经济学家提出的“依附论”，认为一国汇率制度的选择取决于其在对外经济、政治、军事等诸方面与他国的联系，发展中国家汇率制度的选择取决于其经济、政治、军事等对外的依赖关系，至于采用哪一种货币作为被钉住的“参照货币”，取决于该国对外经济、政治关系的集中程度。

克鲁格曼和奥布斯菲尔德（Krugman & Obstfeld，1997）将成本-收益分析法与经济一体化特征相结合来研究一国汇率制度的选择，即是否加入固定汇率区（或共同货币区）。其研究结果表明，如果一国与其所在的固定汇率区（或共同货币区）经济一体化程度越高，那么该国加入固定汇率区（或共同货币区）对本国货币状况的收益就越大，而且，在产出市场波动时，其遭受的经济稳定性损失成本就越小；反之，则结论相反。

（三）从经济冲击干扰源角度来研究汇率制度的选择

Yoshitomi和Shirai（2000）认为，如果干扰源是货币性因素，比如货币需求的变化和影响价格水平的冲击，那么就应偏向固定汇率制；如果干扰源主要是实质性因素，比如偏好的改变或者影响国内商品与进口商品相对价格的技术的变化，那么更加灵活的汇率制度就是合适的。虽然依据干扰源类型来考虑合适的汇率制度选择在理论上是有用的，但在实际中由于很难区分各种干扰源类型，因而也就难以确定选择哪种汇率制度相对更优。同样，如果干扰源来自外部冲击，那么浮动汇率制度是合适的，因为浮动汇率能够极大地隔离国内经济，降低外部冲击的影响。相对而言，如果干扰源来自国内，如不稳定的财政政策和货币政策，那么钉住汇率制度是合适的，因为钉住汇率有助于对政府财政政策和货币政策形成外部硬约束，部分地限制了政府政策随意性行为，从而极大地降低政府政策不稳定带来的负面效应。

在此基础上，美国经济学家格雷厄姆·伯德将经济结构特征与经济冲击结合起来提出了10个方面的因素作为发展中国家是否采用浮动汇率制的参考标准，具体是：①一国经济的波动主要来自国内还是国外；②经济开放程度；③商品的多样化程度；④贸易的地理分布情况；⑤国内外资金市场一体化程度；⑥相对的通货膨胀率；⑦进出口的价格弹性；⑧国际储备水平；⑨社会对收入稳定和收入增长的偏好；⑩是否存在较为完善的远期外汇市场。如果一国经济波动主要来自于国外、经济开放程度不高、商品多样化、贸易分布广、资金市场一体化程度高、相对通货膨胀率差异大、进出口价格弹性高、国际储备少、社会更倾向于收入增长或存在完善的远期外汇市场，那么具备这些因素中的多数，则适宜选择浮动汇率制。反之，则结论相反。

（四）从政策配合角度来研究汇率制度的选择

20世纪60年代初，蒙代尔和弗莱明提出了Mundell-Fleming模型（即M-F模型），该模型是在开放经济条件下，采用短期、需求分析法，引入对外贸易和资本流动因素，分析固定汇率和浮动汇率制度下货币政策和财政政策的不同作用。其研究结果表明，固定汇率制度下财政政策有效，货币政策无效；而浮动汇率制度下货币政策有效，财政政策无效。这样，M-F模型实际上已蕴含着“三元悖论”（trilemma），即资本自由流动、固定汇率与货币政策独立性三者之间存在着“不可能三角”（impossible triangle）。Frankel（1999）将其形式化为不可能三角模型。因此，一国在进行汇率制度选择时就要权衡一下三者目标权重。要想同时实现其中两个就不可能实现第三个目标。这样，如果选择了资本自由流动和货币政策独立性，那么浮动汇率制就是合适的；如果选择了资本管制和货币政策独立性，那么固定汇率制就是合适的。

除此之外，还可以从应对投机压力和汇率失调的双重角度、价格确定的角度、经济基本面特别是金融脆弱性的角度等许多方面来研究汇率制度的选择问题，爬行钉住（crawling peg）、汇率目标区（target zones）等诸多汇率理论就是后来提出来的。

从上述理论可以看出，影响汇率制度选择的因素很多，如经济结构特征、经济冲击干扰源、政策配合、价格确定、经济基本面特别是金融脆弱性等。由于研究者选取的影响因素角度不同，因而得出了不尽一致的结论。相应地，关于汇率制度选择的争论也就难以避免。在围绕汇率制度选择的争论中，逐渐形成了几个争议性假说：原罪论、稳定霸权论与汇率变动转移论、浮动论与恐惧浮动论，以及中间空洞论与反中间空洞论等。汇率制度的选择不仅是一个静态问题，还是一个动态问题，影响汇率制度选择的因素复杂多样，而这些因素本身随着经济金融发展变化又在不断地变化着，因而作为这些因素多维复合的结果——汇率制度也应该不断地变迁。

总之，各种形式的汇率制度都有优劣，没有一种十全十美的制度适用于任何国家或任何时期。如何选择最适合本国的制度，使汇率和金融市场保持稳定，并同时有利于经济发展，才是最为重要的。关于汇率制度的争论虽然没有统一的结论，但可以明确的是，一国汇率制度的选择是一个视具体情况而定的相机抉择的动态过程，必须考虑经济发展、金融深化、政府信誉、市场预期、政策协调搭配等多种问题。

第四节　人民币汇率制度

汇率制度作为一国主要的经济制度，在一国的经济发展过程中发挥着重要的作用。中华人民共和国成立以来，人民币汇率制度的发展经历了一个曲折的演变过程。人民币汇率制度的演变以各阶段经济发展为基础，以各阶段经济体制改革为线索，以改革开放、汇率并轨为分界点，大致可以划分为三个阶段：

一、1978年以前：人民币汇率的形成

1948年12月1日，中国人民银行成立，并发行了统一的货币——人民币。但因当时全国通货膨胀形势严峻，各地区价格水平不一致，在中央统一政策和管理下，以天津口岸汇价为标准，各地区根据当地情况公布各自外汇牌价。1950年7月8日，随着经济秩序的逐步恢复和全国

财经统一制度的建立，人民币实行全国统一汇率，由中国人民银行总行公布。此后，随着经济的恢复和发展，国内价格日趋稳定，人民币不断贬值的状况得到遏制。与此同时，主要资本主义国家的通货膨胀率则出现不断上涨的趋势。根据此种情况，国家对人民币汇率进行了相应的调整（上调）。这一时期的人民币汇率以购买力平价为依据，以“物价对比法”为基础，并配合国家相关政策来确定。

1973年布雷顿森林体系崩溃后，西方各国普遍实行浮动汇率制，各国之间的汇率变动频繁，人民币汇率的定值方法也相应进行改革，采用钉住“一篮子货币”浮动的形式，所选定的一篮子货币都是中国对外经济贸易中经常大量使用的货币（如美元、英镑等），每种货币按照其重要程度确定不同的权重。采用一篮子货币的计价原则，虽然保持了人民币汇率的相对稳定，但它脱离了直接的物质基础和货币购买力平价，反映的只是人民币与一篮子货币的相对变动情况，使我国国内市场价格与国际市场价格相分离，导致人民币汇率高估。

二、1978—1993年：双重汇率时期

1978年，中国开始实行对外贸易经营权下放的外贸体制改革，出现了一批独立核算、自负盈亏的经营进出口贸易的企业。为了鼓励出口和抑制进口，必须降低人民币汇率。然而，非贸易汇率却处于与贸易汇率完全相反的状况。针对贸易和非贸易汇率存在的上述矛盾，国务院于1979年8月颁布了《关于大力发展对外贸易增加外汇收入若干问题的规定》，决定从1981年1月1日起实施双重汇率制，即公布的牌价用于非贸易项目结算，而进出口贸易的结算采用贸易外汇内部结算价。当时公开牌价为1美元兑1.54元人民币，贸易外汇内部结算价为2.80元人民币。双重汇率制的实施，在一定程度上起到了鼓励出口和抑制进口的效果。

20世纪80年代上半期，由于国内价格水平逐渐上升，人民币的价值不断下降，而同期美元日益坚挺，人民币高估的现象更加严重，阻碍了中国对外经济贸易的正常发展。有鉴于此，我国于1985年1月1日起正式取消贸易外汇内部结算价，变公开的双重汇率为单一汇率，进出口贸易和非贸易活动的外汇收支采用相同的汇率。与此同时，基于国内通

货膨胀不断加剧和促进出口的需要，继续下调人民币的汇率。由1985年1月1日的1美元兑2.80元人民币，逐步调整至1990年11月17日的1美元兑5.22元人民币。

为配合承包制改革和取消财政补贴的政策，我国于1988年3月起在各地先后设立外汇调剂中心，形成了官方汇率和调剂市场汇率并存的汇率制度。从1991年4月9日起，对官方汇率的调整由以前大幅度、一次性调整的方式，转为逐步缓慢调整的方式。同时，放开外汇调剂市场汇率，让其随市场供求状况浮动。

三、1994年以来：单一的、有管理的浮动汇率制度

（一）1994—2005年：钉住汇率制度

为了适应中国改革开放不断深化的要求，以及符合IMF和关贸总协定对成员国汇率安排的规定，1994年1月1日，我国政府对外汇体制进行了重大改革。该项改革的主要内容包括：①实行以市场供求为基础的、单一的、有管理的浮动汇率制，取消以前官方汇率与调剂汇率并存的制度。企业和个人按规定向银行买卖外汇，银行进入银行间外汇市场进行交易形成市场汇率。中央银行设定一定的汇率浮动范围，并通过调控市场保持人民币汇率稳定。②实行银行结售汇制，人民币在经常账户下实现有条件的可兑换。③建立银行间外汇市场。为了保证结售汇制度的正常运行，使银行间的外汇余缺能够及时调整，1994年建立了以上海为中心的银行间外汇交易市场，各外汇指定银行作为会员单位进入该市场解决外汇余缺。④人民币汇率确定方法采用供求定价法。这种方法是指在考虑以往汇率水平、各种其他汇率决定方式的基础上，主要由外汇市场的供求关系来决定汇率水平。

虽然上述新的外汇体制较以往有了较大的进步，汇率形成机制更加合理，但此种体制仍然存在一定的局限性，主要表现在：汇率形成机制仍然不健全，人民币兑换外汇在很多方面仍受到限制，结售汇制度削弱了供求力量在汇率形成过程中的作用。2002年后，人民币逐渐向资本项目下的有条件自由兑换过渡，但人民币汇率仍然以钉住美元为基本汇率政策。

（二）2005—2015年：完善人民币汇率的市场化形成机制

随着中国经济实力持续增强和外贸总额不断增大，人民币汇率问题

成为国际瞩目的问题，很多重要的贸易伙伴要求中国采取更为灵活的人民币汇率形成机制。近年来，我国经常项目和资本项目双顺差持续扩大，加剧了国际收支的不平衡。为了调整经济结构、缓解对外贸易不平衡、扩大内需、提升企业国际竞争力、提高对外开放水平、缓和与某些国家的贸易摩擦，推进人民币汇率形成机制的改革成为深化金融改革的重头戏。

2005年7月21日，经国务院批准，我国开始实行以市场供求为基础、参考一篮子货币进行调节、有管理的浮动汇率制度。此次汇率改革，人民币对美元一次性升值2%，人民币汇率不再钉住单一美元，而是按照我国对外经济发展的实际情况，选择若干种主要货币，赋予相应的权重，组成一个货币篮子。篮子货币的确定以对外贸易权重为主，主要包括美元、欧元、日元、韩元、新加坡元、英镑等11种货币。

对于人民币汇价的管理，中国人民银行于每个工作日闭市后公布当日银行间外汇市场美元等交易货币对人民币汇率的收盘价，作为下一个工作日该货币对人民币交易的中间价格。银行间外汇市场人民币对美元的买卖价，在中国人民银行公布的市场交易中间价上下0.3%的幅度内浮动，欧元、日元、港币等非美元货币对人民币交易价浮动幅度为上下3%。外汇指定银行在规定的浮动范围内确定挂牌汇率。银行对客户美元挂牌汇价实行价差幅度管理，美元现汇卖出价与买入价之差不得超过交易中间价的1%，现钞卖出价与买入价之差不得超过交易中间价的4%。银行可在规定价差幅度内自行调整当日美元挂牌价格，可自行制定非美元对人民币价格，可与客户议定所有挂牌货币的现汇和现钞买卖价格。上述人民币汇率改革方案，我们称其为“7·21汇改新政”。

（三）2015年至今

2015年8月11日9时13分，央行授权中国外汇交易中心公布的美元对人民币中间价为6.2298元，较前一日下调1 136个基点，贬值1.86%；较前一日收盘价6.2097元贬值200个基点。市场一片哗然。12分钟后，央行发表声明称，为增强人民币兑美元汇率中间价的市场化程度和基准性，决定完善人民币兑美元汇率中间价报价，核心是“做市商在每日银行间外汇市场开盘前，参考上日银行间外汇市场收盘汇率”。这意味着，中间价大幅贬值不仅仅是简单的汇率走势变化，而是2005

年7月21日“汇改”以来人民币汇率形成机制改革最重要的里程碑，人民币告别固定汇率体制后最难突破的节点——中间价形成机制，终于取得进展，我们称其为“8·11汇改”。

“8·11汇改”主要内容有：第一，放弃与美元挂钩，引入参考一篮子货币；第二，由1美元兑8.2765元人民币改为1美元兑8.11元人民币，升值2%；第三，银行间一篮子货币兑人民币的每日收市价，作为翌日买卖中间价，上下波幅为0.3%。

第五节　三元悖论

一、三元悖论的定义

三元悖论，也称“三难选择”，它是由美国经济学家保罗·克鲁格曼就开放经济下的政策选择问题所提出的，其含义是：本国货币政策的独立性、汇率的稳定性、资本的完全流动性不能同时实现，最多只能同时满足两个目标，而放弃另外一个目标。

二、三元悖论的来历

（一）米尔顿·弗里德曼的思想

米尔顿·弗里德曼通过对美国货币历史的考察，翔实地证明了在固定汇率制度下，货币存量长期和周期性的变化，与名义收入和价格水平的相应变动之间的关系最为密切。接着，弗里德曼又以历史数据分别论证了货币关系的稳定性和货币方面的变动的独立性，在论证货币关系的稳定性部分，弗里德曼指出固定汇率制无益于国际收支平衡的调节。在货币方面的变动的独立性部分，弗里德曼指出货币政策相对于经济变量具有较强的独立性，“……货币方面的变动可能随着其他经济变量独立产生的变化而变化，国民收入和价格也可能随着货币方面独立产生的变化而变化……”。所以，弗里德曼在其《浮动汇率论》一文中指出，固定汇率制会引发通货膨胀，诱发金融危机，只有实行浮动汇率制才有助于国际收支平衡的调节。同时，浮动汇率还有助于提高资源的基础性配置作用。以上的论述表明，虽然弗里德曼没有直接说明三元悖论，但是其思想中已经闪烁着三元悖论中的一面，即货币政策独立性–浮动汇率–资本自由流动。

（二）詹姆斯·米德的思想

1951年，詹姆斯·米德在其著作《国际经济政策理论（第一卷）国际收支》的第三篇金融政策中最早提出了固定汇率制下的内外均衡冲突问题，具体的意思是以财政政策和货币政策可以实现内部均衡，以汇率政策可以实现外部均衡。固定汇率制度下，汇率工具无法使用。要运用财政政策和货币政策来达到内外部同时均衡，在政策取向上，常常存在冲突。但国际收支逆差与国内经济疲软并存，或是国际收支顺差与国内通货膨胀并存时，财政政策与货币政策都会左右为难，经济学上称之为“米德冲突”。而后，他又在该著作第四篇价格调整中，提出“通过可变汇率实现外部平衡”“通过工资韧性实现内部的平衡”来解决“米德冲突”，即用财政政策来稳定国内经济平衡，用货币政策来稳定国际收支平衡，或者根据国内经济与国际收支的不同情况，将二者适当地搭配，以同时实现国内经济与国际收支的均衡。由此可见，詹姆斯·米德与米尔顿·弗里德曼在汇率制度的选择上都倾向于浮动汇率制。在货币政策的独立性上，两位大师也有同样的观点。但是在资本自由流动上，米尔顿·弗里德曼比詹姆斯·米德的态度更加鲜明。所以，詹姆斯·米德的思想体系也支持货币政策独立性–浮动汇率–资本自由流动这一面。

（三）罗伯特·蒙代尔的思想

自从20世纪50年代开始，世界经济在逐渐走向融合，走向一体化，罗伯特·蒙代尔教授发现，商品、服务、资本可以通过国际贸易以及投资等手段实现跨界相互流动，由此提出了支持固定汇率制度的观点。后来在20世纪60年代，蒙代尔和马库斯·弗莱明提出了M–F模型，即在开放的经济条件下的IS–LM模型，堪称固定汇率制下使用货币政策的经典分析。M–F模型认为，在资本管制条件下，货币政策在固定汇率下在影响与改变一国的收入方面是有效的，即货币政策的独立性得以显现，在浮动汇率下货币政策的独立性则更为有效；在资本有限流动情况下，整个调整结构与政策效应与没有资本流动时基本一样；而在资本完全可流动情况下，当一国采取固定汇率制时，则货币政策影响与改变一国的收入方面是完全无能为力的，即货币政策的独立性不能产生效果，但在浮动汇率下，货币政策的独立性则可以产生效果。进而，他提出了著名的“蒙代尔三角”理论，即货币政策独立性、资本自由流动与汇率稳定这三个政策目标不可能同时达到。

（四）保罗·克鲁格曼的思想

20世纪90年代，保罗·克鲁格曼在其著作《萧条经济学的回归》中全面而生动地阐述了三元悖论，该著作首先通过历史的研究总体概括三元悖论，“……不幸的是，金本位制并没有防止世界经济的波动。但是，历史确实比较清楚地告诉了我们，一个国家的经济在全球化时代面临的两难选择的三个方面，或者说是‘三难选择’”。而后，克鲁格曼又深入浅出地说明了三元悖论中三个目标的作用，“一般来说，宏观经济管理者们有三个目标。他们需要灵活的货币政策，以应付经济衰退和通货膨胀的威胁。他们需要稳定的汇率，使商业活动不至于面对太多的不确定性。他们还需要让国际商业活动自由进行，特别是让人们自由地买卖货币，以维持私有经济的精髓。”最后，克鲁格曼用现实的例子形象地说明了三元目标在各个国家的应用，“……各国不可能同时达到上述三个目标，它们最多可以达到两个目标。它们可以放弃汇率稳定，这意味着像美国和澳大利亚那样实行浮动汇率制；它们可以放弃灵活的货币政策，这意味着像阿根廷那样实行固定汇率，甚至像某些欧洲大陆国家那样取消本国货币；或者，它们可以放弃完全的自由市场原则，实行资本管制，这是大多数国家在40年代至60年代的做法，也是中国和马来西亚现在的做法。”由此，可以清楚地看到三元悖论在保罗·克鲁格曼的思想中已经彻底形成。

三、三元悖论的重要含义

根据保罗·克鲁格曼的思想，三元悖论的含义是：本国货币政策的独立性、汇率的稳定性、资本的完全流动性不能同时实现，最多只能同时满足两个目标，而放弃另外一个目标。其原理可以用图2-1来直观说明。

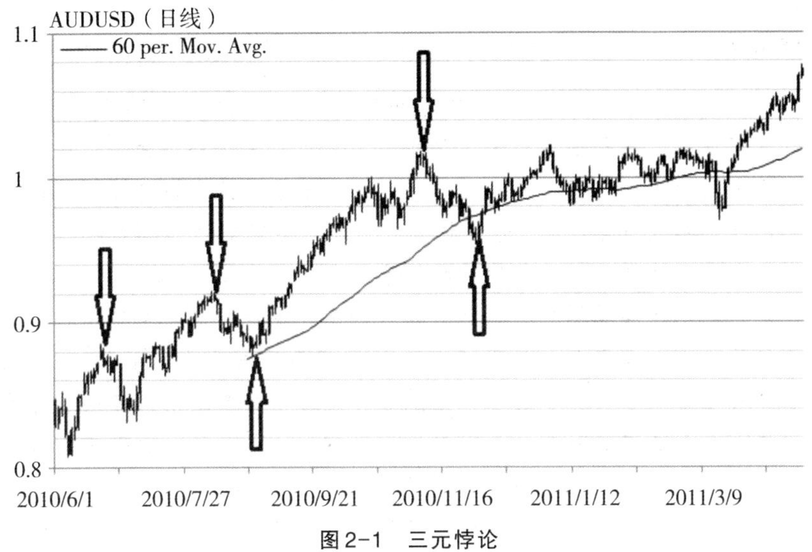

图 2-1　三元悖论

三元悖论的具体内容为：

（1）保持本国货币政策的独立性和资本的自由流动性，则必须牺牲汇率的稳定性，即放弃固定汇率制采取浮动汇率制。在图 2-1 中采用的政策选择菜单：货币政策独立性—浮动汇率—资本自由流动。就像当今的美国、英国、日本和加拿大等国家，因为这些国家的金融市场相对成熟，经济基础比较完善，因此可以采取浮动汇率制。

（2）保持本国货币政策的独立性和采用固定汇率制，则必须牺牲资本的完全流动性，即实行资本管制。在图 2-1 中采用的政策选择菜单：货币政策独立性—资本管制—固定汇率。就像当今的朝鲜、古巴等国家，因为这些国家的金融市场不成熟，经济基础比较薄弱，金融监管能力比较低，因此采取固定汇率制以及资本管制。

（3）保持资本的完全流动性和采用固定汇率制，则必须放弃本国货币政策的独立性。在图 2-1 中采用的政策选择菜单：固定汇率制—货币政策非独立性—资本自由流动。就像当今的欧元区，因为欧洲国家小而多，且它们的经济发展水平接近，文化背景相似，成立欧元在一定程度上保证了欧元区各国的利益。

复汇率制

复汇率制，也称多重汇率，是指一国货币对某一外币的汇率因外汇的来源和用途不同而规定两种或两种以上的汇率，或本币与外币的即期汇率的买卖差价超过2%。复汇率制是实行兑换管制的工具之一，复汇率制的取消也被视为自由兑换的必要条件。

复汇率制按表现形式有公开的复汇率制和隐蔽的复汇率制两种。公开的复汇率制就是政府明确公布针对不同交易适用的不同汇率。例如，可以针对经常账户交易和资本与金融账户交易，公布适用前者的贸易及非贸易汇率与适用后者的金融汇率。再比如，还可以针对贸易中的进口与出口及其中相应的商品种类来规定不同汇率，如出口采用一种汇率，进口采用另一种汇率；生活必需品进口采用一种汇率，奢侈品进口采用另一种汇率等。实践中，这种复汇率形式极其复杂，有的国家复汇率甚至可以多达几十种，高低相差几十倍。

隐蔽的复汇率制表现形式有多种。

首先，对出口按商品类别给予不同的财政补贴（或税收减免），或者对进口按类别课以不同的附加税，都将导致不同的实际汇率。

其次，采用影子汇率。影子汇率是指附加在不同种类进出口商品之后的一个不同的折算系数。该系数值的确定除要考虑该类产品的进出口成本外，还取决于政府的政策意图。比如，某类商品的国内平均单位生产成本是8元人民币，国外售价是1美元，官方汇率为1美元等于6元人民币，通过官方汇率只能弥补该单位产品的6元生产成本。为鼓励出口，就在该类产品的官方汇率之后附加一个1.34的折算系数（1.34×6=8.04）；这样，当该产品出口后，1美元的收入便可换到8.04元人民币。由于不同种类的进出口商品具有不同的影子汇率，故影子汇率构成了实际上的复汇率。

最后，一国在已存在官方汇率和市场汇率这两种汇率的条件下，对不同企业或不同的出口商品实行不同的收汇留成比例。允许企业将其留成外汇在平行市场或调剂市场上按市场汇率换成本国货币，等于变相地给予补贴。留成比例高的企业得到的变相补贴就多，留成比例低的企业所得到的变相补贴就少，没有留成的就得不到补贴，从而形成事实上的多重汇率。

同其他直接管制政策一样，复汇率制对经济也具有两方面的影响，其有利影响主要表现在：

第一，达到商业政策的目的。政府实行复汇率制的重要目的是充分发挥汇率的价格杠杆作用，体现政府对不同交易的不同态度。首先，复汇率制可以针对进出口商品价格弹性的差异进行区别对待，从而改善进出口状况。例如，对于外国需求弹性小的出口品（本国垄断的某种必需品），可以实行本币高估的汇率，从而通过出口将负担转嫁到外国消费者身上。其次，复汇率制可以体现国家对特定产业及商品的态度。一国可以利用复汇率制对某些行业或商品的生产给予特殊鼓励，而对另外某些行业或商品的进口予以限制。

第二，隔绝来源于外国的冲击。如果一国对经常账户交易采用统一的固定汇率而对资本与金融账户交易采用浮动汇率，就可以通过金融汇率的灵活变动来吸收来源于外国的冲击，尤其是来源于外国金融市场的冲击。当这一金融汇率的变动不会对本国商品市场产生影响时，就实现了与外部冲击相隔绝。在国际资金流动问题非常突出的情况下，频繁的、过度的汇率变动会对本国的进出口乃至整个宏观经济产生非常不利的影响，因此采用复汇率制是一种比较有效的选择。

第三，实现财政目的。政府可以在不同外汇市场上以不同的汇率买进卖出外汇，获得其中的差价，增加财政收入。更为重要的是，复汇率制实际上是一种变相的财政手段，针对不同的交易采用不同的汇率意味着政府的征税措施。在单一汇率制下，政府要想达到同等效果只有通过统一的征税措施才可以实现。如果政府财政收入不足而又希望只对某些交易征税以增加收入，复汇率就成为优先的选择。

第四，维持一定数量的国际储备。假定一国实行的是无管制的单一固定汇率制，政府通过外汇市场干预来维持固定汇率，当该国政府执行扩张性货币政策时，为了维持币值稳定，该国对外汇市场实行干预，国际储备将不断减少。为防止国际储备枯竭，该国政府可以采用复汇率制，即在原有官方外汇市场外设定一个汇率可自由浮动的第二外汇市场。对于各项国际收支交易，只有政府核准的一小部分可以在官方外汇市场上以官方汇率交易，其余的都必须在新的市场上进行。这样，对外汇的需求压力就被转移到新的外汇市场上，由于政府不对其进行干预，就形成了虽然这一市场上本币汇率贬值，但却不会造成国际储备减少的效果。

复汇率制也会对经济产生很大的损害，这主要表现在：

第一，管理成本较高。由于汇率种类繁多，势必产生大量的人力成本。管理人员主观认识上的缺陷、信息不通，都会导致复汇率的错误运用，使经济运行的整体效益下降。

第二，扭曲价格。众多的汇率导致众多的价格，使价格关系变得复杂和扭曲。

第三，不公平竞争。复汇率使不同企业处在不同的竞争地位，不利于公平竞争关系的建立和透明市场关系的形成。另外，复汇率容易引起国际社会的非议甚至报复，不利于国际经济合作的发展。因此，复汇率制常常被作为一种权宜之计来使用。

本章小结

固定汇率是将一国货币与另一国家货币的兑换比率基本固定的汇率，固定汇率并非汇率完全固定不动，而是围绕一个相对固定的平价的上下限范围波动。该范围最高点叫“上限”，最低点叫“下限”。当汇率价格涨跌至上限或下限时，一国货币当局（通常指中央银行）就要采取措施，以维持汇率的稳定性。固定汇率制按照时间可以划分为两个阶段，分别是：金本位体系下的固定汇率制和布雷顿森林体系下的以美元为中心的固定汇率制。

浮动汇率制度是指一国货币同他国货币的兑换比率没有波动幅度的限制，而由外汇市场的供求关系自行决定汇率的波动，中央银行不进行干涉的汇率制度。1971年8月15日，尼克松宣布美国实行新经济政策，任由美元汇率自由浮动。1973年，各国普遍实行浮动汇率制度。1987年，自由浮动汇率制度被国际货币基金组织正式采用。至此，外汇交易市场初步形成并不断发展。根据一国中央银行是否干预本国的外汇水平，可以把浮动汇率分为自由浮动汇率和管理浮动汇率。

根据汇率的波动幅度，国际货币基金组织进一步将汇率安排分为四大类：硬钉住安排、软钉住安排、浮动汇率安排、其他安排。

三元悖论，也称“三难选择”，它是由美国经济学家保罗·克鲁格曼就开放经济下的政策选择问题所提出的，其含义是：本国货币政策的独立性、汇率的稳定性、资本的完全流动性不能同时实现，最多只能同时满足两个目标，而放弃另外一个目标。三元悖论主要由米尔顿·弗里德曼、詹姆斯·米德、罗伯特·蒙代尔、保罗·克鲁格曼的思想发展而来。

关键概念

固定汇率、浮动汇率、自由浮动汇率、管理浮动汇率、三元悖论

综合训练

一、单项选择题

1.固定汇率制是指（　　）。

A.固定不变的汇率　　B.某种货币与黄金固定兑换

C.货币兑换上涨幅度固定　　D.围绕一个相对固定的平价波动

2.我国实行以市场供求为基础的、单一的、有管理的浮动汇率制始于（　　）。

A.1994年1月1日　　B.1995年1月1日

C.1996年1月1日　　D.1997年1月1日

3.布雷顿森林体系确立的内容错误的是（　　）。

A.美元与黄金挂钩　　B.其他国家货币与美元挂钩

C.其他国家货币与黄金挂钩　　D.确定国际储备资产

4.下列货币实行固定汇率的是（　　）。

A.港币　　B.日元

C.人民币　　D.新西兰元

5.关于三元悖论，不包括（　　）。

A.资本的完全流动性　　B.外汇市场的独立性

C.汇率的稳定性　　D.货币政策的独立性

二、多项选择题

1.浮动汇率分为（　　）。

A.自由浮动汇率　　B.随意浮动汇率

C.管理浮动汇率　　D.控制浮动汇率

2.关于三元悖论，正确的是（　　）。

A.汇率的稳定性一定能实现

B.汇率的稳定性有可能实现

C.货币政策的独立性和资本的完全流动性可以同时实现

D.汇率的稳定性、货币政策的独立性、资本的完全流动性只能部分实现

3.布雷顿森林体系的基本内容有（　　）。

A.美元与黄金挂钩　　B.实行可调整的固定汇率

C.确定国际储备资产　　D.规定各货币波动幅度

4.当前，实行浮动汇率的货币有（　　）。

A.美元　　B.卢布

C.英镑　　D.欧元

5.标志着第二次世界大战后以美元为中心的货币体系瓦解的事件有（　　）。

A.美元升值　　B.美元停止兑换黄金

C.固定汇率制的垮台　　D.浮动汇率制的垮台

三、思考题

1.布雷顿森林体系是怎样解体的？

2.三元悖论的重要含义是什么？

3.固定汇率制的基本内容有哪些？

4.简述布雷顿森林体系的作用。

5.简述浮动汇率的分类。

6.简述三元悖论的来历。

第三章

外汇管制

引例

外汇管制是当今世界各国调节外汇供求和国际收支的一项常用的强制性手段，其结果直接影响国际商品与资本的自由流动。各国政府根据自身的国情和发展国民经济的需要制定松紧程度不同的外汇管制措施。对于发达国家而言，外汇管制是其推行对外经济政策的工具；对于发展中国家而言，外汇管制则是阻止垄断资本入侵与维护本国经济利益的一种防御性的措施。实施外汇管制能够实现平衡本国国际收支、稳定汇率、奖出限入和稳定国内价格等政策目标，但其阻碍市场机制作用的发挥，造成国内价格扭曲和资源配置的低效率，妨碍国际经济的正常往来。对于外汇管制我们需要辩证地看待。

货币自由兑换和外汇管制是同一个问题的正反两面。放松对外汇的管制，就可以实现货币自由兑换。货币自由兑换后，有利于提高该货币的国际地位；有利于形成多边国际结算，促进国际贸易和资本流动的发展；有利于获取比较优势，减少储备的风险与成本。各国都应积极促进本国货币的可自由兑换。

第一节 外汇管制概述

当今世界经济发展所具有的一个显著特征就是经济的全球化与金融的自由化，其中国际资本的全球化流动是其重要体现。国际资本的流动，特别是金融性资本的流动，对一国经济的稳定和发展具有重要的影响，对其适当进行管制就成为一国政府理所当然的政策选择。

一、外汇管制的概念

根据国际货币基金组织的分类，**外汇管制（foreign exchange control）的概念有狭义和广义之分。狭义的外汇管制也称外汇限制（foreign exchange restriction），是指一国政府对本国居民从国外购买经常账户下的商品和劳务所需要的外汇进行限制**；广义的外汇管制，也叫**外汇管理（foreign exchange management），是指一国政府授权本国货币金融当局或者其他机构，对外汇收支、买卖、借贷、转移以及国家间的结算、外汇汇率和外汇市场等实行的管制措施。我国一般习惯上把外汇管制称为外汇管理。**

外汇管制与货币的自由兑换属性密切相关，在外汇管制的条件下，本国货币与外国货币的兑换部分或全部地受到限制，本币成为不可自由兑换的货币，从而使外汇买卖、国际结算、国际投资等金融活动都置于国家监管之下。可以说，一国货币的不可兑换性正是外汇管制的核心内容和必然结果。

二、外汇管制的产生与发展

外汇管制始于第一次世界大战期间。当时国际货币制度陷于崩溃，美、法、德、意等参战国都发生了巨额的国际收支逆差，本币对外汇率剧烈波动，大量资本外逃。为集中外汇资金进行战争，减缓汇率波动以及防止本国资本外流，各参战国在战时都取消了外汇的自由买卖，禁止黄金输出，实行了外汇管制。第一次世界大战后，金本位制恢复，外汇管制有所放松。但在1929—1933年世界经济危机期间，很多在取消外汇管制的国家又重新实行外汇管制，一些实行金块和金汇兑本位制的国家也纷纷实行外汇管制。

第二次世界大战爆发后，参战国立即实行全面严格的外汇管制。1940年，在110个国家和地区中，只有11个国家没有正式实行外汇管制，外汇管制的范围也比以前更为广泛。第二次世界大战后初期，西欧各国基于普遍存在的“美元荒”等问题，继续实行外汇管制。20世纪50年代后期，西欧各国经济有所恢复，国际收支状况有所改善，从1958年开始，各国不同程度地恢复了货币自由兑换，并对国际贸易收支解除外汇管制，但对其他项目的外汇管制仍维持不变。1961年，大部分国际货币基金组织的会员国表示承担《国际货币基金组织协定》第8条所规定的义务，即避免外汇限制而实行货币自由兑换。目前，经过有关国家的努力和国际货币基金组织的有效推动，放松外汇管制成为世界性的潮流，但绝大多数国家仍在不同程度上实行外汇管制，即使名义上完全取消了外汇管制的国家，仍时常对居民的非贸易收支或非居民的资本项目收支实行间接的限制。

三、外汇管制的原因和目的

从前面介绍的外汇管制的产生与发展可以看出，外汇管制产生于国际收支危机，其与危机治理有着与生俱来的联系。一国实行外汇管制的原因在于缓解国际收支危机、稳定本国货币汇率、防止资本外流、避免经济危机冲击等；对于发展中国家而言，解决外汇资金短缺问题往往是实行外汇管制的一个主要原因。

一国实行外汇管制的根本目的是改善本国国际收支状况、稳定本币汇率、促进本国经济发展，具体来说包括以下几个方面：①限制进口，促进出口，改善国际收支，增加外汇收入；②限制资本外逃，防止外汇投机，稳定市场汇率，增强金融安全；③保护本国产业，缓解就业压力，稳定国内价格水平；④增加财政收入；⑤增加外汇储备，增强本币信誉。

四、外汇管制的主体和客体

（一）外汇管制的主体

外汇管制的主体，是指实行外汇管制的机构。国际上外汇管制的执行者主要有三种类型：第一类是国家授权中央银行作为外汇管理机关，如英国是英格兰银行代表财政部执行外汇管理工作；第二类是国家专设外汇管理机构，如意大利、法国和中国等国就是指令中央银行专设外汇管理局，专门负责外汇管理工作；第三类是通过国家行政部门直接负责外汇管理，如美国的外汇管理便是由财政部负责，日本的外汇管理则由大藏省和通产省负责。

外汇管理机构负责制定和监督执行外汇管理的政策、法令和规章条令，并根据本国内外部均衡情况的变化和政策需要，采取各种有效措施，控制本国的外汇收支活动。

（二）外汇管制的客体

外汇管制的客体，又称为外汇管制的对象，分为对人、对物和对区域三种。

1.对人的外汇管制

人可分为自然人和法人，在各国外汇管制中，通常又把自然人与法人按居住地区不同分为居民（resident）和非居民（non-resident）。对居民的外汇收支，往往因其涉及居住国的国际收支问题而管制较严，而对非居民则管制较宽。

2.对物的外汇管制

对物的管制是指对各种外汇有价资产的管制，凡是在国际收支平衡表上所列的外汇资产，具体包括外币现钞、外汇支付凭证（汇票、本票、支票等）和各种外汇有价证券（股票、公司债券、人寿保险单等），有的国家还包括金、银及其制成品等项目，都在管制范围内；此外，本国货币的携出入境，也属于外汇管制的范围。

3.对地区的外汇管制

目前，各国外汇管制的区域范围主要有两重含义：一是指一国外汇管制法令生效的范围（整个国家范围或国内局部地区）；二是指对不同的国家或地区实行不同的外汇管制政策，其宽严度亦视其与本国的政治经济往来密切程度而定。对同一区域性经济联合体内国家或友好国家管制较松；反之，则管制较严。

五、外汇管制的类型

根据外汇管制的内容和严格程度的不同，可以把外汇管制分为三种类型：

（一）全面外汇管制

对经常项目和资本与金融项目都实行严格管制。属于这种类型的国家或地区通常经济不发达、对外贸易落后、外汇资金短缺、市场机制不完善，大多数发展中国家和实行计划经济的国家一般属于此类，包括1994年之前的中国。

（二）部分外汇管制

对经常项目的外汇收支原则上不实行管制，但对资本与金融项目的收支却加以限制。属于这种类型的国家被称为“第8条款国”。1993年以来，第8条款国激增，1997年在国际货币基金组织181个成员方中，已经有143个国家和地区接受了第8条款，实现了经常项目下货币可自由兑换。中国于1994年成为第8条款国。

（三）名义上取消外汇管制

从法律角度取消了外汇管制，对经常项目和资本与金融项目原则上都不进行直接管制。事实上，属于这种类型的国家虽然没有普遍的、经常性的外汇管制，但在某个时期，由于某种特殊原因，仍可能采取限制性措施。这类国家一般都属于成熟的市场经济国家，主要是工业发达国家和石油输出国。

由以上外汇管制的类型可以看出，一个国家或地区外汇管制的宽严程度，完全取决于这个国家或地区的经济、金融情况和国际收支情况，以及外汇和黄金储备的多少。因此，随着世界经济格局的变化和经济秩序的重构，每个国家的外汇管制政策既保持相对稳定，又在不断地调整。

第二节　外汇管制的方法

从各国外汇管制的内容和运作过程来看，外汇管制的方法大致可以分为两大类：根据外汇管制的作用形式来分和根据外汇管制的约束形式来分。

一、直接管制和间接管制

根据外汇管制的作用形式不同，分为直接管制和间接管制。

（一）直接管制

直接管制是指主管外汇的政府部门采用行政手段，对外汇买卖、外汇资产和外汇资金的来源与运用强制性加以监督和控制。

其具体措施有：(1) 政府垄断外汇买卖。政府通过外汇管理机构控制一切外汇交易，汇率官定，限制买卖。(2) 政府监管私有外汇资产。政府强制国内居民申报他们所拥有的一切国外资产以便尽可能多地掌握外汇资产，在急需时可以运用。(3) 管制进出口外汇。规定出口商所获外汇必须按官价卖给外汇指定银行，而进口商所需外汇必须向管理部门申请核准，不能以收抵支调剂使用。(4) 控制资本输出输入。不论资本输出输入的金额是多少，都必须逐笔向管理机构申报。未经批准，任何居民或非居民都不得向外借债，更不能将外汇、黄金输出境外。

直接管制是对外汇买卖和汇率实行直接干预与控制，带有强制性特征，产生的效果也最为直接。一般情况下，一国只有在政治、经济动荡不安或汇率波动十分激烈时，才会对全部或部分的外汇收支活动，特别是敏感项目的收支活动实行最为严厉的管制措施，以此来影响汇率和平衡国际收支。

（二）间接管制

间接管制是指通过其他一些途径，如采用外汇缓冲政策，间接控制外汇的收支与稳定汇率，进而影响外汇供求或交易数量。

一般做法是，各国中央银行建立外汇平准基金或外汇稳定基金，基金构成包括外汇、本国货币及黄金等。中央银行利用这个缓冲体进行市场操作，即利用基金进入外汇市场买卖外汇、本币或黄金，由此影响或调节外汇供求。这种管制对国际收支短期性逆差效果较好，对长期性逆差效果并不明显。

二、数量管制、价格管制和综合管制

根据外汇管制的约束形式不同，分为数量管制、价格管制和综合管制。

（一）数量管制

数量管制是指政府对外汇收支实行数量调节和控制。

其具体措施有：（1）进口限额制。由外汇管理机构按照本国在某一时期内所需进口的物资数量和种类，对不同进口商所需外汇分别实行限额分配。（2）外汇分成制。由外汇管理机构根据本国某些方面的需要，指定出口所获外汇的分成比例。外汇分成制的具体形式有现汇留成、额度留成或者结汇留成。（3）进出口连锁制。这是一种以出限进的制度，即需进口货物的单位，必须先行出口货物，只有能够出口货物，才能取得相应的进口权。

（二）价格管制

价格管制也称成本管制，是指外汇管理机构通过控制外汇的交易价格来调节外汇的成本和外汇的供求关系，从而达到对外汇实行管制的目的。

一般采取的措施包括：（1）进口外汇公开标售。外汇管理机构对进口用汇价格不予规定，而是采用公开招标的方式，将外汇卖给出价最高者。（2）实行差别汇率制，即实行复汇率制。差别汇率是指外汇管理机构根据进出口商品的种类及用途不同，规定两种或两种以上的进出口结售汇汇率。通常对生产资料等必需品的进口规定较低的售汇汇率，而对某些高档奢侈品的进口采取较高的售汇汇率。通过汇率差别来抑制某些高档商品的进口，支持必需品的进口。同时，对属于鼓励出口的商品按较高的汇率结汇，其余商品的出口则按普通汇率结汇。

（三）综合管制

综合管制是指同时采用上述几种措施，控制外汇交易的一种方法。

外汇管制在具体操作上，常因时间、条件、项目的不同而选择两种或两种以上的方法予以结合使用，有时以某一种为主，有时以另一种为主。由于这种管制方法涉及面宽，灵活性强，因此许多国家乐于采纳。

第三节　外汇管制的主要内容

外汇管制的主要内容也就是外汇管制的各种措施，从管制的对象上看，大致可以分为对贸易外汇的管制，对非贸易外汇的管制，对资本输出输入的管制，对黄金、现钞输出输入的管制，对银行存款的管制，对汇率的管制和对货币兑换的管制等类别。

一、对贸易外汇的管制

贸易外汇收支是决定一国国际收支状况的主要项目，因此对贸易外汇的管制就成为各国外汇管制的重点。各国，特别是贸易逆差国都希望通过对贸易外汇的管制达到奖出限入、改善国际收支的目的。

（一）对出口外汇收入的管制

一国对出口外汇收入进行管制，目的是鼓励出口，扩大外汇收入，同时限制某些商品如原材料、能源的出口，另外保证出口所得外汇能及时全部调回国内，由国家统筹安排使用。各国管制出口外汇的措施一般采取颁发出口许可证的办法，以加强对出口商品的控制。出口商在申请出口许可证时要填写出口商品的价格、金额、收汇方法等，并交验信用证，以防止隐匿出口外汇收入与本国资金外逃。同时，国家还规定出口商必须把其全部或部分出口贸易所得的外汇收入按官方汇率结售给指定银行，以保证国家集中外汇收入，统一使用。

（二）对进口外汇支出的管制

一国对进口外汇支出进行管制，目的是限制与国内相竞争的商品进口，并禁止某些奢侈品及非必需品进口，以便节约外汇支出和保护本国工业。多数国家实行进口许可证制度，由外汇管制机关签发进口许可证，进口商只有获得进口许可证，才能购买进口所需外汇。此外，对进口限制还同时采取以下几种措施：①对进口数量（包括进口总量或某项商品进口数量）实行限制，超过限额的一律不准进口。②进口存款预交制。这是指进口商在进口某种商品时，应向指定银行预存一定数额的进口货款，银行不付利息，数额根据进口商品类别或所属国别按一定比例确定。进口存款预交制通过占压进口商品资金，减少其进口支付能力，从而减少进口。③限制进口商对外支付使用的货币。

二、对非贸易外汇的管制

非贸易外汇收支是指贸易外汇收支和资本输出输入外汇收支以外的各项收支，对它的管制主要是指对劳务收支和转移收支的管制，范围比较广泛，包括运输费、保险费、港口使用费、邮电费、佣金、利润、股息、利息、专利费、稿费、旅游费等。实行非贸易外汇管制的目的在于集中该项目的外汇收入，限制相应的外汇支出。实行外汇管制的国家一般都对非贸易外汇收支进行严格的管理。

对非贸易外汇的管制措施主要有：属于进出口贸易的从属费用，如运输费、保险费、佣金等，基本按贸易外汇管制办法处理；对其他非贸易外汇收入，一般要求卖给国家指定银行。对于非贸易外汇支出的控制措施，一般也与贸易外汇管制相近，包括许可证审批、预付存款、征收外汇购买税、规定每次购买外汇的间隔时间等。

从20世纪80年代中期开始，多数发达国家和新兴工业化国家或地区都放松了对非贸易外汇收支的管制，如意大利、以色列放宽了在国外使用信用的规定，日本放宽了对海外劳务支付的控制等。从发展中国家来看，对非贸易外汇收支均有相对严格的限制规定，但是对技术进口的费用支出与外国投资收入的汇出在某种程度上有放松的倾向，以达到较好地引进外国先进技术和改善投资环境的目的。

三、对资本输出输入的管制

根据《国际货币基金组织协定》第6条第3款[①]的规定，允许成员方对资本项目进行管制。因此，对资本输出输入的管制，在世界各国外汇管制中都具有相当重要的地位。

各国的经济发展水平和国际收支状况不同，它们依据不同的需要对资本输出输入实行不同程度的管理。一般而言，发展中国家由于外汇资金短缺，通常把资本流入作为发展本国经济的一个资金来源，因此多采取一系列措施鼓励外国资本在本国投资，大力吸引外资流入，限制资本外流。其具体措施包括：①对外资企业实行优惠税率政策，鼓励外国资本流入；②对外商投资提供完备的基础设施配套，提供各方面的优惠服务；③冻结账户，未经管汇机构批准，在账户上的资产，包括外国人的银行存款、证券及其他资产，不能动用，严禁汇出；④直接限制企业在国外投资，限制居民购买外国有价证券；⑤征收利息平衡税，规定本国

---

① 第6条第3款规定：各成员方未经基金组织同意，不得对国际经常往来的付款和资金转移施加限制，但是在必要的情况下，可以对国际资本转移采取一些限制。

居民购买外国证券一律征税，使国外投资的收益和国内投资收益相等，甚至更低，从而达到限制资本流出的目的。

以前，发展中国家都严格限制资本输出，一般不允许个人和企业自由输出（或汇出）外汇资金。但是近年来，随着区域经济一体化和贸易集团化趋势的出现，不少发展中国家开始积极向海外投资，以期通过直接投资来打破地区封锁，带动本国出口贸易的增长，例如拉美国家、东盟各国、韩国和中国近年来的海外投资十分活跃，放松了资本输出的外汇管制。

与发展中国家相比，发达国家对资本输出输入所采取的限制性措施要少很多，即使采取一些措施，也是为了缓和其汇率和官方储备所承受的压力。例如日本、德国、瑞士等国在20世纪60年代中后期，由于国际收支连年顺差，货币汇率经常处于上升的状况，成为国际投机资本的主要冲击对象；长期的国际收支顺差也导致这些国家国际储备大幅度增长，加剧了通货膨胀的风险，因此这些国家便采取了一些限制外国资本输入的措施。如规定银行吸收非居民存款缴纳较高的存款准备金、规定银行对非居民存款不付利息或倒收利息、禁止非居民购买本国有价证券等，以缓和本国货币汇率上升的压力。同时，发达国家积极鼓励资本输出，例如日本从1972年起对居民购买外国有价证券和投资于外国的不动产取消限制。应特别说明的是，虽然限制资本输入、鼓励资本输出是发达国家的一个总体趋势，但根据当时的国际收支和汇率变动情况，它们的外汇管制有时宽松、有时严格，是不断调整的。

四、对黄金、现钞输出输入的管制

实行严格外汇管制的国家一般禁止私人输出输入黄金，由中央银行独家办理黄金的买卖和输出输入。对现钞管理的习惯做法是对携带本国货币出境规定限额和用途，有时甚至禁止携带本国货币出境，以防止本国货币输出用于商品进口、资本外逃以及冲击本国货币。对输入本国的现钞，有的国家规定限额，有的则不加限制，但规定输入的现钞必须用于指定的用途。对输入本国的现钞如果规定限额，一般与输出的限额相同。总体来说，目前各国尤其是发达国家对本国货币及黄金的输出输入已呈现放松的趋势。

五、对银行存款的管制

银行存款账户中的存款在居民和非居民之间以及在各非居民之间的调拨，与外汇收支有着直接的关系，因此，外汇管制也应该涉及银行存款。实行外汇管制的国家，根据银行存款是属于居民还是非居民，以及非居民所属的国别，规定了不同的管制方法，一般来说，非居民存款账户可以分为三类：

（1）自由账户，也称国外账户。非居民在此账户上的存款，可以自由办理国内支付或汇出境外。

（2）有限制账户，一般称为国内账户。在这类账户上的存款，只能用于购买商品、支付其他费用，或转移到本国其他非居民的同类账户上。

（3）封锁账户，也称只进不出账户。它是指非居民在此账户上的款项不能换成外币并汇出国外，也不能用于购买本国的长期债券或不动产，以及支付在国内的旅游费用。一般的非居民在国内的一切收入，都应记入该账户。居民借非居民的债务，也只能用本国货币持缴该账户予以清偿。

六、对汇率的管制

汇率是宏观经济管理中一项重要的政策工具。为了保持国际收支平衡，促进国民经济发展，一般来说，各国都对汇率进行管理和控制，并基本上以奖出限入为目标。汇率管制主要有以下几种方法：

（一）直接管制汇率

它是由一国政府指定一个部门按照国家政策、货币相对购买力和国际收支状况制定、调整、公布汇率，并规定各项外汇收支必须按照公布的汇率兑换本国货币。许多发展中国家都采取直接管制汇率的办法。

（二）运用经济手段干预汇率

这是一种对汇率进行间接管制的方法。汇率是由市场供求关系决定的，一国中央银行或货币管理当局建立外汇平准基金，在外汇市场上对外汇买卖进行干预，以达到调节外汇供求、稳定汇率的效果。现在发达国家大都采取这种办法。

（三）实行多重汇率制度

实行复汇率制，对不同的外汇收支汇兑使用不同的汇率。各国所实行的复汇率千差万别，但大致可以归纳为以下几种形式：

1.法定的复汇率

一些国家按照国家政策，对不同的外汇收支规定两种或两种以上的汇率。例如，对不同的商品规定不同的汇率，对原料、粮食进口给予优惠的汇率，对奢侈品进口采取限制性的汇率；还有的国家对贸易和资本往来实行不同的汇率，即存在金融汇率与贸易汇率并存的复汇率制度。

2.外汇转移证制度

外汇转移证是外汇银行发给外汇供应者证明其交售外汇的凭证，是复汇率制的一种特殊形式。为鼓励出口，一些国家政府规定，当出口商按官方法定汇率向外汇银行结汇时，除取得本币外，还取得一张外汇转移证，这种外汇转移证可转让，使出口商额外获利。反之，进口商若想进口商品，就必须在市场上买进外汇转移证交给指定银行，银行才按官方法定汇率卖出外汇，因而增大了进口成本。通过这种克扣进口商、补贴出口商的办法，起到奖出限入的作用。

3.官方汇率与市场汇率混合使用制度

它是指部分商品的进出口、非贸易业务的外汇收入和用汇支出按官方汇率给予结汇或售汇，而某些出口商品和非贸易业务的全部或部分外汇收入可以不必卖给银行，允许其在市场上出售，对某些进口商品的用汇或其他外汇需要，银行不按官价向其出售外汇，而是由用汇者到外汇市场上去购买。由于市场价格一般高于官方价格，所以这种官方汇率和市场汇率相结合使用的制度，实质上是一种隐蔽的复汇率制。

七、对货币兑换的管制

对货币兑换的管制是外汇管制中最基本、最主要的内容，我们将在本章第六节对这一问题进行详细探讨。

第四节　外汇管制对经济的影响

外汇管制对解决一个国家暂时性的国际收支困难和维持本国经济的正常运转起到了积极的作用，可以使一国经济不受外来因素的影响，促进国内生产发展。但它对世界经济却有不利影响，具体分析如下：

一、外汇管制的积极作用

（一）保护内部经济

经常账户持续逆差和资本大量外逃形成的国际收支逆差有可能引发货币危机和金融危机，出现大批企业破产倒闭和大量失业，重创内部经济，甚至爆发全面的经济危机和社会危机。外汇管制措施能够筑起一道保护的屏障，立竿见影地达到“奖出限入”的短期目的，及时遏制资本外逃。此外，对于本国需保护的幼稚产业采用高外汇汇率以限制进口，对于本国具有比较优势的成熟产业采用低本币汇率以刺激出口，对本国优先发展的战略部门所需原材料的进口采取低外汇汇率进行扶植等，能够达到保护民族工业的目的。外汇管制还可以切断通货膨胀输入的途径，从而提高运用财政政策和货币政策治理内部经济的有效性，有利于内部平衡的实现。

（二）争取外部均衡

外汇管制往往是在外汇稀缺的情况下发生的，而外汇稀缺是一国对外贸易和资本往来状况的综合反映。通过外汇管制可以达到遏制国际贸易赤字和阻止资本外流的短期效果。当然，在某种特定情况下，某些国家资本过剩，也会以外汇管制手段来限制资本流入。从历史上看，外汇管制的产生背景主要包括：一是战时经济情况下；二是出现严重的世界性经济金融危机；三是通过社会变革选择了计划体制的国家，这种情况下，靠市场力量达到外部均衡的可能性极小，管制成为必然的选择。

（三）实现经济安全

外汇管制从经济运行上切断了国内经济与国际市场的有机联系，从而可以在一定程度上避免国际市场波动对国内经济的冲击。这些冲击包括通货膨胀的国际传递、金融市场（特别是外汇市场）的动荡对国内经济的影响等。外汇管制能够及时地在短期内改善国际收支，很好地抵御国际游资的冲击，从而稳定汇率，有效地避免汇率风险和外债风险，有利于经济金融安全。如我国在1997年的亚洲金融危机中幸免于难，就是得益于我国资本与金融项目尚未取消管制。

二、外汇管制的消极影响

外汇管制庇护下实现的“经济安全”是暂时的，不宜作为一种长期性安排，与收益相比较，其代价也是非常明显的。对经常项目管制会引发各国间的贸易战和汇率战，破坏正常的国际贸易秩序，对资本与金融账户的管制会降低资本在全球范围内配置所带来的福利。总体来看，外汇管制的消极影响主要包括：

（一）阻碍国际经济交往

从国际贸易的角度来看，外汇管制的代价是排斥了自由贸易，使该国不能从国际贸易中获得比较利益。从国际资本流动的角度来看，外汇管制必然成为资金短缺国家和资金盈余国家之间资金流动的瓶颈之一。总体来看，外汇管制将阻碍国际贸易和国际投资的发展。

（二）导致市场扭曲

从国内经济来看，在外汇管制条件下，通过人为制定方法产生的汇率往往会偏离均衡汇率。本币汇率高估不利于出口增加，结果往往导致财政补贴的介入，进而影响经济的内部均衡，导致价格扭曲、市场信号变形，市场机制的作用不能充分发挥。本币汇率低估则使进口成本上升，迫使当局以补贴方式加以消化。在实际经济生活中，本币高估较普遍，因而管制条件下货币的对外名义价值往往高于实际价值，所实现的对外收支平衡也并不真实，一旦放开管制，本币币值便大幅跌落。可见，外汇管制的代价往往会在放松管制之后才以破坏性的方式体现出来。

（三）导致高昂的管理费用及腐败问题

外汇管制的实施需要投入大量的建设成本和运营管理成本，外汇管制越复杂越广泛，管理成本越高昂。外汇管制往往伴随多重汇率和外汇黑市的出现，这不仅不能保证外汇资源的有效配置，而且会产生一些严重的社会问题，如官员寻租、倒卖外汇额度等。

对于世界经济的长远发展而言，各国逐步放宽和最终取消外汇管制是一种历史趋势，但这将是一个十分漫长的过程。特别是发展中国家，需要实施一定程度的外汇管制，因为它们的经济发展水平较低，经济结构中存在不少缺陷，政府缺乏足够的经济实力运用经济手段调节经济运行。在当代游资充斥的国际金融市场上，市场机制本身也存在重大缺陷，完全听任市场自发调节并非是各国的最优选择。外汇管制是一把双刃剑，它既能产生积极作用，又能带来消极影响。实施管制的国家所面临的问题是，在何种情况下实施何种外汇管制，在什么条件下取消某种外汇管制，以及如何尽可能地利用外汇管制的积极作用，避免或减少其可能带来的消极影响。

第五节　我国的外汇管理

我国是一个发展中国家，经济实力相对较弱，根据国情，我国曾一度实行较为严格的外汇管理。随着市场经济的不断发展，外汇管理的基本内容也随着外汇管理体制的改革而逐渐发生变化，这些变化与我国经济发展阶段和经济体制改革是同步进行的。我国的外汇体制改革经历了一个由高度集中的计划管理模式，转变为在外汇留成和外汇上缴体制基础上的计划与市场相结合的管理模式，然后再转变为建立在结售汇制上的以供求关系为基础、市场调节为主的管理模式。具体来看，我国外汇管理体制大体经历了以下三个阶段：

一、计划经济时期我国的外汇管理体制（1953—1978年）

在国民经济恢复时期，我国实行外汇集中管理制度，通过扶植出口、沟通侨汇、以收定支等方式积聚外汇，支持国家经济恢复和发展。当时私营进出口商在对外贸易中占很大的比重，国内物价波动较大，我国采取机动调整人民币汇率的方法来调节外汇收支。人民币汇率政策以出口商品国内外价格的比价为主，同时兼顾进口商品国内外价格的比价和侨汇购买力平价，逐步调整，起到鼓励出口、奖励侨汇、兼顾进口的作用。

从1953年起，我国实行计划经济体制，对外贸易由国营对外贸易公司专管，外汇业务由中国银行统一经营，逐步形成了高度集中、计划控制的外汇管理体制。国家对外贸和外汇实行统一经营，用汇分口管理。外汇收支实行指令性计划管理，一切外汇收入必须售给国家，需用外汇按国家计划分配和批给。国际收支平衡政策“以收定支，以出定进”，依靠指令性计划和行政办法保持外汇收支平衡。实行独立自主、自力更生的方针，不借外债，不接受外国来华投资。人民币汇率作为计划核算工具，要求稳定，逐步脱离进出口贸易的实际。

二、经济转型时期我国的外汇管理体制（1979—1993年）

这一时期，为配合改革开放的需要，外汇管理体制从计划经济向计划与市场双重机制发挥作用的体制转变。1978年底的十一届三中全会，拉开了我国经济领域改革开放的序幕。为配合改革开放的需要，顺应外汇管理形势的变化，进一步加强与规范外汇管理，国务院于1979年3月正式批准设立国家外汇管理局。作为我国外汇管理的主管机构，国家外汇管理局成立后迅速进入角色，根据当时经济形势及开放需要，于1980年12月颁布了《中华人民共和国外汇管理暂行条例》。之后，其又陆续制定并颁布了《对外国驻华机构及其人员的外汇管理细则》《对个人外汇管理施行细则》《对外汇、贵金属和外汇票证等进出国境的管理施行细则》《对华侨企业、外资企业、中外合资企业的外汇管理施行细则》等一系列政策法规，对我国的外汇买卖、汇率制度、外汇储备、外债管理等方面进行了改革与规范，有力推进了我国外汇管理的制度化与规范化，顺应了改革开放的需要。

这一时期外汇管理的主要内容包括：实行外汇留成制度；建立和发展外汇调剂市场；改革人民币汇率制度，实行复汇率制；允许多种金融机构经营外汇业务；建立对资本输出输入的外汇管理制度；放宽对境内居民的外汇管理；外汇兑换券的发行和管理等。

三、建立社会主义市场经济以来我国的外汇管理体制（1994年至今）

1993年11月14日，十四届三中全会通过的《中共中央关于建立社会主义市场经济体制若干问题的决定》中明确要求，“改革外汇管理体制，建立以市场供求为基础的、有管理的浮动汇率制度和统一规范的外汇市场，逐步使人民币成为可兑换货币”。这为外汇管理体制进一步改革明确了方向。1994年至今，围绕外汇管理体制改革的目标，按照预定的改革步骤，我国外汇管理体制主要进行了以下改革：

（1）1994年实行人民币经常项目下有条件可兑换，具体内容包括：实行银行结售汇制度，取消外汇上缴和留成，取消用汇的指令性计划和审批；汇率并轨，实行以市场供求为基础的、单一的、有管理的浮动汇率制度；建立统一的、规范化的、有效率的外汇市场；对外商投资企业外汇管理政策保持不变；禁止在境内外币计价、结算和流通。通过上述各项改革，1994年我国顺利地实现了人民币经常项目下有条件可兑换。

（2）1996年取消经常项目下尚存的其他汇兑限制，实现人民币经常项目下自由兑换。其具体内容有：将外商投资企业外汇买卖纳入银行结售汇体系；提高居民用汇标准，扩大供汇范围；取消尚存的经常性用汇的限制。经过上述改革后，我国取消了所有经常性国际支付和转移的限制，达到了国际货币基金组织协定第八条款的要求。1996年12月1日，我国正式宣布接受第8条款，实现人民币经常项目完全可兑换。至此，我国实行了人民币经常项目可兑换，对资本项目外汇进行严格管理，初步建立了适应社会主义市场经济的外汇管理体制，并不断得到完善和巩固。

（3）2001年加入世界贸易组织以来，我国对外经济迅速发展，国际收支持续保持较大顺差，改革开放进入了一个新阶段。外汇管理主动顺应加入世贸组织和融入经济全球化的挑战，进一步深化改革，继续完善经常项目可兑换，稳步推进资本项目可兑换，推进贸易便利化。其主要措施有：大幅减少行政性审批，提高行政许可效率；进一步完善经常项目外汇管理，促进贸易投资便利化；稳步推进资本项目可兑换，拓宽资金流出流入渠道；积极培育和发展外汇市场，完善有管理的浮动汇率制；加强资金流入管理，积极防范金融风险；强化国际收支统计监测，加大外汇市场整顿和反洗钱力度。

现阶段，根据内外经济协调均衡发展的要求，外汇管理部门正在加快建立健全调节国际收支的市场机制和管理体制，促进国际收支基本平衡。一是改变“宽进严出”的管理模式，实行资金流入流出均衡管理，逐步使资金双向流动的条件和环境趋于一致；二是调整“内紧外松”的管理格局，逐步减少对内资、外资的区别待遇，创造公平竞争的市场环境；三是转变“重公轻私”的管理观念，规范居民个人和非居民个人外汇收支；四是减少行政管制，外汇管理逐步从直接管理转向主要监管金融机构的间接管理，从主要进行事前审批转向主要依靠事后监督管理。

第六节　货币自由兑换问题

货币自由兑换的问题是一个综合性的经济金融问题，涉及内容非常广泛，不但影响一国对内对外经济金融生活的各个领域，而且是国际货币体系的一个重要内容。

一、货币自由兑换的概念

所谓**货币自由兑换（convertibility），是指国内外居民能够自由地将其持有的本国货币兑换成另一种货币。实行本国货币的自由兑换，意味着外汇管制的放松和取消。**

货币自由兑换是作为外汇管制的对立面出现的。实行严格外汇管制的国家，所有的外汇收入必须按官方汇率结售给外汇指定银行，所有的外汇支付必须向外汇管理机构申请，核准后才能用本国货币按官方汇率购汇。因此，在全面的外汇管制条件下，外汇这种稀缺资源同本国货币之间的联系被严格地隔离开来，本国货币便成为不可自由兑换货币。可见，一国货币的不可兑换性正是外汇管制的核心内容和必然结果。

美国著名经济学家格林沃尔主编的《现代经济词典》中将货币自由兑换定义为："一国通货的持有者可以为任何目的而将所持有的通货按汇率兑换成另一国通货的权利。在通货完全可兑换的情况下，即使在国际收支出现逆差的时候，也保证持有任何国家通货的任何人享有无限制的通货兑换权。"该定义具有较高的权威性和较大的影响，概括了货币可自由兑换的三个关键性特征：

（1）货币可自由兑换的核心问题是通货兑换权，即一国通货持有者可以为任何目的而将持有的通货按照市场汇率兑换成另一通货的权利。

（2）通货兑换权是无限制的，表现在持有者、币种、数量、目的、价格和时间六个方面都没有任何限制。

（3）通货兑换权是国家和有关法律保证的权利。

这一定义是一种完全的货币可自由兑换，表现在国家对货币兑换权的六个方面的无限制和国家对此种无限制的一般“保证”上面。迄今为止，世界上还没有哪一个国家达到这样高的货币可自由兑换程度，各国在货币兑换的对象、币种、数量、目的、价格、时间方面总有不同程度的限制。货币可自由兑换程度主要取决于一国的经济实力，同时也是一国外汇管理制度和政策选择的结果。

现实生活中，由于国际经济环境不同，各国经济发展水平和社会经济金融状况也不一样，不同国家或同一国家的不同时期都采取了各种各样的措施和手段来限制货币自由兑换，造成了各种不同类型的货币自由兑换形式。根据产生货币自由兑换需要的国家间经济交易的性质不同，可以将货币自由兑换分为经常项目下的货币可自由兑换和资本项目下的货币可自由兑换。

（一）经常项目下货币可自由兑换

经常项目下货币可自由兑换是指一国对经常项目下的对外支付解除了限制（或管制）。国际货币基金组织在其章程第8条的第2、3、4条款中规定，凡是能实现不对经常性支付和资金转移施加限制、不实行歧视性货币措施或多重汇率、能兑付外国持有的在经常性交易中所取得的本国货币的国家，该国货币就是可自由兑换货币，也即承担了国际货币基金组织协议的第8条所规定的义务，因此又被称为“第8条款国”。可见，国际货币基金组织所指的自由兑换实际上是经常项目下的货币自由兑换。

IMF还规定，实现经常项目下货币可自由兑换应对以下四项内容的支付不加限制：

（1）所有与对外贸易，包括服务在内的其他经常性业务以及正常的短期银行信贷业务有关的对外支付。

（2）应付的贷款利息和其他投资收入。

（3）数额不大的偿还贷款本金或摊提直接投资折旧的支付。

（4）数额不大的家庭生活费用汇款。

需要指出的是，贸易自由和兑换自由是两个不同的概念，贸易限制不构成汇兑限制。虽然贸易管制和汇兑管制都属于外汇管制的范畴，但两者直接作用的对象不同。国际货币基金组织第8条款对会员国在商品贸易方面所实行的限制并没有约束，自由兑换仅就汇兑或对外支付行为本身，允许成员国使用关税或非关税等贸易限制措施。若一国贸易进口受进口许可证的限制，但只要企业在取得许可证等有关证明后，能合法购得外汇，对外进行支付，就不构成兑换限制。另外，不允许施加兑换限制仅仅是针对付款行为而言，而不针对收款行为，因此，国际货币基金组织的条款并不排除第8条款国强迫居民将外汇收入结售给国家的可能。也就是说，第8条款国仍可以对居民（自然人、法人）实行强制的结汇制度，或不允许居民持有任何形式的外汇资产，只要对居民的对外支付不加限制即可。

（二）资本项目下货币可自由兑换

资本项目下货币可自由兑换，即资本与金融账户下货币可自由兑换。1993年，国际收支平衡表的“资本账户”改为“资本与金融账户”，资本项目下货币可自由兑换的说法只是沿用了习惯说法，是指对资本流入和流出均无限制。

国际货币基金组织对资本项目下货币可自由兑换的具体要求包括：

（1）避免限制内资投资境外或者外资投资境内所需转移的外汇数量。

（2）避免到国外投资的内资购汇流出或者相应外汇流入结转内资的审批或限制。

（3）避免限制资本返还或者外债偿还汇出。

（4）避免实行与资本交易有关的多重汇率制度。

第二次世界大战后初期，各国都对资金流动实施了严格的控制，国际货币基金协定对于资本项目下货币可自由兑换也并无强制性规定。但是，贸易自由化达到一定阶段后，必然要求资本自由化与之相配合，没有资本自由化的贸易自由化是不彻底的。现代国际贸易活动在规模、结构和交易方式上都与国际资本流动有着紧密联系，大规模的贸易活动往往伴随着相应的融资安排（如出口信贷）。商品贸易与资本流动之间的内在联系，使贸易自由化与资本自由化相辅相成，相互推动。因而，经常项目下货币可自由兑换的必要延伸即是资本项目下货币可自由兑换。

随着国际金融市场的一体化，各国都逐渐放宽了对资本项目的管制。但是，实现资本项目下货币可自由兑换对一国的各个方面的条件要求，要比实现经常项目下货币可自由兑换困难得多。因此，1997年在香港举行的年会上，IMF确定了推动各国实行资本与金融项目下货币可自由兑换的目标。目前，在实现资本项目下货币可自由兑换的国家中，绝大多数都是发达工业化国家，发展中国家和地区所占的比例很小。

二、货币自由兑换的条件

一国实现货币自由兑换的目的应当是促进经济发展和国民福利增长，其具体实施进程从根本上看取决于一国的经济金融发展水平和主客观条件。国际货币基金组织根据各国货币自由兑换的历史经验，将货币自由兑换尤其是资本项目下货币自由兑换的基本条件归纳如下：

（一）健康的宏观经济状况

货币自由兑换后，商品和资本的跨国流动会对宏观经济形成各种各样的冲击，这就要求宏观经济具有应对各种冲击并能及时调整的能力。是否具备这种能力可以从以下几个方面进行考察：

1.稳定的宏观经济形势

稳定的宏观经济形势要求一国经济运行处于正常有序状况，没有严重的通货膨胀，也不存在大量失业，政府的财政赤字处于可控制的范围内，金融领域也不存在银行巨额不良资产、乱集资等混乱现象。这种稳定并不是指货币可自由兑换前瞬间的稳定，而是指货币可自由兑换前和可自由兑换后相当长一段时期内的稳定，一国要从制度上建立防止产生各种经济不稳定状况的制约机制。

2.有效的市场调节机制

有效的市场调节机制要求一国具有一体化的、有深度的、有效率的市场体系，这取决于市场的发育程度。从商品市场上看，这一市场上的价格应能充分反映真实供求状况，不存在价格扭曲现象，能对市场上各种要素的变动做出灵敏及时的反应；从金融市场上看，要求金融市场上的价格（利率及汇率）不存在被压制及扭曲的现象，政府管制少，市场自主性强。各个市场交易品种、交易工具众多，交易者也很多，不存在垄断现象，市场上交易活跃、价格富有弹性。

3.成熟的宏观调控能力

成熟的宏观调控能力要求政府必须能娴熟地运用各种宏观政策工具

对经济进行调控，以应付各种复杂的局面。具体来说，成熟的宏观调控能力包括：财政收支状况良好，货币政策具有较强的独立性，政府可以根据经济需要及时调整财政货币政策；政府具有宏观调控的丰富经验和高超的操作技巧，建立起言行一致的好声誉，不具有通货膨胀倾向，这样才能使其决策达到预期的效果。

4.高效、稳健的金融监管

金融部门不同于其他部门，它的特殊使命是在经济活动中提供信贷和货币服务，其产品和服务是不可替代的。同时，银行提供信用的能力是建立在部分存款准备金制度的基础之上，经济的发展是建立在银行向其他部门“透支”的信用基础之上，这使得整个体系有着脆弱的一面，单个金融机构的破产有可能引发整个金融体系的危机。为维护整个宏观经济的稳定和健康发展，必须加强金融监管机构的监管力度。在实行金融自由化改革之后，尤其是货币可自由兑换之后，国内金融机构的经营风险由于国外金融机构的进入而大大增加，从而加大了监管的范围和难度；金融机构出现大量的外币负债，当银行出现倒闭时，政府只能通过减少外汇储备或向外借款实行救济，情况严重时可能会造成货币危机或债务危机。所以说，货币可自由兑换后，金融监管的任务加重，监管的重点也应发生变化，由政府行政干预转为监控贷款组合的质量、资本充足性和银行管理的稳健性等方面。

（二）健全的微观经济主体

在一国货币自由兑换后，企业将面临国外同类企业的激烈竞争，它们的生存和发展状况将直接决定货币自由兑换的可行性。提升企业的国际竞争力，要求企业成为真正自负盈亏、自我约束的利益主体，能对价格变动做出及时反应；更重要的是，企业必须具有较高的劳动生产率，在货币自由兑换后，政府很难以直接管制方式控制各种国家间经济交易，因此国际收支平衡的维持在很大程度上依靠本国企业国际竞争力的提升。商业银行的经营状况对实现资本与金融项目下自由兑换的意义更为重大，因为在资本与金融项目自由兑换后，外资银行的竞争会使存在大量不良资产的本国商业银行经营状况进一步恶化。所以说，对微观经济主体的塑造也是极为重要的，宏观经济状况是以微观经济主体为前提的。

（三）合理的经济开放状态

合理的经济开放状态主要表现为：

1.国际收支可维持

在货币自由兑换后，政府很难以直接管制的方式强有力地控制各种国家间经济交易，因此，国际收支的可维持性问题显得格外突出。国际收支可维持是指国际收支不存在长期的、严重的失衡，尤其是不存在经常项目的长期逆差。在货币自由兑换后，长期的外汇短缺，尤其是经常性外汇短缺将导致外汇债务上升，甚至演变为资本外逃。从根本上解决这一问题要依靠本国企业国际竞争力的提升，此外，还要求政府持有相当数量的国际储备以解决临时性的经常账户赤字问题。

2.合适的汇率制度和汇率水平

汇率制度和汇率水平是开放经济条件下连接国内外经济的重要媒介，它们对经济变量的相互作用方式、传导路径以及政策的有效性有着重大的影响。合适的汇率制度和汇率水平不仅是货币可自由兑换的前提，也是货币可自由兑换后保持汇率稳定的重要条件。一般来说，在资本自由流动时，选择具有更多浮动汇率特征的汇率制度更为合适。合理汇率制度的选择涉及许多因素，我们已在本章第一节详细讨论过，合理汇率水平的确定则有赖于所选的汇率制度安排。

总之，一国需要具备充分的条件和较长的时间，才能实现全面货币可自由兑换。一般而言，没有一个国家是在所有理论上的条件都具备以后才推进货币自由兑换的，而是一边推进货币自由兑换，一边创造条件。因此，不宜笼统地用货币可自由兑换的条件来约束货币可自由兑换的过程。辩证地看待货币可自由兑换的条件，在推进自由兑换的过程中创造和改善条件，将会有利于加快实现货币可自由兑换的进程。

三、货币可自由兑换的步骤

通常情况下，经常项目下可自由兑换是货币自由兑换的第一步，也是最为基本的一步，它往往成为各国货币自由兑换实践的突破口。纵观第二次世界大战后的金融史，从1958年欧洲共同体实现有限度的自由兑换，1964年日本实现部分的自由兑换，到20世纪七八十年代以来的拉美国家、苏联、东欧国家以及东南亚各国的货币自由兑换，再到

1996年年底我国实现人民币在经常项目下的完全可自由兑换，大多数国家都是以经常项目下的自由兑换作为开端的，少数国家（阿根廷、波兰）首先实行资本项目下的可自由兑换，但都没有成功，造成金融市场的动荡。

我们需要注意，就经常项目和资本与金融项目开放对一国宏观经济的影响程度而言，后者投机性因素强，相对于前者其难度与风险要大得多。所以，实现货币自由兑换的国家一般都倾向于由易到难，以比较安全的顺序来实现货币的可自由兑换。而从国际货币基金组织的要求来看，按照其定义，经常项目下的可自由兑换是可自由兑换货币的基础含义，只要做到了这一点，该种货币就可以被认为是自由兑换货币了。从另一方面的要求看，国际货币基金协定中对资本与金融项目下的货币自由兑换并无强制性规定，因此成员国在资本项目下取消管制的压力大为减轻。从国际经济交易发展的进程也可以看出，实现经常项目下货币自由兑换与世界贸易组织（WTO）所一直推动的贸易自由化有关，贸易自由化在先，资本自由化在后，是第二次世界大战后世界经济的一个重要特点。这一特点无疑也对货币自由兑换安排的顺序产生影响。在这里需要强调的是，不论是经常项目下可自由兑换还是资本项目下可自由兑换，都是分阶段、逐步实现的。根据许多国家的实践经验，资本项目下货币自由兑换一般首先考虑长期资本自由兑换，然后再逐步允许短期资本自由兑换，这样可以尽量减小国际游资带来的冲击和风险。

四、人民币可自由兑换问题

人民币的可自由兑换是在中国的经济体制改革，尤其是外汇管理体制改革的进程中，根据中国经济发展的需要与可能，同时也是为了履行作为国际货币基金组织成员国的义务而稳步推进的。经过1994年和1996年外汇管理体制的改革，人民币实现了经常项目下可自由兑换，取消了所有经常性国际支付和转移的限制。在取消经常项目汇兑限制的同时，完善资本与金融项目的外汇管理，逐步创造条件，有序地推进人民币在资本项目下可兑换也正在积极探讨和实施当中。

目前，我国资本账户开放的进程已经启动。在国际货币基金组织确定的7大类43个资本账户交易项目中，我国实现可兑换的项目有8项，例如居民和非居民之间的商业信贷、非居民对内直接投资等，占18.6%；有较少限制的有11项，占25.6%；有较多限制的有18项，占41.9%；严格管制的有6项，占13.9%。鉴于亚洲金融危机和美国次贷危机的教训，中国开放资本项目的过程必须谨慎。成功开放资本账户的前提条件包括良好的宏观经济环境、健康的微观经济基础、经常项目平衡、外汇储备充足、汇率水准均衡、国内金融体系稳定、金融监管体系完备等。目前，我国在微观经济基础、金融体系稳定和金融监管上还有很多不足。因此，我国外汇管理体制改革应伴随这些矛盾的化解而逐步实现，沿着“先资本流入、后资本流出，先直接投资、后证券投资，先资本市场、后货币市场，先股票市场、后中长期债券市场”的顺序，开放资本项目，实现人民币的完全可自由兑换。

本章小结

根据国际货币基金组织的分类，外汇管制（foreign exchange control）的概念有狭义和广义之分。狭义的外汇管制也称外汇限制（foreign exchange restriction），是指一国政府对本国居民从国外购买经常账户下的商品和劳务所需要的外汇进行限制；广义的外汇管制，也叫外汇管理（foreign exchange management），是指一国政府授权本国货币金融当局或者其他机构，对外汇收支、买卖、借贷、转移以及国家间的结算、外汇汇率和外汇市场等实行的管制措施。我国一般习惯上把外汇管制称为外汇管理。

根据外汇管制的内容和严格程度的不同，可以把外汇管制分为三种类型：全面外汇管制、部分外汇管制、名义上取消外汇管制。

从各国外汇管制的内容和运作过程来看，外汇管制的方法大致可以分为两大类：根据外汇管制的作用形式来分和根据外汇管制的约束形式来分。

根据外汇管制的作用形式不同，外汇管制分为直接管制和间接管制。直接管制是指主管外汇的政府部门采用行政手段，对外汇买卖、外汇资产和外汇资金的来源与运用强制性加以监督和控制。间接管制是指通过其他一些途径，如采用外汇缓冲政策，间接控制外汇的收支与稳定汇率，进而影响外汇供求或交易数量。

根据外汇管制的约束形式不同，外汇管制分为数量管制、价格管制和综合管制。数量管制是指政府对外汇收支实行数量调节和控制。价格管制也称成本管制，是指外汇管理机构通过控制外汇的交易价格来调节外汇的成本和外汇的供求关系，从而达到对外汇实行管制的目的。综合管制是指同时采用上述几种措施，控制外汇交易的一种方法。

外汇管制的主要内容也就是外汇管制的各种措施，从管制的对象上看，大致可以分为对贸易外汇的管制，对非贸易外汇的管制，对资本输出输入的管制，对黄金、现钞输出输入的管制，对银行存款的管制，对汇率的管制和对货币兑换的管制等类别。

关键概念

外汇限制、外汇管理、直接管制、间接管制、数量管制、价格管制、综合管制、货币自由兑换

综合训练

一、单项选择题

1. 我国外汇管制的主要负责机构是（　　）。

A. 银监会　　　　B. 国家外汇管理局

C. 财政部　　　　D. 中国银行

2. 我国实行经常项目下人民币可自由兑换，符合国际货币基金组织（　　）。

A. 第5条款国规定　　　　B. 第14条款国规定

C. 第8条款国规定　　　　D. 第12条款国规定

3. 目前人民币汇率实行的是（　　）。

A. 以市场供求为基础的、单一的、有管理的固定汇率制

B. 以市场供求为基础的、参考一篮子货币的、有管理的浮动汇率制

C. 以市场供求为基础的、单一的固定汇率制

D. 以市场供求为基础的、单一的浮动汇率制

4. 金融国际化程度较高的国家，可采取的汇率制度弹性（　　）。

A. 中等　　　　B. 适当

C. 较小　　　　D. 较大

5.在外汇管制中，属于外汇价格管制的是（　　）。

A.外汇缓冲政策　　B.进口限额制

C.外汇分成制　　D.差别汇率制

6.我国香港使用的汇率制度是（　　）。

A.传统钉住安排　　B.货币局制度

C.爬行钉住　　D.自由浮动

二、多项选择题

1.软钉住汇率安排包括（　　）。

A.传统的钉住安排　　B.稳定化安排

C.爬行钉住安排　　D.类似爬行钉住安排

E.水平带钉住

2.外汇管制中对人的管制是指对（　　）。

A.居民的管制　　B.公民的管制

C.非居民的管制　　D.非公民的管制

E.非本国人的管制

3.目前，世界上实现完全可自由兑换的货币有（　　）。

A.美元　　B.欧元

C.人民币　　D.日元

E.港币

三、思考题

1.什么是汇率制度？它有哪几种基本类型，各自的优缺点是什么？

2.外汇管制的方法有哪些？

3.什么是货币完全可自由兑换？实现完全可自由兑换需要满足哪些条件？

第四章

汇率决定理论

引例

汇率制度不同，决定汇率的基础也不一样。在金币本位制度下，汇率决定的基础是铸币平价，实际汇率因供求关系的变化围绕铸币平价上下波动，其波动幅度受黄金输送点的限制。随着金本位制瓦解，各国大量发行纸币，原有的铸币平价的理论基础不复存在。如何在纸币制度下确定各国货币之间的汇率，成为众多经济学家研究的重要内容。

汇率决定理论是国际金融理论的核心内容之一，主要分析汇率受什么因素的决定和影响。汇率决定理论随经济形势和经济学、金融学理论的发展而发展，为一国货币当局制定汇率政策提供理论依据。主要的汇率决定理论有购买力平价理论、利率平价理论、国际收支理论、资产市场理论等。资产市场理论又分为货币分析法与资产组合平衡分析法。货币分析法又分为弹性价格模型和黏性价格模型。本章将对这些主要的汇率决定理论以及汇率决定理论的最新发展进行介绍。

第一节 购买力平价理论

购买力平价理论（theory of purchasing power parity， PPP），是第一次世界大战以来诸多汇率决定理论中最有影响力的理论之一。它最早可以追溯到16世纪西班牙萨拉曼卡学派（salamanca school）关于价格水平和货币购买力的论述。1802年，英国经济学家桑顿（H. Thornton）最早提出了购买力平价的思想，并成为英国古典经济学家李嘉图经济学理论的组成部分。真正把购买力平价理论建立模型并加以实证分析，进行清晰而系统阐述的是瑞典经济学家古斯塔夫·卡塞尔（G. L. Cassel ）。卡塞尔于1916年在英国的《经济学杂志》上发表了一篇名为《外汇现状》的文章，在这篇文章里，他提出了汇率的通货膨胀理论，并利用交战国美国及瑞典的价格水平及汇率资料首次加以论证。1918年，他在同一本杂志上又发表了一篇名为《外汇反常的离差现象》的文章，进一步分析了第一次世界大战期间的汇率变动。1922年，在总结前人观点的基础上，卡塞尔在《1914年以后的货币与外汇》一书中完整地阐明了购买力平价学说的理论体系，后人公认卡塞尔为购买力平价理论的创立者。

一、理论分析的基本框架

购买力平价理论源于货币数量学说，即正常的汇率取决于两国货币的购买力之比，而货币购买力又取决于货币的数量。根据购买力平价理论，汇率变动的过程通常是因为通货膨胀使价格上涨，而价格上涨必然导致汇率下跌。该理论认为汇率涨落的基本因素取决于货币数量的变动。

购买力平价理论并不是以价值理论为基础的。卡塞尔提出购买力平价理论时，欧洲各国通货膨胀十分严重，纸币已经不能兑换黄金。卡塞尔抛开黄金的价值，直接讨论纸币的汇率问题。

卡塞尔认为，在不兑现的纸币制度下，一国货币汇率的下跌是由于本国货币在本国的购买力低于其他国家货币的购买力，这是其汇率下跌的根本原因。由此可以得出这样的结论：一国货币对内价值如果下降，其对外价值也必然随之而降低。可是汇率的涨落并不完全取决于货币在国内市场上的购买力，因为汇率的决定具有相对性。本国货币在国内市场上的购买力虽然下降，若外国货币购买力下降程度更大，则本国货币与外国货币的比值反而上升。因此，两国货币购买力之比，即两国货币购买力的平价，是决定汇率的基础。货币购买力又与一国的价格水平紧密相连，从两国价格水平的变动就可以推导出两国货币的汇率。

二、一价定律

购买力平价理论的基础是一价定律。早在16世纪，西班牙人就提出了一价定律。他们研究了货币供给与价格水平的关系以及价格水平与汇率的关系。此后，其他国家也有人提出了接近购买力平价理论观点，但是，他们的观点都缺乏系统性。

（一）国内经济中的一价定律

一价定律是指两个完全同质的商品必须具有相同的价格。如果相同的商品在不同的地方价格不同，就会存在套购的机会。人们会从价格低的地方购买该商品，再运到价格高的地方去卖，直至两地的该类商品价格一致，套购活动才会停止。这就是一价定律。

如果不同地点同一商品的价格差异可以通过套购活动消除，那么我们就称这种商品为可贸易商品；如果不同地点同一商品的价格差异不能通过套购活动消除，我们就称这种商品为不可贸易商品。可贸易商品的移动或交易成本较低，不可贸易商品的移动或交易成本无限高。不可贸易商品主要包括不动产与个人劳务项目，如房地产、理发等。一价定律不适用于不可贸易商品。以商品房为例，甲地每平方米5 000元，乙地每平方米10 000元，甲乙两地的价差很大，但是商品房是不动产，不可能从甲地运到乙地，尽管两地价差很大，却没有办法通过套购活动消除。

以上分析必须建立在三个前提之上：首先，位于不同地区的同种商品是同质的，也就是不存在任何的商品质量及其他方面的差别；其次，商品的价格能够灵活调整，不存在任何价格上的黏性；最后，不存在管制和交易成本。如果考虑交易成本，套购活动将不能使同种可贸易商品在不同地区间的价格差异完全消失，但可使价格差异保持在较小范围内（等于交易成本）。

（二）开放经济中的一价定律

如果我们将考虑的范围从一国内部扩展到全世界，上面分析的某一种可贸易商品在一国内部不同地区间的价格联系，转变为在不同国家间的价格联系，套购活动也从一国内部转变为在不同国家之间进行。在开放经济的条件下，不同的国家使用不同的货币，可贸易商品在不同国家之间的价格联系必须折算成统一的货币再进行判断。

假定P为某商品在本国以本币表示的价格，P_f为同类商品在外国以外币表示的价格，S为直接标价法下的汇率，则开放经济中的一价定律可以表示为：

$$P=S\cdot P_f$$

如果$P>S\cdot P_f$，那么套购者会在外国购买该商品，然后运到本国出售；如果$P<S\cdot P_f$，那么套购者会在本国购买该商品，然后运到外国出售，直至$P=S\cdot P_f$。在固定汇率制度下，上述等式是通过改变商品市场供求关系成立的；在浮动汇率制度下，上述等式是通过改变外汇市场供求关系成立的。

在现实生活中，同种商品在国家间的价格差异是相当大的，而且这种差异持续存在。这里主要有两个原因：其一，各国并不是完全的开放经济，贸易壁垒始终存在，例如进出口关税或非关税壁垒；其二，国际贸易的交易成本明显要高于国内贸易。在进行套购活动时，除商品的买卖外，还必须进行不同货币间的买卖活动，产生了外汇市场上相应的交易活动和由此产生的汇率风险。所以，与一国内部情况相比，国与国之间的套购活动更加困难，套购的交易成本也更为高昂。

三、购买力平价

一价定律的应用条件非常严格，因此依据一价定律来确定两国货币的汇率是不可行的。经济学家们在一价定律的基础上，通过对应用条件的放松，提出了购买力平价理论。

购买力平价理论的基本思想是：本国人之所以需要外国货币，是因为外国货币在外国市场上具有对一般商品的购买力；外国人之所以需要

本国货币，是因为本国货币在本国市场上具有对一般商品的购买力。因此，两国货币购买力水平的对比决定了两国货币的汇率，即汇率由购买力平价决定。由于货币的购买力等于价格水平的倒数，因此汇率与各国的价格水平具有直接的联系，汇率的变动最终取决于两国价格水平的变动。

购买力平价理论具有两种形式，绝对购买力平价（absolute purchasing power parity）和相对购买力平价（relative purchasing power parity）。绝对购买力平价说明某一时点上汇率的决定，相对购买力平价则说明汇率的变动。

（一）绝对购买力平价

绝对购买力平价是购买力平价理论最典型的形式。其基本观点是，一国货币的价值及对它的需求是由单位货币在国内所能买到的商品和劳务的量决定的，即由它的购买力决定的，因此两国货币之间的汇率可以表示为两国货币的购买力之比。而购买力的大小是通过价格水平体现出来的，因此，两国货币之间的汇率水平是由两国国内的价格水平之比决定的。

我们用S代表两国货币的汇率（直接标价法），$\sum P$代表本国的一般价格水平，$\sum P_f$代表外国的一般价格水平，绝对购买力平价可以用公式表示为：

$$S=\frac{\sum P}{\sum P_f}$$

可以看出，绝对购买力平价是根据一价定律推导出来的，但是它与一价定律有着明显的区别。首先，它以汇率为分析对象，一价定律考察的是价格；其次，绝对购买力平价涉及的是一般价格水平，而一价定律考虑的是一种商品的价格。

绝对购买力平价成立的前提有两个：①对于任何一种可贸易商品，一价定律都成立；②在两国价格指数的编制中，各种可贸易商品所占的权重相等。如果两国所有商品的价格都严格相等，但是权数不同，那么绝对购买力平价也不能成立。

在实际应用中，绝对购买力平价应用的条件是逐渐放宽的。即使一价定律并非对所有商品都成立，绝对购买力平价所表示的价格水平与汇率之间的关系也仍然成立，尤其是当购买力平价作为一种长期汇率决定理论时更是如此。这是因为，当一国的商品和劳务的价格暂时比其他国家高时，对其货币和商品的需求就会下降，这将促使汇率和国内价格重新回到购买力平价所预测的长期水平上来。与此类似，当出现相反的情况，即一国的商品和劳务相对便宜时，会引起货币升值和价格上升。因此，购买力平价理论认为，即使一价定律不成立，其背后所隐藏的经济力量也会最终使各国货币的购买力趋于一致。另外，绝对购买力平价也不要求两国完全取消贸易壁垒。只要各国对进口和出口的限制程度大致相同，它仍有可能成立。在现代汇率分析中，有的学者认为，在市场机制充分发达的条件下，一国的不可贸易商品与可贸易商品之间，各国不可贸易商品之间存在种种联系，这些联系使得一价定律对于不可贸易商品也成立。

可见，绝对购买力平价是一价定律的扩展，它说明的是在某一时点上汇率的决定方式，起决定作用的主要因素即为货币购买力或价格水平，它的应用条件没有一价定律严格。

（二）相对购买力平价

绝对购买力只有当所参照商品篮子对各国都相同时才成立，而实际中各国计算本国价格水平所采用的一篮子商品及其权数并不相同。相对购买力平价弥补了绝对购买力平价这一不足。**相对购买力的主要观点可以简单地表述为：两国货币的汇率水平将根据两国通货膨胀率的差异而进行相应调整。**下面，我们进行一下简要推导。

根据绝对购买力平价我们可知：

$$S_t = \frac{P_t}{P_t^f} \tag{1}$$

$$S_{t+1} = \frac{P_{t+1}}{P_{t+1}^f} \tag{2}$$

式中：S_t和S_{t+1}分别代表t时刻和t+1时刻两国货币的汇率（直接标价法）；P_t和P_{t+1}分别代表t时刻和t+1时刻本国的一般价格水平；P_t^f和P_{t+1}^f分别代表t时刻和t+1时刻外国的一般价格水平。

我们以π和π^f分别代表本国和外国在t时刻到t+1时刻之间的通货

膨胀率，则依据通货膨胀率的定义我们可以知道：

$$P_{t+1}=P_t(1+\pi) \tag{3}$$

$$P^f_{t+1}=P^f_t(1+\pi^f) \tag{4}$$

我们把式（3）和式（4）代入式（2），可得：

$$S_{t+1}=\frac{P_{t+1}}{P^f_{t+1}}=\frac{P_t(1+\pi)}{P^f_t(1+\pi^f)}=S_t\frac{(1+\pi)}{(1+\pi^f)} \tag{5}$$

我们用Δ表示汇率的变化率，即

$$\Delta=\frac{S_{t+1}-S_t}{S_t} \tag{6}$$

将式（5）代入式（6）可得：

$$\Delta=\frac{\pi-\pi^f}{1+\pi^f} \tag{7}$$

在正常情况下，各国的通货膨胀率都较小，所以式（7）可以近似地表示为

$$\Delta\approx\pi-\pi^f \tag{8}$$

式（8）表明，两种货币汇率的变化率，大体上等于两国通货膨胀率之差。这就是相对购买力平价理论最常见的表达式。

相对购买力平价理论比绝对购买力平价理论在实际应用中更具有优越性。从数据的可获得性上来看，通货膨胀率的资料更容易获得。相对购买力平价是用两国价格水平的变动反映汇率的变动，即使同一时期各国价格水平的可比性较差，但不同时期价格水平的变化仍具有较强的可比性。这是因为：①计算价格指数的商品篮子和权重选取不同，不影响价格水平变化的可比性；②妨碍一价定律的各种因素，只要在一段时期内始终不变，则它们对不同时期价格水平的影响就是一致的，从而不会影响价格水平的变化。在现实生活中，很少有两国政府采用相同的商品篮子来比较两国的价格水平，从而测算绝对购买力平价。通常情况下，我们利用政府公布的价格统计资料来评估相对购买力平价。

（三）绝对购买力平价与相对购买力平价的比较

购买力平价的绝对形式和相对形式有其内在联系，但也存在着区别：首先，绝对购买力平价反映的是某一时点的汇率，相对购买力平价反映的是某一时间段内的汇率；其次，绝对购买力平价反映的是汇率的

绝对水平，相对购买力平价反映的是汇率的变化率；最后，绝对购买力平价说明的是汇率决定的基础，相对购买力平价说明的是汇率之所以变动的原因。一般而言，绝对购买力平价是相对购买力平价的基础。如果绝对购买力平价是正确的，那么相对购买力平价也是正确的；然而，如果相对购买力平价是正确的，则绝对购买力平价却不一定是正确的。因为经济中存在着其他因素，如资本流动、政府干预等，都会对汇率产生影响，即使汇率的变化率与两国通胀率之差相等，汇率的水平也不一定等于两国价格之比。

四、对购买力平价理论的评价

购买力平价理论产生后，在西方学术界引起了很大的争论，赞同和反对的声音一直不断。它从货币的基本功能（购买力）出发，利用简单的数学表达式，对汇率水平和价格水平，以及汇率变动与两国通货膨胀率之间的关系作了描述，成为经济学家和政府部门计算均衡汇率常用的方法。从产生到现在，该理论一直对西方国家的外汇理论和汇率政策具有重大的影响，而且，当代许多经济学家仍然把它作为预测长期汇率趋势的理论指导。

（一）购买力平价理论的价值

作为一种影响深远的汇率理论，其理论意义和突破在于：

1.购买力平价理论的基础是“货币数量说”

在购买力平价理论中隐含着这样的前提：单位货币的购买力由货币供给量决定。在社会可供给商品总量一定的条件下，货币供给量越多，单位货币的购买力就越低。货币的供给量与价格水平是正向关系，货币供给量越多，价格水平越高。可见，在购买力平价理论中，货币的数量决定了价格水平和货币的购买力，从而决定了汇率，汇率变化也是一种货币现象。

2.在所有的汇率理论中，购买力平价理论是最有影响力的，对政府的汇率政策具有非常大的指导意义

从政府的政策来看，一国的价格水平是一个国家生产成本的反映，任何两个国家之间价格水平的对比都显示了两国产品竞争力的差距，因此，汇率通过购买力平价关系成为影响一国产品国际竞争力的一个重要

因素。可想而知，通过技术进步降低10%的生产成本，提高10%的国际竞争力绝非易事，而通过汇率浮动10%，则可以在短期内达到相同的目的，因此政府常以购买力平价作为制定汇率政策的参考。另外，该理论指出了通货膨胀对本国货币汇率的不利影响，这就提醒各国政府，为了本国货币汇率的稳定，必须治理国内的通货膨胀问题，稳定国内物价。

从总体上看，购买力平价理论较为合理地解释了汇率的决定基础，虽然它忽略了国际资本流动等其他因素对汇率的影响，但该学说至今仍受到诸多经济学者的重视，在基础分析中被普遍作为汇率的长期均衡标准应用于其他汇率理论的分析之中。

（二）购买力平价理论的局限

在肯定购买力平价理论的价值的同时，我们也不能忽视其自身存在的局限：

1.购买力平价理论是建立在一系列假设的基础之上的

购买力平价理论的假设条件包括：价格水平可以灵活调整，各国商品同质，不存在贸易壁垒、外汇管制以及交易成本等。现实中这些假设前提难以成立，因此也很难通过商品套购机制使购买力平价成立。

购买力平价理论还假设各国间不存在资本与金融账户的交易，将实际性经济变量和人们的心理预期因素都排斥在外，这就使得购买力平价理论作为一种汇率的决定理论过于简单化了。

另外，购买力平价理论假设价格与汇率之间是单项因果关系，将汇率视为因变量，将价格视为自变量。实际上，这种因果关系并非是绝对的，而是相互作用的，即汇率的变化反过来也会影响一国的价格水平。

2.购买力平价理论在计量检验中存在很大的技术上的困难

第一，采用哪种价格指数最为恰当，是一个较难决定的问题。消费价格指数、批发价格指数和国内生产总值平减指数代表的含义和水平各不相同，价格指数的选择不同，计算的购买力平价也不同。第二，在商品分类上，要求不同国家的商品分类具有一致性和可操作性，否则会缺乏可比性。第三，计算相对购买力平价时，要求准确选择一个汇率达到均衡或基本均衡的基年[①]，这是保证以后一系列计算结果正确的必要前

① 相对购买力平价用于分析起点的基期汇率必须是均衡汇率，否则所预测出来的汇率会不准确。所谓均衡汇率是指使一国国际收支平衡的汇率。

提，但由于客观和主观方面的原因，基年的选择十分困难。

多年来，经济学家们对购买力平价理论做了很多实证研究，经验数据的检验结果表明，绝对购买力平价理论对汇率的预测往往与实际汇率偏差较大，相对购买力平价理论对汇率的预测往往与实际汇率较为接近。这就是说，购买力平价理论考虑一段时期内变化量的相对购买力平价比仅考虑时点量的绝对购买力平价对长期均衡汇率的预测能力更好，短期内汇率变化会因为各种原因而发生偏离。

第二节 利率平价理论

前一节我们分析的重点是商品市场，指出在开放经济条件下，由于商品的国际套购，各国商品的价格水平与汇率之间存在着某种联系，即购买力平价。当然，购买力平价代表的是一种均衡汇率水平，受许多其他因素的影响，实际汇率对购买力平价的偏离是一种常态。本节我们将分析的重点从商品市场转移到金融市场。我们假定只有一种金融产品，即货币，也只有一种资产价格，即利率。从金融资产的国际套利角度分析各国金融资产的价格水平（利率）与汇率之间的关系，这就是汇率决定的利率平价理论（theory of interest rate parity）。分析的出发点仍是一价定律，所不同的是，由于金融资产在产品同质性和转移便利性等方面具有商品无法比拟的优势，国际套利更容易实现，因此一价定律在金融市场上表现得更为充分。或者说，由于金融产品价格调整速度比商品价格调整速度快，利率平价不仅适用于长期分析，而且适用于短期分析；而购买力平价则更适用于长期分析，短期内会出现较大偏离。

利率平价理论最早可以追溯到19世纪下半叶，早在1889年，劳兹（Lotz）在观察维也纳远期外汇市场的交易时就考虑到用利差来解释即期汇率和远期汇率之间的关系。1922年，英国经济学家凯恩斯（J．M．Keynes）首先提出了利率平价的概念。在其1923年出版的《论货币改革》一书中，凯恩斯第一次系统地阐述了利率和汇率之间的关系，指出两国间的利差导致套利性资本的国际流动，这种资本流动对汇率尤其是短期汇率具有决定性的作用。凯恩斯的上述汇率理论被称为古典利率平价理论。英国学者艾因齐格（Paul Einzig）在其1931年出版的《远期外汇理论》和1937年出版的《外汇史》中进一步提出了动态的利率平价理论，或称为“交互原理”，揭示了即期汇率、远期汇率、利率、国际资本流动之间的相互影响。总之，利率平价理论突破了传统的国际收支和价格水平的范畴，从资本流动的角度研究汇率的变化，奠定了现代汇率理论的基础。

一、利率平价理论的基本观点

利率平价理论认为，两国货币的即期汇率与远期汇率之间的关系与两国的利率有着密切的联系，国与国之间的利差导致资本的国际流动，其对汇率，尤其是对短期汇率具有决定性的作用。两国利率之差引起的投资收益的差异，会促使投资者进行套利活动，其结果是使远期汇率趋近于某一特定的均衡水平。同即期汇率相比，利率低的国家的货币远期会升水，而利率高的国家的货币远期会贴水。汇水数大约等于两国间的利差。

该理论的出发点是，投资者投资于国内所得到的短期利率收益，应该与按即期汇率折成外汇在国外投资并按远期汇率买回本国货币所得到的短期投资收益相等，即不论采用哪种投资方式，具有相同风险水平的货币资金在同一时间段内所取得的收益应该相等。因此，对投资者而言，在比较本币和外币资产的收益时，不仅要考虑两种资产所提供的名义收益率，同时也要考虑远期汇率变动所造成的收益差。如果两种货币资产的利率差异被远期汇率变动的结果所抵消，就实现了利率平价。

利率平价理论的一个重要前提条件是：国际资本市场不存在管制，资金可以自由流动，货币可以自由兑换，套利资金的供给弹性无穷大，投资者充分的套利行为使得国际金融市场上以不同货币计价的相似资产的收益率趋于一致，也就是说，套利资本的跨国流动保证了一价定律也适用于国际金融市场。

按照对投资者的风险偏好所做的假定不同，可以把利率平价理论分为非抛补的利率平价（uncovered interest - rate parity，UIP）和抛补的利率平价（covered interest - rate parity，CIP）。

二、非抛补的利率平价

前面已经指出，购买力平价强调的是一价定律在商品市场上的应用，而利率平价强调的是一价定律在金融市场上的应用。为了清楚地描述这一过程，我们以下面这笔投资活动为例进行介绍。

假设资金在国家间移动不存在任何限制与交易成本，若投资者手中持有一笔可自由支配的资金，打算进行为期1年的储蓄投资，那么他有两种选择：

选择一：投资于本国金融市场，则每一单位本币到期本利和为：

$$1\times(1+i)=1+i$$

其中，i代表本国利率。

选择二：投资于外国金融市场，此时投资者需要分三步实施他的投资计划。首先，将本币在即期外汇市场上换成外币；其次，将这些外币存入外国银行；最后，存款到期后，将外币存款本利和在外汇市场上换成本币。

1单位本币在即期外汇市场上可兑换为1/S单位外币，其中S代表即期汇率（直接标价法）。将这些外币存入银行，到期本利和为：

$$\frac{1}{S}\cdot(1+i_f)=\frac{1+i_f}{S}$$

其中，i_f代表外国利率。

假定1年后的汇率为S^e（直接标价法），则这笔外汇资金兑换成本币的数额为：

$$\frac{1+i_f}{S}\cdot S^e=\frac{S^e}{S}(1+i_f)$$

上述两种投资方案，选择哪一种取决于这两种投资方案收益率的高低：

如果$1+i>\frac{S^e}{S}(1+i_f)$，则投资于本国金融市场；

如果$1+i<\frac{S^e}{S}(1+i_f)$，则投资于外国金融市场。

由于1年后的即期汇率是不确定的，因此这两种投资方式的最终收益比较难以确定，S^e实际上是投资者对期末汇率的预期。

众多投资者面临同样的选择，导致外汇市场上资金的流动。在前一种情况下，资金从外国流向本国；在后一种情况下，资金从本国流向外国。只有在二者相等的情况下，这种资金流动才会停止，此时外汇市场均衡，即：

$$1+i=\frac{S^e}{S}(1+i_f) \tag{1}$$

将式（1）整理可得：

$$\frac{S^e}{S}=\frac{1+i}{1+i_f} \tag{2}$$

我们用Δ表示汇率的变化率，即

$$\Delta=\frac{S^e-S}{S} \tag{3}$$

将式（2）代入式（3）可得：

$$\Delta=\frac{1+i}{1+i_f}-1=\frac{i-i_f}{1+i_f} \tag{4}$$

在正常情况下，i_f的数值较小，所以式（4）可以近似地表示为

$$\Delta\approx i-i_f \tag{5}$$

这就是非抛补的利率平价，它的经济含义是：预期的汇率变动率等于两国货币利率之差。当非抛补的利率平价成立时，如果本国利率高于外国利率，则意味着本币远期贴水，外币远期升水；如果本国利率低于外国利率，则意味着本币远期升水，外币远期贴水。本国利率高于（低于）外国利率的差额等于本国货币的预期贬值（升值）幅度。

不难发现，资本市场上一价定律的作用过程与商品市场上一价定律的作用过程是相似的，即商品市场和资本市场的自动平衡机制具有一致性。在商品市场上对一价定律的偏离将导致商品套购，当各国商品市场上的价格既定时，将依靠汇率的变动恢复购买力平价。相似地，在资本市场上对一价定律的偏离（即国家间利率的差异）将导致国际资本套利，如果各国政府要在既定的宏观经济政策目标下维持各自的利率水平，将依靠汇率的变动恢复利率平价。

三、抛补的利率平价

随着远期外汇市场的发展，根据对汇率的预期进行的非抛补套利活动已越来越少，更多的是抛补套利。

由于汇率的易变性，预测汇率波动的方向十分困难，而预测汇率在

某一时点上的变动幅度更是几乎无法做到。汇率预测的困难将大大降低国际套利的可行性，也就降低了国际套利活动对维持利率平价关系所具有的自动稳定器的作用。只有投资者是风险偏好者时，才会选择非抛补套利；对于风险厌恶者或风险中立者，既想获取国际利差，又想将国际套利的风险降低到零，则会采用抛补套利操作。

抛补套利是将套利交易与远期交易叠加在一起进行的交易。交易者在进行套利之前，通过签订远期外汇合约，按照合约中预先规定的远期汇率进行交易，以达到套期保值的目的。由于套利者利用远期外汇市场固定了未来交易时的汇率，避免了汇率风险的影响，因此整个套利过程的收益是确定的。当然，消除了未来汇率变动的风险，也同时失去了汇率出现有益变动时的额外收益。

假定投资者利用远期交易进行套期保值所使用的汇率为F，那么，依据上文的分析，投资者比较的是本国市场收入1+i与外国市场收入$\frac{F}{S}(1+i_f)$之间的差异，只要两者之间的差额不为零，投资者就会进行资本移动抛补套利以赚取无风险利差收入。

套利活动停止，市场均衡的条件是：

$$1+i=\frac{F}{S}(1+i_f) \tag{6}$$

对式（6）进行类似上文的整理可得：

$$\Delta=\frac{F-S}{S}\approx i-i_f \tag{7}$$

需要注意的是，这里的Δ表示的是即期汇率与协议远期汇率的变化率，与上文非抛补利率平价中的Δ（即期汇率与预期远期汇率的变化率）含义不同。

以上是抛补的利率平价，即：即期汇率与远期汇率的变化率正好等于两国间的利差。它的经济含义是：汇率的远期升贴水率是由两国间的利差决定的，高利率货币在现汇市场上升水、在期汇市场上贴水；低利率货币在现汇市场上贴水、在期汇市场上升水。如果为了阻止国际资本套利，同时各国政府又要在既定的宏观经济政策目标下维持各自的利率水平，通过调整汇率以恢复利率平价关系也是一种政策选择。

抛补的利率平价建立在下列假设条件的基础上：

①市场上必须有充足的套利资金。当国家间出现利差时，套利者可以利用足够多的自有资金进行套利。

②在即期和远期外汇市场上，汇率自由浮动，且市场信息充分有效。

③套利的成本忽略不计。当存在交易成本时，只要满足：

$$|(1+i)-\frac{F}{S}(1+i_f)|>C \qquad \text{（C为交易成本）}$$

套利机会就会存在，此时，对利率平价关系需要做如下修正：

$$1+i=\frac{F}{S}(1+i_f)+C$$

④各国政府必须对资本与金融项目下的国际资本流动实行自由化的政策，如果政府控制金融资本的流动，那么各国资本市场之间便存在有效壁垒，套利者就不能自由买卖货币，对投资收益差距做出反应的市场力量也就难以发挥作用。

除此之外，各国在资本收益的税收方面存在差别，国家投资的政治风险以及从利差出现到投资者获得信息、决策和进行套利并对市场价格产生影响之间的时滞都会造成对利率平价关系的偏离。

抛补的利率平价理论具有很高的实践价值。其价值并不在于当抛补的利率平价不成立时，交易者可以通过结合掉期交易进行无风险的套利活动，而在于说明外汇市场上远期汇率是如何确定的。正是由于远期汇率往往是根据抛补的利率平价关系确定的，决定了当不存在交易成本和资本管制的情况下，利率平价将在任何时点上成立，从而使套利机会几乎为零。即使实际汇率与抛补的利率平价间存在着一定的偏离，这一偏离也常被认为反映了交易成本、外汇管制以及各种风险等因素，这些因素将阻碍套利资金的国际流动。

四、非抛补的利率平价与抛补的利率平价的关系

（一）投资者的风险偏好存在差异，二者所适用的范围不同

抛补的利率平价假定投资者是风险规避者，他们对高风险投资要求进行风险补偿。因而，他们更趋向于通过远期外汇交易锁定在对外金融投资中的投资收益。而非抛补的利率平价则认为，投资者对风险没有明显的偏好，属于风险中性者。在提供相同市场收益的情况下，他们对各

种金融资产不存在风险偏好。他们对有稳定收益的投资和提供相同预期收益的金融投资，在风险认知上是一致的。因此，他们更趋于承担外汇风险。

（二）通过市场投机机制，抛补的利率平价决定的协议远期汇率和非抛补的利率平价决定的预期远期汇率最终会趋于一致

投机者总是试图在汇率的变动中牟利，当预期远期汇率与协议远期汇率不一致时，投机者就会认为市场上存在套利的空间。因为投资者对待风险的态度不同，所以对汇率变动的可能性的判断自然也就不同。在直接标价法下，如果 $S^e > F$，则意味着投机者认为协议远期汇率对未来的外币币值低估，因此他将在远期外汇市场上购买远期外汇。期满后，若投资者的预期正确，即实际市场汇率等于 S^e，他可以按 F 进行实际交割获得外汇，再按当时的即期汇率 S^e 卖出外汇，便可获利。套利收益的存在，促使更多的投机者在外汇远期市场上购买外汇，需求的增加促使外汇价格 F 上升，直至与 S^e 相等为止。如果 $S^e < F$，投机者便会采取相反的措施，最终的结果也是使协议远期汇率与预期远期汇率相等。可见，外汇市场上的投机活动将使抛补的利率平价和非抛补的利率平价同时成立。

五、对利率平价理论的评价

利率平价理论是汇率决定理论的重要组成部分，该理论对于我们理解汇率的决定以及远期汇率与即期汇率之间的关系都很有意义，是汇率理论的重大发展和创新。下面，我们简要分析一下它的理论意义和不足之处。

（一）利率平价理论的重要意义

利率平价理论的研究角度从商品流动转移到了资本流动，指出了一国利率变化对汇率的影响。在当今国际资本流动频繁的背景下，利率平价理论为我们分析汇率问题提供了一个全新的视角，它明确地指出了远期汇率的变动主要取决于两国间的利率差异，并将汇率的决定因素扩展到了资本市场，这有助于认识汇率的形成机制。在当前的经济背景下，国际资本流动速度加快，套利和投机活动频繁，使得利率平价理论在许多场合能够被经验证明，从而在实际分析中有广泛的应用。利率平价理

论虽然还不是一个一般化的汇率分析模型，但为我们以后更全面地分析汇率变化提供了一个很重要的分析角度。事实上，以后的许多汇率分析模型都把利率平价理论作为分析的基础。

以往的汇率决定理论主要是研究即期汇率的决定问题，而利率平价理论的重点放在了远期汇率水平如何决定方面，研究了远期汇率波动的一般规律，使得远期汇率问题以及以后远期外汇交易与预测日益受到重视并快速发展起来。

利率平价理论对我们的经济活动具有很强的指导意义。当今社会，国际资本流动频繁，利率变动非常迅速。利率的变化可以对汇率产生立竿见影的影响，这为一国货币当局对外汇市场进行适时干预提供了一个重要渠道，各国货币当局可以通过适当调节国内利率水平来稳定外汇市场的汇率。

（二）利率平价理论的不足和缺陷

1.利率平价理论成立的前提条件过于苛刻

利率平价理论假定金融市场不存在交易成本，资本的国际流动没有障碍、投机者的资金供给弹性无穷大，同时，它还假定国内外金融资产具有完全可替代性。事实上，上述假定条件即使是在现代金融市场上也无法全部成立。此外，诸如差别税、政治风险、时滞等因素也会影响到利率平价理论的有效性。以上种种因素，使得在理论上无懈可击的利率平价理论在现实世界中往往难以成立。

2.利率平价理论不是一个一般均衡模型

利率平价理论从资本流动的角度分析了汇率变动趋势，但是它忽略了影响汇率的其他因素。在国际经济活动中，影响汇率的因素除利率外还包括一国的生产结构、贸易结构、国际贸易制度、国际货币制度等其他因素。利率平价理论单纯从货币资金市场角度分析汇率，忽略其他因素的影响，这必然无法对汇率的变动进行全面的分析。

我们不能因为以上缺陷而低估利率平价理论的作用。在金融国际化和国际资本流动规模远远超过国际贸易规模的条件下，市场汇率日益偏离购买力平价，并越来越多地受到与利率联动的影响。

第三节　国际收支理论和汇兑心理说

利率平价理论利用资本市场上汇率与利率之间的关系讨论了汇率的决定问题，但在分析时忽略了国际贸易在汇率决定中的作用。国际收支理论则考虑贸易收支对汇率的影响，认为国际收支状况决定着外汇供求，进而决定汇率。

一、国际收支理论的早期形式：国际借贷说

国际借贷说（theory of international indebtedness）出现和盛行于国际金本位制度时期，其理论渊源可以追溯到14世纪。英国学者戈逊（G. L. Goschen）于1861年在其《外汇理论》一书中较为完整地提出了国际借贷说。该学说认为：汇率是由外汇市场上的供求关系决定的，而外汇供求又源于国际借贷。戈逊把金本位制度下汇率变动的原因归结为国际借贷关系中债权与债务的变动，从而成为汇率决定理论的先驱，他所提出的汇率决定理论成为当时汇率理论中占统治地位的学派，并成为后来整个20世纪经济学家对汇率理论研究的主要课题之一。

该理论的基本观点是：①外汇汇率取决于外汇的供给与需求的状况；②外汇供给和需求的产生，根源于国际借贷，是由国与国之间存在的借贷关系所引起的，除了商品的输出输入以外，债券买卖、利润收支、捐赠收支、旅游收支和资本交易等，也会产生国际借贷关系，它是汇率变动的主要依据；③国际借贷分为固定借贷和流动借贷两种，前者指借贷关系已经形成，但未进入实际支付阶段的借贷，后者指已经进入支付阶段的借贷，只有流动借贷的变化才会影响外汇的供求；④国际借贷作用于汇率变动的一般过程是：若一国的流动借贷中流动债权高于流动债务，就意味着外汇供给超过外汇需求，外币会贬值，本币会升值，反之则外币升值，本币贬值；若一国的流动借贷中流动债权与流动债务相等，外汇供求也相等，那么汇率将处于均衡状态，不会发生变动。

国际借贷说以一国的国际借贷为依据，第一次较为系统地从国际收支的角度解释外汇供求的变化，分析了金本位制度下汇率波动，特别是

短期汇率波动的原因，具有一定的实际意义。事实证明，国际收支仍然是影响汇率变化最直接、最重要的基本因素之一。但从另一角度来看，国际借贷说存在其历史局限性，它仅从国际借贷关系角度解释外汇供求变化，是不全面的，它也并没有说明汇率决定的基础这个问题，也无法解释在纸币流通制度下由通货数量增减而引起的汇率变动等问题。

二、现代国际收支理论

现代国际收支理论认为，在分析汇率决定时，可以从两方面对国际借贷说加以修正和改进。一是将国际资本流动纳入汇率决定的分析当中；二是进一步应用贸易收支和国际资本流动的有关理论来探讨深层次的汇率决定因素。现代国际收支说形成于布雷顿森林体系崩溃之后，是凯恩斯主义的汇率理论。其主要观点是外汇汇率取决于外汇供求，而国际收支状况决定着外汇供求，因而汇率实际上取决于国际收支。

一国的国际收支是由经常账户和资本金融账户两部分构成的，国际收支的状况取决于经常账户和资本金融账户的收支情况。国际收支实现均衡的条件是经常账户收支差额与资本和金融账户收支差额之和等于零。如果用CA表示经常账户差额，用CFA表示资本和金融账户差额，则国际收支实现均衡时，以下等式应成立：

$$CA+CFA=0 \tag{1}$$

一国经常账户中的出口X主要受4个因素的影响，即外国国民收入Y_f、外国价格水平P_f、本国价格水平P、两国货币之间的汇率e，即：

$$X=x(Y_f,\ P_f,\ P,\ e) \tag{2}$$

一国经常账户中的进口M则由本国国民收入Y、本国价格水平P、外国价格水平P_f和两国货币之间的汇率e所决定，用公式表示为：

$$M=m(Y,\ P,\ P_f,\ e) \tag{3}$$

因此，经常账户的差额为：

$$CA=g(Y,\ Y_f,\ P,\ P_f,\ e) \tag{4}$$

一国国际收支中资本和金融账户收支主要由本国利率水平i、外国利率水平i_f、两国货币之间的汇率e和人们对两国货币之间汇率变动状况的预期E等因素所决定的，用公式表示为：

$$CFA=h(i,\ i_f,\ e,\ E) \tag{5}$$

将式（4）和（5）代入式（1）可得：

$$g(Y, Y_f, P, P_f, e) + h(i, i_f, e, E) = 0 \tag{6}$$

此时国际收支平衡，所对应的汇率是均衡汇率，公式表述为：

$$e = f(Y, Y_f, P, P_f, i, i_f, E) \tag{7}$$

式（7）表明，影响汇率变动的因素有本国国民收入、外国国民收入、本国价格水平、外国价格水平、本国利率水平和外国利率水平以及人们对未来汇率的预期。这些因素通过影响国际收支，进而影响外汇供求来决定汇率。这些变量的变动对汇率的影响机制如下：

（1）当本国国民收入上升时，本国进口的增加将会引起外汇需求的上升，从而导致外币升值，本币贬值。

（2）当外国国民收入上升时，本国出口的增加将会引起外汇供给的上升，从而导致外币贬值，本币升值。

（3）当本国价格水平相对于外国价格水平上升时，本国出口减少，进口增加，进而导致外汇的供给减少，需求增加，于是外币升值，本币贬值。

（4）当外国价格水平相对于本国价格水平上升时，本国出口增加，进口减少，进而导致外汇的供给增加，需求减少，于是外币贬值，本币升值。

（5）当本国利率相对于外国利率上升时，会吸引资金流入，减少资金流出，进而导致外汇的供给增加，需求减少，于是外币贬值，本币升值。

（6）当外国利率相对于本国利率上升时，会增加资金流出，减少资金流入，进而导致外汇的需求增加，供给减少，于是外币升值，本币贬值。

（7）当市场预期外汇汇率将上升，即外币将升值时，对外币的需求增加，导致均衡汇率上升，这是预期自我实现的能力在外汇市场上的体现。

三、对国际收支理论的评价

国际收支理论在运用供求关系分析汇率的基础上，将影响国际收支的各种重要因素纳入汇率的均衡分析，对于短期外汇市场分析具有现实意义，迄今仍为学术界所广泛运用。然而，该理论与购买力平价理论和利率平价理论一样，也不能被视为完整的汇率决定理论，只是进行更深入的分析时可利用的一种重要工具。它具有浓厚的凯恩斯主义色彩，是从宏观经济角度（国民收入、国内吸收、储蓄、投资等）而不是从货币数量角度（价格、利率等）研究汇率，是现代汇率理论的一个重要分支。

其局限性主要有三个方面：

（1）国际收支理论实际上是以外汇市场稳定有效为假设前提的；它适用于有发达外汇市场的国家，如果外汇市场不发达，外汇供求的真实情况就会被掩盖，该理论也无法应用。

（2）国际收支理论的分析是以凯恩斯主义宏观经济理论、弹性论、利率平价理论为基础的，这样也就没有摆脱相关理论本身具有的假定和缺陷，因此其结论往往与经济现实发生抵触。

（3）国际收支理论是关于汇率决定的流量理论，这一流量特性体现在它认为是国际收支引起的外汇供求流量的变动决定了短期汇率水平及其变动。但是，在国际资金流动迅速发展的背景下，决定汇率的主要因素是金融资产的存量变化，而不是实物资产的流量变动。而且，国际收支理论并没有进一步分析哪些因素决定了外汇供求流量，也没有对汇率与各变量之间的关系进行深入分析，得出具有明确因果关系的结论。在分析方法上，它只是简单地运用了类似商品市场上的价格与供求之间的关系来对外汇市场进行分析，而与普通商品市场上的价格相比，外汇市场上的汇率变动得更为剧烈和频繁，因此该理论对现实生活中的一些经济现象很难做出解释。例如，利率升高在很多情况下并不能持续吸引资本流入，进而引起汇率相应变动；再如，汇率会在外汇市场交易流量变动很小的情况下发生大幅变动。可见，运用普通商品市场上的价格与供求之间的关系来分析外汇市场并不一定十分合适。

上述缺陷带来了新的汇率理论的出现，即汇率决定的资产市场说。

四、汇兑心理说

汇兑心理说（psychological theory of exchange）是建立在奥地利学派的边际效用价值论基础上的汇率学说，是由其突出代表人物法国经济学家阿夫塔里昂（A. Aftalion）于1927年提出来的。该理论指出：人们之所以需要外国货币，只是由于特定的支付需要，是为了满足欲望，如满足购买、支付、投资、外汇投机、资本外逃等需要，这种欲望是使外国货币具有价值的基础。外币相对价格的决定取决于每个人对外币的主观评价，这一主观评价又是以使用外币的边际效用来决定的。即，外国货币的价值不依从任何规则，而是取决于外汇供求双方对外币边际效用所做出的主观评价。由于每个人使用外币有不同的边际效用，因而对外币的主观评价也各不相同。这种主观评价包括对每一种外币的质的方面和量的方面的评价。质的方面包括该外币对特定商品的购买力、该国偿债能力、政治稳定性、资本外逃情况、外汇投机状况等；量的方面包括国际借贷和国际资本移动的数量。各种不同的主观评价会影响该外币的供给和需求状况，当外币需求与供给相等时所产生的价格就是均衡汇率。

按照汇兑心理说，货币量的增加使得流入企业家手中的货币增多，从而引起对于货币的重新评价，这种重新评价导致了商品价格的变化。由此可见，汇兑心理说理论是从主观心理因素方面解释货币量变动对经济的影响，通过主观心理因素来解释外汇供求变化，并试图以此阐明汇率的决定和变动，它为后来将心理预期引入汇率理论分析首开先河。

它是在1924—1926年间，法国国际收支均为顺差但法郎的对外汇率反而下降，从而引起价格上涨的反常情况下提出的。它独树一帜，从主观心理评价的角度来探讨一国货币汇率的升降关系，把主观评价的变化同客观事实的变动结合起来考察汇率，直到目前，该学说都有相当大的市场。但是该学说是以边际效用价值论为理论基础，把汇兑心理的变动当作影响与决定汇率的依据，因此带有一定的主观片面性，缺乏说服力。

第四节　资产市场理论及汇率决定理论的新发展

资产市场理论是20世纪70年代出现的一种汇率决定理论。该理论的特点是将商品市场、货币市场和证券市场结合起来进行汇率决定的分析。

一、资产市场理论产生的背景

资产市场理论是在国际资本流动高度发展的历史背景下产生的。20世纪70年代以来，世界经济发生了深刻的变化，全球经济一体化及金融资产在经济中核心地位的确立，使资本跨国流动对各国经济的影响远远大于国际商品贸易。其结果是，在外汇市场上，90%以上的交易量都与国际资金流动有关，各国金融资产的变化对汇率变化的影响越来越大。在浮动汇率制度成为各国汇率制度主流选择的背景下，外汇市场上的汇率变动频繁、波幅大，呈现出与股票等金融资产价格变动相近的特点。传统的汇率理论显然无法解释汇率的这种变化，新的汇率理论——资产市场理论诞生了。

新的汇率决定理论对传统理论的假定进行了质疑与修正，应用一般均衡分析代替局部均衡分析，用存量分析代替流量分析，用动态分析代替静态分析，并将长短期分析结合起来，因而为全面、客观地进行汇率研究创造了条件。该理论以现代金融投资理论为基础，将汇率当成一种资产价格，在分析汇率的决定时采用与普通金融资产定价基本相同的原理，强调资产市场均衡对汇率的决定性作用。这一理论一经问世，便迅速获得学术界的普遍关注，成为占主导地位的汇率决定理论。

根据本币资产和外币资产可替代性的不同假设，资产市场理论可分为货币分析法和资产组合平衡分析法两类。货币分析法假设本国货币同外国货币的债券为充分可替代的，资产收益率的差异成为人们对一种资产需求的唯一决定因素；在本国和外国的债券可以充分替代时，汇率的决定主要是由货币市场的供求状况决定的。而资产组合平衡分析法则假设本国同外国的债券不可充分替代，决定对某种资产需求的因素除了收益率外还有风险的大小；汇率的决定既受货币市场的影响又受债券市场的影响。

二、汇率决定的货币分析法

汇率决定的货币分析法（monetary approach to exchange rate）是宏观经济学中货币主义在国际经济学中的延伸。货币主义学者认为，汇率是两国货币的相对价格，而不是两国商品的相对价格，他们强调货币市场均衡在汇率决定中的重要作用，把购买力平价与货币数量方程式有机地结合起来，产生了基于货币供应量与实际产出的一种汇率理论。根据对价格弹性的不同假定，即不同市场在受到冲击后价格调整速度快慢的不同假定，货币分析法可以分为弹性价格模型和黏性价格模型。

（一）弹性价格模型

弹性价格模型（flexible-price monetary model），亦被称为“国际货币主义的汇率模式”或“货币供求说”，它是由美国经济学家约翰逊（H.G.Johnson）、蒙代尔（R.A.Mundell）等于20世纪70年代初创立的一种汇率理论。该理论认为汇率变动是一种货币现象，强调货币市场上货币供给对汇率的决定性作用。当国内货币供给大于货币需求时，本国价格水平会上升，这时，国际商品的套购机制就会发生作用，其结果会使外币升值，本币贬值；相反，当国内货币需求大于货币供给时，本国价格水平会下降，从而通过国际商品套购机制，使本币升值，外币贬值。该理论实际上是购买力平价理论的现代翻版。与汇率决定的国际收支理论看法相反，汇率的货币论认为，国民收入、利率等因素是通过影响货币需求而对汇率产生作用的，本国国民收入增加，会扩大货币需求，从而使本币升值，外币贬值；本国利率上升，会减小货币需求，从而使本币贬值，外币升值。货币主义的汇率模型认为：一国货币走弱，是其货币增长过快所导致的。因此，该理论主张，货币的增长率要控制在与经济增长率相一致的水平上，才能保持汇率的稳定。

该理论有助于说明汇率的长期趋势，从长期来看，汇率的变动仅仅是货币变化的反映，引起人们对货币均衡的重视。但是，它过于绝对地把价格与货币市场均衡联系在一起，而忽略了影响价格的其他因素。另外，实证分析也表明，汇率符合购买力平价的现象极为少见。

（二）黏性价格模型

黏性价格模型（sticky-price monetary model）也被称为汇率的“超调模型（overshooting model）”，它是由美国经济学家多恩布什（R. Dornbusch）在1976年提出的。多恩布什承认弹性价格模型中货币市场均衡在汇率决定中的作用，接受从长期来看购买力平价成立的观点，但他认为，从短期来看，货币市场与商品市场对外部冲击的调整速度是存在差异的，汇率对冲击的反应较快，几乎是即刻完成的，而商品价格的反应较慢，呈黏性状态。由于商品价格黏性，汇率对外部冲击做出了过度调整，即汇率预期变动偏离了在价格完全弹性情况下调整到位后的购买力平价汇率，这种现象叫汇率超调。而随着时间推移，商品价格逐步调整到位，汇率也就从初始的均衡水平变化到新的均衡水平，最终市场达到长期均衡状态。

与弹性价格模型相比，这一模型的最大特点在于认为商品市场与货币市场的价格的调整速度是不同的，商品市场上的价格水平具有黏性的特征，这时购买力平价在短期内不能成立，经济存在着由短期平衡向长期平衡的过渡过程。由于在一段时期后，商品价格才开始调整，因此长期平衡就是价格充分调整后经济的平衡。可以看出，弹性价格模型所得出的结论实际上是超调模型中长期平衡的情况。

因此，汇率的超调模型也属于汇率决定的货币分析法，只不过它是一种动态分析，有助于人们认识短期内的汇率变动，这是汇率的超调模式的贡献。但它将汇率的变动完全归因于货币市场的失衡，也有失偏颇。

（三）对货币分析法的评价

汇率决定的货币分析法，首次将汇率决定问题的研究角度从商品市场转移到资本市场，这是汇率决定理论的重大突破。货币分析法是建立在购买力平价的基础之上的，但它不是购买力平价的简单翻版，它很好地避免了购买力平价检验中选择不恰当的价格指数或不恰当基期的可能，将难以真实测量的价格因素考虑在货币的需求之中。货币分析法的另一创新之处还在于它运用了一般均衡的分析方法来分析汇率的决定，它实际上暗含了商品市场、货币市场与外汇市场的同时均衡，这与以往仅考虑外汇市场均衡的汇率决定理论相比也有了重大创新。另外，超调模型还首次涉及了汇率的动态调整问题，从而创立了汇率理论的一个重要分支——汇率动态学（exchange rate dynamics）。许多研究者都以此为基础作进一步的研究：例如，在弹性价格假定之下，经济中也存在与超调具有相似之处的汇率过度调整现象；除价格黏性外，其他因素也会造成汇率的超调等。这些使汇率动态学的内容变得丰富，成为汇率理论中的一个相对独立的研究领域。

不论是弹性价格模型还是黏性价格模型，都存在不足之处。首先，这两个模型都是建立在购买力平价和利率平价的基础之上的，但随着现实经济的改变，购买力平价和利率平价本身在检验中受到很大挑战，这也就使得货币分析法的可信度有所降低。其次，货币分析法还假定本国和外国资产完全替代，且本国居民只持有本国货币，这一严格的假定条件在现实中也是很难成立的。最后，货币分析法的汇率决定模型在分析过程中认为货币需求函数是稳定的，并且本国和外国的货币需求函数及货币需求函数中的系数都是相同的，而在现实经济中，20世纪80年代以来发达国家先后出现了金融自由化，货币需求函数不再稳定，并且不同发展程度、不同制度的国家之间货币需求的主要决定因素及货币需求的表现形式也有所差别，这也使得货币分析法的成立受到质疑。

三、汇率决定的资产组合平衡论

（一）资产组合平衡论的基本内容

资产组合平衡论（portfolio balance approach of exchange rate）的理论渊源可以追溯到20世纪60年代麦金农（Mckinnon）和奥茨（Oates）的研究，以后经过许多经济学家的研究，形成了多种形式的资产组合理论。但通常人们认为，美国普林斯顿大学教授布朗森（W. Branson）于1975年和1977年的系统论述是资产组合分析模型的基础。后经霍尔特纳（H. Halttune）和梅森（P. Masson）等人的进一步修正，该理论更加完善。

资产组合平衡模型强调财富和资产组合平衡在汇率决定中的作用。所谓资产选择，是指投资人调整其有价证券和货币资产，从而选择一套收益和风险对比关系最佳的方案。该理论认为，投资者在财富一定的条件下，持有各种金融资产的比例取决于各种金融资产相对收益率的大小和预期汇率变化。均衡汇率是资产持有者自愿保持其现有的本币资产与外币资产的构成而不加以调整时的汇率。汇率波动的原因是投资者重建资产组合，各种外币资产的增减是投资者调整其外币资产比率的结果，这种调整会引起汇率的变化。货币分析法认为汇率是由两国相对货币供求所决定的，而资产组合平衡理论则认为汇率是由所有的金融资产存量结构平衡决定的。由于有价证券是投资者投资的一个庞大市场，而且有价证券与货币之间有较好的替代性，因此有价证券对货币的供求存量会产生很大的影响。

资产组合调整的过程，可分为两种不同类型的资产调整：一种是金融资产存量在短期内的迅速调整，从而使汇率在短期内产生较大幅度的波动；另一种是贸易流量在长期中的缓慢调整。当金融资产市场上利率、汇率达到短期均衡时，若存在经常账户赤字或盈余，那么通过经常账户余额与汇率相互作用的动态反馈机制，经济将由短期均衡向长期均衡状态调整。

资产存量的瞬间大幅度调整与贸易流量的缓慢而小幅度的变化形成鲜明对照。在金融资产市场上，由于利率、预期等因素的变动会对金融资产持有人的成本和收益造成重要影响，因而刺激资产持有人对各资产存量进行瞬间大幅度的调整，旨在迅速重建资产组合的均衡，这种调整不可避免地引起汇率在短期内产生较大幅度的波动。资产组合平衡论者认为，重建资产组合均衡正是汇率短期内大幅度且频繁波动的根本原因。而贸易流量的调整涉及生产结构、资源配置等因素，这些因素不可能在短期内达到调整目标。从长期看，贸易流量或实物市场的变化在汇率变动中占主导地位；而在较短时间内，汇率的变动则主要取决于金融资产存量的调整。这种观点可用来揭示短期内汇率变动偏离长期均衡汇率水平的现象。

（二）对资产组合平衡论的评价

从分析方法来看，资产组合平衡模型结合了存量分析和流量分析，并使长期分析与短期分析、凯恩斯主义和货币主义结合起来。首先，它将存量分析和流量分析很好地结合起来。它认为，汇率的均衡是在流量市场和存量市场上达成的。其次，它将长期分析和短期分析进一步结合起来。资本市场长期均衡是由短期均衡演化而来的，实际上是从资产结构的角度对黏性货币模型的进一步发展。最后，它将凯恩斯主义偏重于商品市场的考察与货币主义偏重货币市场的考虑有机结合起来，把汇率决定看成是由货币因素和实体因素诱发的资产调整和资产评价过程所共同决定的。

因此，资产组合平衡模型是更为一般的模型，它既区分了本国资产与外国资产的不完全替代性，又将经常账户这一流量因素纳入存量分析中，使得各种因素对汇率影响的综合程度提高，原有的各种理论能较好地融入这一模型。此外，资产组合平衡模型具有特殊的政策分析价值，尤其是它被广泛运用于对货币政策的分析当中。

但是资产组合平衡模型仍然存在着缺陷：①该模型属于比较静态分析，即在其他条件不变的情况下，考虑某一个因素的一次性变动所引起的调整过程和其对汇率的影响。②该理论存在许多假定条件，如金融市场高度发达，不存在外汇管制，资本具有高度的流动性等，这些假定过于严格。③这一理论在论述经常项目对汇率的影响时，认为这种影响只是通过"财富效应"以及由此而来的资产组合变动而产生的，这无疑是片面的。此外，商品市场的失衡如何影响汇率没有纳入其分析中。从某种意义上说，资产组合模型仍带有较多的货币主义特征，可以说是一个过渡性模型。资产组合平衡模型尽管在理论上是较为完美的，但对其检验却十分困难，该模型中的变量很难度量。

四、汇率决定理论的新发展

传统的汇率决定理论主要从宏观基本因素（如相对货币供应量、利率、物价水平、经济增长、内外资产的替代性和均衡价格的调整速度等）来解释汇率的决定和波动的，然而在现实经济中，却很难运用这些传统理论来预测国际金融市场上汇率的走势。大量的实证检验结果也表明，传统的汇率决定理论的解释能力十分低下，尤其对短期内的汇率变化，预测能力甚至连简单的随机游走模型都不如。面对这一困惑，20世纪80年代以来很多学者不断寻求对传统理论的突破，将汇率决定理论的发展推向了一个新的阶段。

（一）汇率决定的新闻模型

新闻模型是在资产市场宏观结构模型的基础上结合理性预期假说建立起来的，最早由Mussa（1979）提出，他将非预期的并且能够引起人们对汇率的预期值进行修改的新的信息统称为"新闻"，进而分析了"新闻"对汇率变动的影响。Mussa的新闻模型表明，未预见到的即期汇率的变化是由基本经济变量的"新闻"引起的。基于这一结论，任何新闻因素通过影响外汇市场上交易者的预期都能够及时有效地融入即期或远期汇率之中。由于即期汇率和远期汇率之间的时间内会有"新闻"因素的出现，从而可能导致远期汇率是将来即期汇率的有偏估计，这就可以用来解释外汇市场有效性检验失败的原因。而“新闻”因素不断进入外汇市场则可以在一定程度上解释汇率的频繁波动。另外，“新闻”的不可预见性意味着“新闻”的出现是一个随机游走过程，根据新闻模型，可以得到未预测到的即期汇率的变化也将是一个随机游走过程，这一结论又可以对即期汇率的路径近似地遵循随机游走这一经验规则给予解释。

尽管现有的新闻模型还很不完善，实证检验的结果也不能完全令人满意，但是人们在实际经济中常常能够感觉到意外的“新闻”信息对即期汇率的运动轨迹产生的影响，这就是新闻模型在理论上能令人信服的地方。

（二）理性投机泡沫模型

新闻模型根据未预料到的基本经济变量的变化来解释汇率的变动性，然而，外汇市场上有时会在基本经济变量没有很大变化的情况下出现暴涨和暴跌，这种现象既无法用汇率超调理论也无法用汇率的新闻模型来解释。于是，一些学者在理性预期的假设下对这种汇率现象进行了分析，诞生了汇率变动的理性投机泡沫模型。

理性投机泡沫模型所表达出的基本思想是：当期初的汇率相对于由基本因素所决定的水平有一个偏离，则产生一个泡沫的源头，理性预期下，市场参与者预期汇率将进一步偏离均衡水平，投资者之所以继续购买被高估的货币，是指望能够获得预期货币进一步升值带来的收益，并且能够赶在汇率最终回到由基本经济变量所决定的均衡值之前将货币卖出。在市场投机的推动下，泡沫随着汇率的快速上升而膨胀，投机者会在每一期结束前判断泡沫破灭的概率，汇率上升越高，泡沫破灭的概率越大，为了补偿增加的泡沫破灭风险，汇率必须以更快的速度上升，这又进一步推动了泡沫的膨胀。因此，理性投机泡沫理论得出了一个初期的偏离在理性预期的条件下会导致汇率理性泡沫的生成并进一步加速膨胀的结论。该理论提出后，很多学者对其进行了实证检验，Huang（1981）、Learney & MacDonald （1986）等以强有力的证据证明了理性泡沫的存在。

（三）汇率决定的混沌分析方法

自然科学中的混沌理论表明，运动的确定性并不等价于它的可预测性，确定性的运动能够产生出不可预测的貌似随机的行为。一些学者受此启发，认为汇率变化也是一个混沌过程，他们放弃了传统汇率理论理性预期的假设前提，代之以市场参与者异质性的假定，并试图通过混沌理论来模拟汇率的变动，从而诞生了汇率决定的混沌分析方法。最早将混沌理论应用于汇率行为研究的是比利时经济学家De Grauwe和Dewachter（1992，1993），他们开创性地提出了一个汇率决定的混沌货币模型。1993年，他们又和Mark Embrechts合作，对这一问题进行了系统和全面的研究，把汇率决定的混沌分析方法提升到了一个较高的研究水平。他们的模型表明，在假定市场参与者是异质的情况下，汇率有可能呈现混沌运动状态。

汇率决定的混沌分析方法把传统的汇率理论与现代混沌理论相结合，为今后关于汇率问题的理论和政策研究提供了一个可选择的意义深远的研究方向。

现实经济是复杂的，当前汇率决定理论仍在不断发展之中，仍有很多谜团尚未解开，应该说对于汇率如何决定这一问题的研究还有很长的路要走。但是，也正是理论与现实的差距不断调整着理论经济学家和计量经济学家研究和实证的视角，推动着汇率决定理论不断地向前发展，相信未来新的突破将对汇率决定问题给出更加全面和深刻的阐释。

拓展阅读

主要汇率决定理论的历史回顾

古典汇率决定理论　国际借贷说　（1861年）

购买力平价理论　（1918—1921年）

利率平价理论　（1923年）

汇兑心理说　（1927年）

现代汇率理论　货币论的汇率模型　（20世纪70年代）

弹性价格模型

黏性价格模型

资产组合平衡分析法

新闻模型　（20世纪70年代末）

投机泡沫理论 （20世纪70年代末至80年代中期）

混沌理论 （20世纪90年代）

巨无霸指数（Big Mac index）

1986年9月，英国的《经济学人》杂志对麦当劳快餐店的巨无霸汉堡包在世界各地的价格进行了广泛的调查。如果一价定律成立的话，巨无霸汉堡包在世界各地的美元价格应该相同，但调查结果却令人吃惊：巨无霸汉堡包在不同国家的价格换算成美元相差巨大，如在巴黎的售价比在纽约高出12%，而纽约的售价又比香港高出153%。该如何解释这一显著违背一价定律的现象呢？

《经济学人》杂志利用巨无霸汉堡包在各国的价格及各国货币兑换美元的汇率计算出巨无霸指数，每年公布一次。该指数在英语国家里衍生了Burgernomics（汉堡包经济学）一词。《经济学人》之所以选择巨无霸汉堡包，是因为它在多个国家均有供应，而且在各地的制作规格基本相同，这个指数计算简便且可以相对比较。2004年1月，《经济学人》又推出了Tall Latte index（中杯拿铁指数），计算原理相同，但巨无霸汉堡包被一杯星巴克咖啡所取代，标志着该连锁店的全球扩展；在1997年，该杂志也出版了一份“可口可乐地图”，用每个国家的人均可乐饮用量，比较国与国间的财富，该图显示可乐饮用量越多，国家就越富有。

本章小结

购买力平价理论源于货币数量学说，即正常的汇率取决于两国货币的购买力之比，而货币购买力又取决于货币的数量。根据购买力平价理论，汇率变动的过程通常是因为通货膨胀使价格上涨，而价格上涨必然导致汇率下跌。该理论认为汇率涨落的基本因素取决于货币数量的变动。

一价定律是指两个完全同质的商品必须具有相同的价格。如果相同的商品在不同的地方价格不同，就会存在套购的机会。人们会从价格低的地方购买该商品，再运到价格高的地方去卖，直至两地的该类商品价格一致，套购活动才会停止。这就是一价定律。

绝对购买力平价是购买力平价理论最典型的形式。其基本观点是，一国货币的价值及对它的需求是由单位货币在国内所能买到的商品和劳务的量决定的，即由它的购买力决定的，因此两国货币之间的汇率可以表示为两国货币的购买力之比。

相对购买力平价是指两国货币的汇率水平将根据两国通货膨胀率的差异而进行相应调整。

利率平价理论认为，两国货币的即期汇率与远期汇率之间的关系与两国的利率有着密切的联系，国与国之间的利差导致资本的国际流动，其对汇率，尤其是对短期汇率具有决定性的作用。两国利率之差引起的投资收益的差异，会促使投资者进行套利活动，其结果是使远期汇率趋近于某一特定的均衡水平。

现代国际收支理论认为，在分析汇率决定时，可以从两方面对国际借贷说加以修正和改进。一是将国际资本流动纳入汇率决定的分析当中；二是进一步应用贸易收支和国际资本流动的有关理论来探讨深层次的汇率决定因素。

弹性价格模型（flexible-price monetary model），亦被称为“国际货币主义的汇率模式”或“货币供求说”，它是由美国经济学家约翰逊（H.G.Johnson）、蒙代尔（R.A.Mundell）等于20世纪70年代初创立的一种汇率理论。该理论认为汇率变动是一种货币现象，强调货币市场上货币供给对汇率的决定性作用。

黏性价格模型（sticky-price monetary model）也被称为汇率的“超调模型（overshooting model）”，是由美国经济学家多恩布什（R. Dornbusch）在1976年提出的。多恩布什承认弹性价格模型中货币市场均衡在汇率决定中的作用，接受从长期来看购买力平价成立的观点，但他认为，从短期来看，货币市场与商品市场对外部冲击的调整速度是存在差异的，汇率对冲击的反应较快，几乎是即刻完成的，而商品价格的反应较慢，呈黏性状态。

关键概念

购买力平价、绝对购买力平价、相对购买力平价、利率平价、非抛补的利率平价、抛补的利率平价

综合训练

一、单项选择题

1. 国际贸易中，一价定律实现的机制是（　　）。

A. 两国同种产品成本一样　　B. 政府规定

C. 商品套购　　D. 不确定

2. 相对购买力平价理论认为A、B两国汇率从0时刻到t时刻的变动率为（　　）。

A. Pat/Pbt　　B. Pat—Pbt

C. πa—πb　　D. πa/πb

3. 根据利率平价理论，利率高的货币远期（　　）。

A. 升水　　B. 贴水

C. 平水　　D. 汇水

4. 国际借贷说认为，只有（　　）的变化才会影响外汇供求。

A. 流动借贷　　B. 固定借贷

C. 商品输出输入　　D. 资本交易

5. 国际收支理论认为，当本国收入上升时，本币会（　　）。

A. 升值　　B. 贬值

C. 不变　　D. 先升值后贬值

6. 汇率决定的资产市场理论不包括（　　）。

A. 弹性价格模型　　B. 黏性价格模型

C. 资产组合平衡论　　D. 汇兑心理说

二、多项选择题

1. 一价定律的假设前提包括（　　）。

A. 商品同质　　B. 价格灵活

C. 不存在管制和交易成本　　D. 商品生产成本相同

E. 汇率稳定

2. 以下说法正确的有（　　）。

A. 一价定律成立，则绝对购买力平价一定成立

B. 绝对购买力平价成立，则一价定律不一定对每种商品都成立

C. 绝对购买力平价成立，则相对购买力平价一定成立

D.相对购买力平价成立，则绝对购买力平价不一定成立

E.一价定律、绝对购买力平价、相对购买力平价在任何时候都成立

3.抛补的利率平价的假设条件包括（　　）。

A.购买力平价成立

B.市场上存在充足的套利资金

C.汇率自有浮动、信息充分有效

D.不存在交易成本

E.不存在资本管制

4.汇率决定的货币分析法包括（　　）。

A.新闻模型

B.理性投机泡沫模型

C.弹性价格模型

D.黏性价格模型

E.混沌模型

三、思考题

1.简述购买力平价理论的基本内容。

2.利率平价理论的内容包括哪些?

3.国际收支理论如何解释汇率决定的问题?

第二篇　实务篇

第五章

外汇市场与外汇交易

引例

据国家外汇管理局的统计数据显示，2013年人民币外汇市场累计成交11.2万亿美元，比2012年同比增长22.5%。其中，银行对客户市场和银行间外汇市场分别成交3.72万亿美元和7.53万亿美元。其中即期交易累计成交7.09万亿美元，较上年增长15.3%，但值得注意的是，即期交易在外汇市场交易总量中的比重降至历史新低的63%。与即期相比，远期外汇交易大幅增长。2013年，远期外汇市场累计成交6 045亿美元，较上年增长34.1%，增幅远远超过即期；另外，外汇和货币掉期交易大幅增长，2013年，外汇和货币掉期市场累计成交3.48万亿美元，较上年增长36.4%，其中银行间外汇和货币掉期市场累计成交3.4万亿美元，增长34.8%。另外，外汇期权市场交易也非常活跃，2013年，期权市场累计成交732亿美元，较上年增长1.3倍，从增速来看，人民币期权已经成为增长最快的外汇衍生产品，而且从市场分布而言，银行对客户市场累计成交514亿美元，增长80.4%，以企业办理期权组合业务为主，占87.9%，单纯买入期权较少；银行间期权市场累计成交218亿美元，增长5.5倍。

外汇市场是进行外币和以外币计价的票据及有价证券买卖的市场，是金融市场的重要组成部分。通过本章的学习，希望同学们可以了解外汇市场的构成、功能以及运作机制；掌握各种外汇交易方式的概念和作用，重点掌握远期汇率的报价方法及其计算，领会远期汇率与利率的关系。掌握汇率折算及其在进出口业务中的应用。

第一节　外汇市场概述

一、外汇与汇率

（一）外汇

世界各国大都有自己独立的货币和货币体系，但各国货币相互之间很难直接流通使用，因此，国家间债权债务的清偿和人们对他国货币的需求必然产生国家间的货币兑换，因此产生外汇和汇率的概念。通常来讲，外汇主要包括以外币表示的银行汇票、支票、银行存款等。

（二）汇率

汇率就是两种货币之间的折算比率，也就是以一国货币表示另一国货币的价格。如前所述，汇率的表达方式有两种：直接标价法和间接标价法。直接标价法是以一定单位的外国货币为标准来折算应付若干单位的本国货币的汇率标价法，又称应付标价法。间接标价法是以一定单位的本国货币为标准来折算应收若干单位的外国货币的标价法，又称应收标价法。可以看出，在直接标价法下，汇率的数值越大，意味着本国货币币值越低；在间接标价法下，这一关系则正好相反。

二、外汇市场的含义和功能

外汇市场（foreign exchange market）是指从事外汇买卖的交易场所或交易网络，是国际金融市场重要的组成部分。与普通商品买卖不同，外汇买卖实际上是货币兑换行为，即把一国货币兑换成另一国货币。

外汇市场是世界上最大的交易市场，全球外汇交易额远远超过贸易额。由于全球各金融中心的地理位置不同，因时差关系，世界上主要的外汇市场此开彼关，使得外汇交易可以在全球范围内24小时连续不间断地进行。伦敦和纽约是世界上最大的两个外汇市场，在所有外汇市场中起主导地位，而外汇市场上交易最为活跃的币种有美元、欧元、日元和英镑。外汇市场的主要功能有以下几点：

1.外汇买卖的场所

如同其他商品市场一样，外汇市场为外汇这一特殊商品提供了一个集中交易的场所。外汇市场为外汇交易的双方寻找交易对象和发现交易价格节约了交易成本，提高了外汇市场的交易效率。

2.调节外汇的供求

外汇市场不仅为外汇买卖双方提供了交易场所，而且外汇市场上汇率的变化对外汇的供求起着调节作用。任何外汇供求的失衡都会引起外汇价格（汇率）的相应变动，而价格的变动又反过来影响外汇供求的变动，进而使外汇供求的失衡得以调节。

3.保值与投机的场所

外汇市场为试图避免外汇风险的交易者提供保值的场所。交易者可以在外汇市场上从事套期保值、掉期交易等外汇交易以避免外汇风险。同样，外汇市场也为那些希望从汇率波动中获取收益的投机活动提供了可能。

三、外汇市场的分类

（一）按其组织方式，外汇市场可分为柜台市场和交易所市场

外汇柜台市场，是一种无固定场所及无固定开盘和收盘时间的外汇市场。外汇交易所市场，也称有形市场，即有固定的交易场所和交易时间限制的市场。

（二）按参加者的不同，外汇市场又可分为零售市场和批发市场

外汇零售市场是由外汇银行与个人及公司客户之间的交易构成的外汇市场。外汇批发市场则是由外汇银行同业间的买卖外汇活动构成的，成交额巨大。

（三）按政府对市场交易的干预程度不同，外汇市场又可分为官方外汇市场、自由外汇市场和外汇黑市

官方外汇市场是指受所在国政府控制，按照中央银行或外汇管理机构规定的官方汇率进行交易的外汇市场。自由外汇市场是指不受政府控

制的外汇市场。

相对自由外汇市场而言，官方外汇市场有以下特点：

（1）对外汇市场交易的参与者有资格限制，即对市场准入的管制。

（2）对外汇市场交易的对象有所限制，即对市场交易的货币品种进行限制。

（3）对市场的汇率进行控制，不允许无限制地波动。控制的方式包括：实行固定汇率制；只允许在一定幅度内波动，或者是暂停交易；中央银行吞吐外汇，以平抑汇率的波动。

（4）对外汇的用途有一定的限制。一般只允许进行与国际贸易活动相联系的外汇买卖，如国家批准的进口及出口后必须进行的结售汇等。用于投机活动的外汇买卖，是受到严格限制的，甚至称其为非法行为而被禁止。

（5）对每笔外汇交易的金额有一定的限制。

外汇黑市是指非法进行外汇买卖的市场。外汇黑市的主要特点是：第一，是在政府限制或法律禁止外汇交易的条件下产生的；第二，交易过程具有非公开性。

由于发展中国家大多执行外汇管制政策，不允许自由外汇市场存在，所以这些国家的外汇黑市比较普遍。

（四）按外汇买卖交割期的不同，外汇市场又可分为现货市场和期货市场

现货市场一般是指外汇交易协议达成后，必须在数日内交割清算的市场。期货市场则是指外汇交易的双方购买或销售一种标准的外汇买卖契约，交易现在完成，而在未来某一规定的日期进行交割，交割时是按交易时约定的汇率，而不是交割时的市场汇率。

第二节　外汇市场运作

与其他金融市场一样，了解外汇市场的主体（参与者）及其关系十分重要。

一、参与主体

（一）外汇银行

在外汇交易过程中，外汇银行充当着重要角色。许多外汇银行拥有遍布全球的机构和网络，承担着绝大部分的跨国资金调拨、借贷以及国际收支结算等多种任务，因而在外汇交易中发挥着核心作用。在外汇市场上，外汇银行的交易主要包括两个方面：一是受客户委托从事外汇买卖，主要获取代理佣金或交易手续费；二是以自己的账户直接进行外汇交易，以调整自己的外汇头寸，其目的是减少外汇头寸可能遭受的风险，以及获得买卖外汇的差价收入。外汇银行是外汇市场上最重要的参与者，所进行的外汇交易额占外汇交易的绝大部分，是决定外汇市场供求的主要力量。

（二）中央银行

各国中央银行也是外汇市场的重要参加者，它代表政府对外汇市场进行干预。一方面，中央银行以外汇市场管理者的身份，通过制定法律、法规和政策措施，对外汇市场进行监督、控制和引导，保证外汇市场上的交易有序进行；另一方面，中央银行直接参与外汇市场的交易，主要是依据国家货币政策的需要主动买进或卖出外汇。中央银行的外汇买卖活动实际上充当外汇市场的最后交易者，即因汇率不能充分调整（即达不到均衡汇率的水平）而导致的外汇超额供给或需求都由中央银行购进或出售，进而维持外汇市场的稳定。

（三）外汇经纪人

外汇经纪人是指为外汇交易双方介绍交易以获取佣金的中间商人，主要任务是利用其掌握的外汇市场各种行情和与银行的密切关系，向外汇买卖双方提供信息，以促进外汇交易的顺利进行。外汇经纪人一般有三类：①一般经纪人，即那些既充当外汇交易的中介又亲自参与外汇买卖以赚取利润者；②跑街经纪人，即那些本身不参加外汇买卖而只充当中介赚取佣金的经纪人；③经纪公司，指那些资本实力较为雄厚，既充当商业银行之间外汇买卖的中介又从事外汇买卖业务的公司。

（四）非银行客户及个人

非银行客户及个人主要是指因从事国际贸易、投资及其他国际经济活动而出售或购买外汇的非银行客户及个人。他们有的是为了实施某项经济交易而买卖外汇，如经营进出口业务的国际贸易商、到外国投资的跨国公司、发行国际债券或筹措外币贷款的国内企业等，有的是赚取风险利润的外汇投机者。除此之外还有其他零星的外汇供求者，如国际旅游、留学生、汇出或收入侨汇者等。

二、外汇市场的交易层次

（一）银行与客户之间的外汇交易

由外汇银行与顾客之间的外汇交易而形成的市场，又称为“零售外汇市场”。银行一方面从顾客手中买入外汇，另一方面又将外汇卖给顾客，从而成为外汇需求者和外汇供给者的中介。

在外汇市场中，凡是与外汇银行有外汇交易关系的企业和私人客户都是外汇银行的顾客，包括进出口商、投资者、投机者，以及其他一些与贸易收支无关的外汇供求者（如留学生、旅游者、侨居者等）。顾客在外汇市场中的作用仅次于外汇银行，他们往往出于各种各样的目的而向外汇银行买卖外汇。根据交易目的的不同，可以将顾客分为三类：第一类是交易性顾客，他们一般是为了满足贸易、投资等实际交易需要而买卖外汇，通常是在外汇市场上将通过各种渠道获得的外汇收入卖给外汇银行以换取本币，或者是在外汇市场上用本币向外汇银行购买外汇，用以进行对外支付，主要包括进出口商、国际投资者、旅游者等；第二类是保值性顾客，他们主要是为了降低汇率波动对外汇资产或负债造成的损失而向外汇银行买卖外汇；第三类是投机性顾客，他们向外汇银行买卖外汇，既不是为了满足实际贸易、投资等需要，也不是为了保值的需要，而是为了获取汇率变动带来的差价利润。

（二）银行同业间的外汇交易

银行同业市场是指外汇银行与外汇银行之间进行外汇交易而形成的市场。外汇银行是外汇市场的主要参与者，它们之间的外汇交易主要是为了弥补与客户交易而产生的买卖差额，因为在与客户的外汇交易中，银行难免会在营业日内出现外汇头寸的“多头”（long position，即外汇买入额超过卖出额）或“空头”（short position，即外汇卖出额超过买入额）。为了避免外汇汇率变动的风险，银行需要及时调整外汇头寸。

借助同业间的外汇交易，银行可以及时调拨外汇头寸，以轧平外汇头寸，即抛出多头、补进空头。除了调整头寸的需要外，银行出于套利、套汇、投机等目的，也会进行同业间的外汇交易。由于银行同业间的交易规模比较大，所以银行同业市场也被称为“批发外汇市场”。

银行同业间的外汇买卖差价一般要低于银行与顾客之间的买卖差价，原因在于银行之间的交易金额都比较大，通常每笔都在100万美元以上，多者超过1 000万美元，所以尽管买卖差价较小，但是银行仍可以通过“薄利多销”获取可观的收入。在外汇市场的交易中，银行同业间的外汇交易通常要占外汇交易总额的90%左右。正因如此，银行同业市场基本集中了外汇市场的供求流量，从而决定着外汇汇率的高低。

（三）外汇银行与中央银行间的外汇交易

中央银行也是外汇市场的重要参与者，但其参与外汇市场交易的目的不同于外汇银行及其他顾客。中央银行参与外汇交易主要是为了干预外汇市场，以保持本币汇率的相对稳定，维护外汇市场的正常运行。当本币汇率过高时，中央银行通过向外汇银行购进外汇，以增加市场对外汇的需求量，从而促使外汇汇率上升、本币汇率下跌；反之，当本币汇率大幅度下跌时，中央银行则通过出售外汇，促使外汇汇率下跌、本币汇率上升。此外，中央银行出于管理外汇储备的需要，也常常要通过外汇银行进行外汇买卖，以调整储备货币的结构。

中央银行实际上也是外汇市场的领导者，因为它们经常要对外汇市场进行干预，为此要时常进入市场买卖外汇，并且在汇率波动剧烈时，要大量买进或卖出外汇，以影响汇率的走势。所以在一定的条件下，中央银行对外汇市场的影响甚至超过了外汇银行。

第三节　传统外汇交易形式

传统外汇交易形式，是指20世纪70年代以前外汇市场上普遍采用的外汇交易形式。这些外汇交易形式主要有即期外汇交易、远期外汇交易、掉期交易、套汇交易和套利交易。

一、即期外汇交易

（一）即期外汇交易的概念

即期外汇交易（spot exchange transaction），又称现汇交易，是指外汇买卖双方以当天外汇市场价格成交后，并在当天或两个营业日内进行交割的外汇交易方式。成交汇率称为即期汇率（spot rate）。

与即期交易相关的若干概念如下：

1.交割

交割是指交易双方进行货币的清算。交割通常表现为交易双方分别按照对方的要求将卖出的货币转划进买方指定的银行账户。双方实现货币收付的那一天叫“交割日”，亦称为“起息日”（value date）。

进行即期外汇交易并不意味着立即进行交割，只要在成交后的2个营业日内完成外汇的交割就属于即期交易。这实际上意味着即期外汇交易的交割有三种情况：“T+0”交割（value today），即外汇买卖双方在成交的当天进行交割；“T+1”交割（value tomorrow），即外汇买卖双方在成交后的第一个营业日进行交割；“T+2”交割（value spot），即外汇买卖双方在成交后的第二个营业日进行交割。目前，在世界一些主要的外汇市场上基本都采用“T+2”交割。

2.营业日

营业日是指两个清算国的银行均开门营业的日子，以保证交易双方同时完成货币的收付，避免其中任何一方承担信用风险或利息损失。若其中任何一国遇到节假日，交割日按节假日天数顺延。

即期外汇交易尽管是在两个营业日内进行交割，但对于交易者来说仍存在外汇风险，因为交割银行所处时区的不同会导致交割时间的不同。例如，香港的银行与伦敦的银行进行的即期外汇交易，虽然交割日都在同一天，但伦敦银行可以比香港银行至少晚8个小时划转交易的货币。这也就意味着当香港银行在交割日划转出所售货币后，却可能因伦敦银行破产而无法收进所购货币。

3.基本点

基本点简称为“点”，是表示汇率的基本单位。一般情况下，一个基本点为万分之一货币单位，相当于小数点后的第四个单位数，即

0.0001。极少数货币因为数字较大，基本点有些不同。例如，日元的价格变动的基本点为0.01单位。再如，欧元/美元即期汇率是1.3260，而美元/日元则为98.06。

（二）即期外汇交易的基本程序

即期外汇交易一般成交金额较大，且交易时间很短，交易各方一般要按照一定的程序来进行外汇买卖。

1.询价

当一家银行的外汇交易部门接到顾客的委托，要求代为买卖外汇，或银行自身要调整外汇头寸而买卖外汇时，交易员首先要通过电话或电传向其他银行进行询价，询价时通常要自报家门，询问有关货币的即期汇率的买入价、卖出价。询问的内容应简洁、完整，包括币种、金额(有时还要包括交割日)。此外，询价时不要透露出自己是想买进还是想卖出，否则对方可能会抬价或压价。

2.报价

当一家银行的外汇交易部门接到询价时，一般要求给予答复，即报价。报价是外汇交易的关键环节，因为报价合理与否关系到外汇买卖是否能成交。报价时，银行要同时报出买价和卖价，并且通常只报出交易汇率的最后两位数。例如，美元兑瑞士法郎汇率为0.9293/0.9294，银行只需报“93/94”。报价时必须遵守“一言为定”原则，只要询价方愿意按报价进行交易，报价行就要承担按此报价成交的责任，不得反悔或变更。

报价是即期外汇交易的关键环节，外汇银行在报价时应遵循一定的惯例：

（1）采用美元标价法

所有在外汇市场上交易的货币，除有特别说明的以外，都以美元作为标准来报价。当交易员向某行询问日元以及瑞士法郎的汇价时，银行报出的是美元兑日元和美元兑瑞士法郎的汇价，若要知道日元兑瑞士法郎的汇价，一般是通过美元进行套算。

（2）采用双向报价，即同时报出买价和卖价

报价排列形式是“前小后大”，直接标价法下的顺序是买入价/卖出价；在间接标价法下的顺序是卖出价/买入价。

（3）通过电话、电传等报价时，报价银行一般只报汇率的最后两位数字

汇率的标价通常为5位有效数字，由于外汇交易人员对各种货币对美元的汇率很清楚，银行间报价时，只报最后两位数字。比如，英镑兑美元的汇率为GBP1=USD1.5224—1.5234，交易员只报24/34即可。

3.成交

当报价行报出买卖价后，询价方要立即作出答复，是买进还是卖出，以及买或卖的货币金额。若不满意报价，询价方可回答“Thanks. Nothing”，表示谢绝交易，此时报价便对双方无效。

4.确认

在报价行作出交易承诺之后，通常是回答“Ok.Done”，交易双方还应将买卖的货币、汇率、金额、起息日期以及结算方法等交易细节再相互证实或确认一遍。

5.结算

这是即期外汇交易过程中的最后一个环节，即在双方交易员将交易的文字记录提交交易后台后，由后者根据交易要求指示其代理行将卖出的货币划入对方指定的银行账户。银行间的收付款即各种货币的结算是利用SWIFT电讯系统，通过交易双方的代理行或分行进行，最终以有关交易货币的银行存款的增减或划拨为标志。

二、远期外汇交易

（一）远期外汇交易概述

远期外汇交易（forward transaction），也称期汇交易，是指外汇买卖双方先签订合同，约定买卖外汇的币种、数额、汇率和将来交割的日期，但是当时并不实际进行交付，而是到规定的交割日期再按合同办理交割。

对远期外汇交易的理解应注意以下几点：

1.在远期外汇交易中，交易双方必须订立远期合约

远期合约要详细载明买卖双方的姓名、商号、币种、金额、汇价、远期期限及交割日等。合约一经签订，双方必须按期履行，不能任意违约。若有一方在交割期以前要求取消合约，由此而遭受损失的一方可向

取消合约方索取赔偿金。

2.远期期限

远期外汇交易的期限有长有短，常见的有1个月、2个月、3个月、6个月和1年，最常见的是3个月期限的远期外汇交易。以上期限的交易称为标准期限的交易，除此以外的远期交易日期则称为不规则日期。个别可达1年以上，称为超远期。

3.交割日的确定

远期外汇交易中交割日的确定主要有两种情况：一是固定交割日，即交易双方成交时约定交割日期，一般是按成交日期加相应月数确定交割日。例如7月15日的一笔3个月期的外汇交易，其交割日期则为10月15日。但若遇交割日为交割银行休假日，则向后延至下一个营业日；但如果交割日是在月底且正好是交割银行的休假日，则交割日提前一天。二是非固定交割日，亦称为择期外汇交易。即买卖双方可以在约定期限内的任何一个营业日办理交割。如上例，签约日为7月15日，则交割日可以是7月18日至10月15日期间的任何一个营业日。

（二）远期汇率的报价

在远期外汇交易中使用的汇率是远期汇率（forward rate）。远期汇率以即期汇率为基础，受相关两种货币利率差异影响而确定。即期汇率与远期汇率之间必然存在差额，称为远期差价或远期汇水，包括升水、贴水和平价三种情况。

远期汇率的报价可以采用两种方法：

1.直接标明远期汇率

直接报出远期汇率的具体数字，采用这种方法的国家有日本、瑞士等少数国家。例如，东京外汇市场上美元兑日元1个月的远期汇率为97.91/98.91。

2.差价报价

外汇银行只公布即期汇率而不直接公布远期汇率，远期汇率是在即期汇率的基础上，通过远期外汇与即期汇率的差价来表示的。

差价报价法可以直接用升、贴水表示，即报出升贴水数，然后在即期汇率上加减升贴水数得出远期汇率。英国、德国、美国和法国等国家采用这种方法。

由于汇率的标价方法不同，计算远期汇率的方法也不同：

在直接标价法下：

远期汇率=即期汇率+升水

远期汇率=即期汇率-贴水

在间接标价法下：

远期汇率=即期汇率-升水

远期汇率=即期汇率+贴水

例如，某日在伦敦外汇市场上美元的即期汇率为GBP1=USD1.5147—1.5167，3个月远期美元升水0.35-0.32美分，则3个月远期美元汇率应由即期汇率减去升水数，即：

即期汇率　　1.5147—1.5167

美元升水　　0.0035—0.0032

远期汇率　　1.5112—1.5135

另一种差价报价法，是用“点数”来表示。外汇银行在报价时，只报出远期汇率升、贴水的点数，而且并不说明是升水还是贴水。所报出的点数有两栏数字，分别代表买入价与卖出价变动的点数。

例如，某日中国外汇市场报价：USD/CAD

即期汇率：　　1.0324—1.0340

1个月远期：　　10—15

3个月远期：　　35—25

6个月远期：　　55—40

此时，远期汇率的计算首先要判断升贴水。当买价变动小于卖价变动时，即为升水；当买价变动大于卖价变动时，即为贴水。我们知道，不同标价法下买卖价格位置不同，直接标价法下前面是买价，后面是卖价；间接标价法下前面是卖价，后面是买价。经过归纳，我们可以得出计算远期汇率的一个规则：不管是什么标价法，如果远期汇率点数顺序是前小后大，就用加法；如果是前大后小，就用减法，即“前小后大往上加，前大后小往下减”。

根据这一计算规则，可得出上例中银行所报出的美元远期汇率：

即期汇率：　　1.0324—1.0340

1个月远期：　　1.0334—1.0355

3个月远期：　　1.0289—1.0315

6个月远期：　　1.0269—1.0300

（三）远期外汇交易的应用

1.出口商出口收汇保值

出口商发出出口货物后，往往要在一段时间后才能收到对方用外币支付的货款。如果日后收到货款时该种外币出现贬值，那么出口商就会遭受损失。为避免这一风险，出口商在出口货物时可通过做一笔卖出远期外汇的交易对其出口收益进行保值。

【例5-1】2013年7月末，国内某出口商与美国某公司签订了一笔价值为100万美元的出口合同，约定1个月后收款。由于预期人民币兑美元会继续升值，该出口商将面临汇率风险。当天中国银行报价如下：即期汇率USD/CNY为6.1289—6.1290，1个月远期差价为25/15。问：该出口商如何运用远期外汇交易避险？该出口商的成交价为多少？若1个月后人民币兑美元即期汇率升到6.1200，该出口商通过远期外汇交易避免了多少损失？

解：该出口商可通过出售1个月远期美元来防止美元汇率下跌的风险。

该出口商的成交价为1美元=6.1264元人民币（6.1289-0.0025）。

尽管1个月后出口商收到100万美元时美元兑人民币即期汇率跌至6.1200，但由于该出口商已远期结汇，仍可以按远期价格6.1264卖出100万美元，收入6 126 400元人民币，避免损失6 400元人民币（6 126 400-1 000 000×6.1200）。

2.进口商付汇保值

进口商从国外进口商品，往往需要用外币支付货款，而且通常要等到收到进口货物后才支付款项。这样就使进口商面临着外汇风险，一旦付款日外币的市场即期汇率出现上升，那么进口商购买一定量的外汇就需支付更多的本币。为避免这一风险，进口商可通过做一笔买进期汇的远期交易，以固定进口成本。

【例5-2】某港商从美国进口了一批设备，需在2个月后支付

5 000 000美元。为避免2个月后美元汇率上升而增加进口成本，港商决定买进2个月期的5 000 000美元。假设签约时，美元/港元的即期汇率为7.7750/60，2个月的远期差价为15/25。如果付款日市场即期汇率为7.7880/90，那么在不考虑交易费用的情况下港商不做远期交易会受到什么影响？

解：港商买进2个月期的5 000 000美元，预期支付的港元为：

5 000 000×(7.7760+0.0025)=38 892 500(港元)

港商在付款日买进5 000 000美元现汇需支付的港元为：

5 000 000×7.7890=38 945 000(港元)

港商若不做远期交易将多支付52 500港元(38 945 000-38 892 500)。

3.投机性远期外汇交易

投机性远期外汇交易是投机者基于预期未来某一时点市场上的即期汇率与目前市场上的远期汇率不一致而进行的远期外汇交易。利用远期外汇交易进行投机有“买空”和“卖空”两种基本形式。

买空（buy long）的投机是基于外汇即期汇率将要上升的预期。如果远期合约到期时市场即期汇率果然上升，则合约持有者可以用约定价格交割远期合约，然后将外汇转到现汇市场上以高于买入价卖出，获取利差。该收益扣除用于买空的一些交易费用，便是投机利润。当然，若市场汇率的变动与投机者的预期相反，投机者则会遭受损失。

【例5 3】假设某日东京外汇市场上美元/日元的6个月远期汇率为98.10/20。某投机商预期半年后美元/日元的即期汇率将为99.50/60。若预期准确，在不考虑其他费用的情况，该投机商买入6个月的1 000 000美元，可获多少投机利润？

解：投机商买入6个月的1 000 000美元预期支付的日元为：

1 000 000×98.20=98 200 000(日元)

投机商半年后在即期市场上卖出1 000 000美元现汇可收进的日元为：

1 000 000×99.50=99 500 000(日元)

投机获利的日元为：

99 500 000-98 200 000=1 300 000(日元)

同理，卖空（sell short）是投机者基于对外汇即期汇率将会下跌的预期而在市场上卖出远期外汇的一种投机活动。若到交割日市场即期汇率低于远期合约协定的汇率，投机者便可在现汇市场上买进即期外汇来交割远期合约，从而获取投机利润。

（四）远期汇率的决定

在远期外汇交易中，外汇银行报出的远期汇率的升、贴水的依据是什么呢？假定美元的年利率为5%，而在德国，欧元的存款利率为2%，两国利差为3个百分点。如果客户向银行用美元购买3个月远期欧元，银行便按照即期汇率用美元买入欧元，将欧元存放于银行以备3个月后交割。这样，银行就要放弃美元的高利息，显然银行不会承担这部分损失，它会把这个因素打入欧元的汇价，从而将损失转嫁到客户头上。因此，远期欧元就要比即期的贵，即远期欧元升水。

由此我们可以得出这样一个结论：两种货币的利差是决定它们远期汇率的基础，利率高的货币，远期汇率会贴水；利率低的货币，其远期汇率会升水。而根据利率平价理论，我们可以用比较简单近似的公式来进行计算：

$$\text{升水（或贴水）数字} = \text{即期汇率} \times \text{两种货币的利差} \times \frac{\text{月数}}{12}$$

在正常情况下，两种货币的利率差是决定货币升、贴水及其数值大小的主要因素，但不是唯一因素。国际政治经济形势、货币国的经济政策、中央银行对外汇市场的干预措施等都会不同程度地影响货币的远期汇率。

三、套汇（arbitrage transaction）

所谓套汇交易，是指在不同的时间（交割期限）、不同的地点（外汇市场）利用汇率或利率上的差异进行外汇买卖，以防范汇率风险和牟取套汇收益的外汇交易活动。

套汇的种类有地点套汇、时间套汇和利息套汇。地点套汇（space arbitrage），即利用不同外汇市场上的汇率差异而进行的外汇买卖；时间套汇就是后面讲到的掉期交易；利息套汇又叫套利。

我们提到的套汇一般是指地点套汇，地点套汇的形式主要有直接套汇和间接套汇两种。

(一) 直接套汇 (direct arbitrage)

直接套汇，又叫两角套汇或两地套汇，是指利用某种货币在两个不同地点的外汇市场上同一时间所存在的汇率差异，对同一种货币进行低买高卖，从中赚取差价收益。

【例 5-4】在某一时刻，纽约外汇市场和东京外汇市场上美元兑日元的汇率如下：

纽约 USD/JPY=99.56—99.80

东京 USD/JPY=100.00—100.20

可见美元在纽约市场上比东京市场上便宜，投资者此时可通过如下套汇获利：

在纽约市场上按照USD/JPY=99.80的价格买入1美元；同时在东京市场上按照USD/JPY=100.00的价格卖出1美元，获得100.00日元。这样在不考虑交易费用的情况下每1美元可以得到20点位日元的差价收益。若投资者以100万美元套汇，则可得20万日元收益。

上述套汇活动可以一直进行下去，直到美元与日元两地汇差消失或接近。当然，套汇业务要产生电传费用、佣金等支出，因此套汇利润必须大于套汇费用，否则套汇无利可图。

(二) 间接套汇 (indirect arbitrage)

间接套汇又称三角套汇，是指套汇人利用三个不同地点的外汇市场在同一时间的汇率差异，同时在三地市场上贱买贵卖进行的套汇。

进行间接套汇首先要判断三地市场上是否存在套汇机会，一般来说我们假定在一个市场上投入1单位货币，经过市场中介，收入的货币不等于1单位，就说明三个市场汇率存在差异。因此简单的判别方法是：首先将各个外汇市场上的汇率都变成直接标价法，然后将每个市场的汇率进行连乘。其次，如果结果等于1，说明没有套汇获利机会；如果结果大于1，这表明可以套汇，而且得出连乘算式的买卖顺序即为套汇顺序；如果结果小于1，仍表明可以套汇，只是以得出连乘算式的买卖顺序作为套汇顺序有误，可以反方向进行套汇。

【例 5-5】在某日的同一时间，法兰克福、伦敦、纽约三地外汇市场的现汇行情如下：

法兰克福　1英镑=1.1510—1.1530欧元

纽约　1欧元=1.3513—1.3530美元

伦敦　1英镑=1.5117—1.5130美元

套汇过程如下：

（1）换成直接标价法。

法兰克福　1英镑=1.1510—1.1530欧元

纽约　1欧元=1.3513—1.3530美元

伦敦　1美元=1/1.5130—1/1.5117英镑

（2）假设以欧元作为套汇货币，先从法兰克福市场卖出英镑收进欧元，然后在纽约市场卖出欧元换回美元，最后在伦敦市场卖出美元换回英镑，连乘算式为：

1.1510×1.3513×（1/1.5130）=1.0280 >1

因此存在套利机会，且方向正确。

（3）套汇过程。

法兰克福　卖出1万英镑，收入11 510欧元。

纽约　卖出11 510欧元，收入11 510×1.3513=15 553.463（美元）。

伦敦　卖出15 553.463美元，收入15 553.463/1.5130=10 279.881（英镑）。

因此本次套汇过程可获利279.881英镑（10 279.881-10 000）。

如果上例中连乘算式的结果小于1，表明先从法兰克福市场卖出英镑有误，而应该转为先从伦敦市场卖出英镑，仍可获利。

四、套利（interest arbitrage）

所谓套利，又称利息套汇，是指投资者根据两国市场短期利率的差异，将资金从利率较低的国家调往利率较高的国家，以赚取利差收益的一种行为。由于在套利活动中往往涉及货币的交易，因此将其视为因转移资金而派生出来的一种外汇交易。

根据是否对套利交易所涉及的汇率风险进行抵补，套利可分为非抵补套利和抵补套利。

（一）非抵补套利（uncovered interest arbitrage）

非抵补套利是指投资者单纯根据两国市场利率的差异，将资金从低利率货币转向高利率货币，而不同时进行反方向交易轧平头寸。

【例5-6】假设4月初美国的3个月国库券利率为2%，而英国3个月国库券利率为6%，英镑与美元的即期汇率为1英镑= 1.50美元。为谋取利差收益，某投资者欲将150万美元转到英国投资半年。如果半年后汇率没有发生变动，该投资者的套利情况如何?

（1）如果没有套利，该投资者在美国购买3个月国库券，3个月到期后本利和为：

150×（1+2%×1/4）=150.75（万美元）

（2）4月初将150万美元换成英镑：

150/1.5=100（万英镑）

将100万英镑在英国购买国库券，3个月到期后本利和为：

100×（1+6%×1/4）=101.5（万英镑）

将英镑投资本利和换回美元，投资者可得152.25万美元（101.5×1.5），1.5万美元（152.25-150.75）为套利所得。

但是，该例中的套利活动并未考虑汇率变动的风险，所以对该投资者而言收益是不确定的，如果半年后英镑汇率出现下跌，那么套利收益就会受到损失。因此，投资者在进行套利时往往需要结合一些外汇交易手段，以避免外汇风险，这就是抵补套利。

（二）抵补套利（covered interest arbitrage）

抵补套利是指投资者在将资金从低利率国调往高利率国的同时，在外汇市场上卖出远期高利率货币，以避免套利中的汇率风险。

【例5-7】如上例中，若3个月后英镑/美元的即期汇率跌为1英镑=1.45美元，则该投资者半年后收回的101.5万英镑只能兑换到147.175万美元（101.5×1.45），套利出现损失。这时候应考虑采用抵补套利。假设4月初英镑/美元3个月的远期汇率为1英镑=1.49美元，则该投资者可利用远期交易来进行如下抵补套利：

（1）4月初将150万美元换成英镑：

150/1.5=100（万英镑）

将100万英镑在英国购买国库券，3个月到期后本利和为：

100×（1+6%×1/4）=101.5（万英镑）

（2）同时将预计得到的本利和101.5万英镑在远期外汇市场上卖出可得：

101.5×1.49=151.235（万美元）

（3）3个月后，投资者可得151.235万美元，避免了汇率大幅下跌的风险，套利可获收益为0.485万美元（151.235−150.75）。

需要指出的是，一旦投资者以远期的方式卖出英镑，无论3个月后英镑/美元的即期汇率是上涨还是下跌，都不改变其抵补套利的结果。因此抵补套利实际上是投资者利用远期外汇买卖来防范未来可能发生的货币兑换损失抵消甚至超过利差的收益。因此，套利活动的可行性实际上取决于两国利息率差异和货币兑换的即期汇率与远期汇率差异这两个因素的比较。如果前者大于后者，则套利可以进行；若前者小于后者，则套利不可行。若两者相等，则套利没有必要。

但是根据利率平价理论，外汇的远期差价是由两国利率的差异决定的，高利率国的货币远期必然贴水，低利率国的货币必然升水。在套汇过程中，一方面在外汇市场上，套汇者会大量买进某种货币的现汇，同时大量出售该种货币的期汇，因而使该货币的即期汇率提高、远期汇率降低，从而扩大即期汇率同远期汇率的差异；另一方面在货币市场上，短期资金不断从利率低的国家流向利率高的国家，也会缩小两国的利率差异。这两方面作用的结果，会使两个差额之间的差距逐渐缩小，直至相等。此时，套汇活动停止，外汇市场和货币市场也处于均衡。

五、外汇掉期（swap transaction）

掉期交易从广义上讲应属于套汇的一种，也叫时间套汇。它是指同时买入或卖出同种货币、同等数额而期限不同的外汇，以避免汇率风险或套取汇率、利率差额收益的外汇交易。

（一）掉期交易的类型

按照掉期交易的买卖对象，可以分为纯粹的掉期和制造的掉期。纯粹的掉期是指两笔期限不同的交易是同时与同一个对手进行的；制造的掉期是指两笔期限不同的交易是与不同对手分别进行的。

按照掉期交易的交割期限可以划分为：

（1）即期对远期的掉期，是指买进或卖出某种即期外汇的同时，卖出或买进同种货币的远期外汇。这是掉期交易中最常见的形式，国际投资者投资保值、进出口商的远期交易的展期、外汇银行筹措外汇资金都可以利用这种方式。

（2）即期对即期的掉期，买进或卖出某种即期货币的同时，卖出或买进同种货币的即期。它们的区别在于交割日期不同，可以分为今日对明日掉期、明日对后日掉期以及即期对次日的掉期。这类掉期交易主要用于外汇银行之间的交易，目的在于避免同业拆借过程中存在的汇率风险。

（3）远期对远期的掉期，买进或卖出货币金额相同，但方向相反、交割期限不同的两笔远期交易。可以是买进或卖出较短期限的远期，同时卖出或买进较长期限的远期；也可以是买进或卖出较长期限的远期，同时卖出或买进较短期限的远期。这种掉期可以利用有利的汇率机会，并且能够从汇率的变动中获取好处。

（二）掉期交易的应用

1.套期保值

可用于进出口商存在不同期限、数额相当的外汇应收款和应付款的情况。

【例5-8】中国香港某公司进口一批货物，根据合同1个月后必须支付货款10万美元；该公司同时将这批货物转口外销，预计3个月后收回以美元计价的货款。香港外汇市场汇率如下：

1个月USD/HKD汇率：7.7560—7.7580

3个月USD/HKD汇率：7.7520—7.7540

该公司做以下掉期操作：

买进1个月远期美元10万元，支付77.58万元港币。

卖出3个月远期美元10万元，收取77.52万元港币。

付出掉期成本77.58-77.52=0.03（万港币）。此后无论美元汇率如何波动，该商人均无外汇风险。

2.使远期外汇交易展期或提前到期

【例5-9】我国某外贸公司3个月后将有一笔100万欧元的出口收入到账，为避免欧元下跌，该公司卖出了3个月的远期欧元。但是当3

个月到期时，欧洲进口商表示无法按期付款，希望延期付款1个月。这就造成了我国外贸公司与银行签订的远期合同无法履行的问题。此时，该外贸公司可作如下操作：

买进即期欧元100万元，了结到期的3个月远期合同；卖出1个月远期欧元100万元，防范1个月后应收货款的外汇风险。

这样，该公司通过掉期交易对远期欧元合同进行了展期，达到了保值的目的。在此过程中，该公司要付出掉期成本——即期汇率与1个月远期汇率之间的差额。

3.轧平银行外汇头寸

【例5-10】某银行收盘时，外汇头寸出现了以下情况：3个月远期美元超卖100万元，6个月远期美元超买100万元；同时，3个月远期日元超买9 830万元，6个月远期日元超卖9 840万元。当时市场汇率如下：

3个月远期：USD/JPY 98.00—98.30

6个月远期：USD/JPY 98.50—98.70

若银行对空头和多头分别进行抛补，需安排多笔交易，成本较高。此时可以采用掉期交易，以日元换美元，操作如下：

买进3个月远期美元100万元，同时卖出3个月远期日元9 830万元（汇率为98.30）；

卖出6个月远期美元100万元，同时买入6个月远期日元9 850万元（汇率为98.50）。

这样，除了弥补6个月远期日元空头，还可收益10万美元。通过掉期交易，使美元和日元头寸达到平衡。

第四节　外汇衍生交易

外汇衍生交易是衍生金融交易的一种。衍生金融交易是指以利率、外汇、股票为基础衍生出来的金融交易。在20世纪70年代，随着浮动汇率制度的实行，外汇交易者面临的汇率风险越来越大。为了更有效地避免汇率风险，外汇市场相继出现了一些新的交易方式，如外汇期货交易、外汇期权交易等。最初，外汇衍生交易只是作为一种防范金融风险的方法，但是在20世纪90年代以后，它已逐渐成为众多金融机构表外业务中重要的获利手段。

一、外汇期货

（一）外汇期货交易的概念

外汇期货交易（foreign exchange future transaction）是指在固定场所（期货交易所）进行标准化的外汇期货合约买卖的一种外汇交易方式。

外汇期货属于一种金融期货，它起源于商品期货交易。20世纪70年代后，国际汇率制度逐渐由固定汇率制转向浮动汇率制，从而使汇率风险剧增，为了有效防范汇率频繁波动带来的风险，便在传统远期外汇交易的基础上产生了以商品期货形式来做外汇交易的外汇期货交易。

外汇期货交易最早出现在美国芝加哥商业交易所（chicago mercantile exchange，CME）1972年5月16日，CME建立了“国际货币市场”（international monetary market，IMM），其主要目的就是将商品期货的交易经验运用于外汇交易，即开办外汇期货交易。继IMM之后，1982年9月，伦敦国际金融期货交易所（London international financial future exchange， LIFFE）宣告成立，并开始经营英镑、德国马克、瑞士法郎和日元四种货币的期货交易。此后，加拿大、荷兰、澳大利亚、新西兰等国也相继建立外汇期货交易所，经营外汇期货，从而使外汇期货交易在世界上得到迅速发展。

（二）标准化的外汇期货合约

与远期外汇交易相似，外汇期货交易也是在将来某一时期按照约定价格买卖一定数量外汇的交易活动，但与远期外汇交易不同的是，外汇期货交易是通过买卖标准化的期货合约来进行的外汇买卖。外汇期货合约的标准化主要体现在：

1.交易币种

各外汇交易所分别规定有特定的外汇期货交易币种，如IMM主要经营的外汇期货币种包括英镑、欧元、日元、瑞士法郎、加拿大元、澳大利亚元、瑞典克朗、新西兰元、捷克克朗、挪威克朗、匈牙利福林、波兰兹罗提、巴西雷亚尔、韩国韩元、印度卢比、人民币元等。

2.合约面额

各期货交易所都对外汇期货合约的面额做出了特别规定，各种货币的交易量必须是合约面额的整数倍。例如，IMM对每份合约数额规定如下：

GBP/USD期货合约的面额是625 000英镑

AUD/USD期货合约的面额是100 000澳元

EUR/USD期货合约的面额是125 000欧元

CAD/USD期货合约的面额是100 000加元

3.交割月份及日期

交割月份是指期货交易所规定的期货合约的到期月份。大多数期货交易所一般都以3月、6月、9月、12月作为交割月份。

交割日期是指进行期货合约实际交割的日期，即具体为交割月份的某一天。如IMM规定交割日为交割月的第三周的星期三。如果在合约到期前（一般为交割日的前2个营业日），交易者未做对冲交易（即进行反向交易），那么就必须在交割日履行期货合约，进行现货交割。

4.价格波动

在外汇期货交易中，每种货币期货合约都规定有价格变动的最低限度和日价格波动的最高限度。价格变动的最低限度是指进行外汇期货合约买卖时，合约价格每次变化的最低数额，如IMM规定英镑合约价格变动的最低限度为2个基本点，即0.0002美元，这就意味着每张英镑合约的每次报价必须高于或低于上次报价的6.25美元（62 500×0.0001）。日价格波动的最高限度是指一个营业日内期货合约价格波动的最高幅度，一旦期货合约价格波动达到或超过这一限度，交易即自动停止。

（三）外汇期货交易与远期外汇交易的区别

外汇期货交易是在远期外汇交易的基础上发展而来的，但它与远期外汇交易又有着诸多的区别。这些区别主要有：

1.交易场所与方式

外汇期货交易是在有形市场即在固定的期货交易所内进行的，并由场内经纪人采用竞价方式竞价成交；而远期外汇交易一般是在无形市场上进行，不涉及固定的交易场所，基本是在外汇银行、外汇经纪人和顾客之间通过电话、电传等通信网络来进行，由买卖双方经过询价和报价来确定成交价格。

2.市场参与者

外汇期货交易的参与者可以是任何按照规定缴存了保证金的企业、机构以及个人，不受资格限制；远期外汇交易虽无资格限制，但实际上多限于一些信誉良好、与银行有密切往来关系的大厂商，广大的个人投资者和中小企业则难以参加交易。

3.交易合约

正如前面所述，外汇期货交易合约是标准化的，远期外汇交易合约却是非标准化的，交易币种、交易金额、交割日期均由买卖双方自由议定，而且没有价格波动的限制。

4.保证金

外汇期货交易采用保证金制度，参加外汇期货交易的客户必须按规定事先缴存一定数量的初始保证金，如果在交易中因亏损而使保证金账户上的余额低于维持保证金，客户还必须追缴保证金；远期外汇交易一般不收取保证金，但要求客户有极高的信誉。

5.结算制度

外汇期货交易采用每日结算制度，每天营业结束后，由清算机构根据清算价格对当日尚未平仓的合约进行结算，并据此对有关当事人的保证金账户进行调整；远期外汇交易一般要到交割日才由买卖双方进行结算。

6.合约的交割

外汇期货交易的双方虽有履约的义务，但绝大多数交易者都是在期货合约到期前通过做一笔反向交易而终止实物交割义务；远期外汇交易的参加者则基本上要在合约到期后履行交割义务，完成实物的交割。

7.信用风险

外汇期货交易采用保证金制度和日结算制度，而且有清算机构的介入，所以一般不存在信用风险；远期外汇交易多半是仅凭信用而达成的，这就存在交易双方可能违约的风险。

8.管理方式

外汇期货交易要受到政府较严格的管制，各国一般都有专门的期货管理部门对期货交易进行管理；远期外汇交易在很大程度上则是实行自我管理，一般仅受合同法和税法的约束。

（四）外汇期货交易的实际应用

1.外汇期货交易的套期保值

所谓套期保值，是指利用期货交易来降低或减少现货市场价格波动风险的一种经济活动。利用外汇期货交易进行套期保值，主要是根据外汇期货价格与现汇价格变动方向一致的特点，通过在外汇期货市场和现汇市场上的反向操作，以达到所持有的外汇债权或外汇债务进行保值的目的。外汇期货套期保值分为空头套期保值和多头套期保值两种。

（1）空头套期保值（short hedge）

空头套期保值是在外汇期货市场上先卖出某种货币的外汇期货，然后买进平仓，以冲抵汇率下跌给所持有的外汇债权带来的风险。

【例5-11】假设8月10日美国某公司出口了一批商品，3个月后可收到80万澳元。为防止3个月后澳元贬值，公司决定通过AUD/USD期货（每份合约100 000澳元）进行套期保值。套期保值的操作见表5-1。

表5-1 **外汇期货的空头套期保值**

现汇市场	外汇期货市场
8月10日 预收80万澳元 汇率：1美元=1.1200澳元 折合美元：800 000÷1.1200=714 285.71（美元）	8月10日 卖出8份12月份澳元期货 汇率：1澳元=0.8960美元 价值：100 000×8×0.8960=716 800（美元）
11月10日 卖出80万澳元 汇率：1美元=1.1230（澳元） 折合美元：800 000÷1.1230=712 377.56（美元）	11月10日 买进8份12月份澳元期货 汇率：1澳元=0.8900美元 价值：100 000×8×0.8900=712 000（美元）
亏损712 377.56−714 285.71=−1 908.15（美元）	盈利：716 800−712 000=4 800（美元）

从表5-1可以看到，由于3个月后澳元贬值，使该公司少收入1 908.15美元，但在期货市场上实现盈利4 800美元。当然，如果3个月

后澳元汇率上升，该公司在期货市场上受损，但在现汇市场上可以多收美元，得到弥补。

（2）多头套期保值（long hedge）

多头套期保值是在期货市场上先买进某种货币期货，然后卖出平仓，以抵消现汇汇率上升给外汇债务带来的风险。

【例5-12】假设6月初美国某公司从英国进口了一批价值250 000英镑的货物，3个月后支付货款。为防止因英镑汇率上升而增加进口成本，公司便准备通过英镑期货（每份合约62 500英镑）交易来进行套期保值，具体操作见表5-2。

表5-2 **外汇期货的多头套期保值**

现汇市场	外汇期货市场
6月初 汇率：1英镑=1.5300美元 250 000英镑折合382 500美元	6月初 买进：4份9月份英镑期货 价格：1英镑=1.5320美元 价值：62 500×4×1.5320 = 383 000(美元)
9月初 买进：250 000英镑 汇率：1英镑=1.5500美元 支付：387 500美元	9月初 卖出：4份9月份英镑期货 价格：1英镑=1.5550美元 价值：62 500×4×1.5550=388 750(美元)
损失：382 500-387 500=-5 000(美元)	盈利：388 750-383 000=5 750（美元）

从表5-2可以看出，尽管因英镑汇率上升而使公司3个月后在现汇市场买进250 000英镑多支付了5 000美元，但因在期货市场上做了多头套期保值而盈利了5 750美元，从而抵消了现汇市场上的损失。同样道理，如果3个月后英镑汇率出现下跌，那么该公司在期货市场上的亏损可用现汇市场上的风险收益来抵消。

2.外汇期货的投机

与套期保值者不同的是，投机者没有实际持有外币债权或债务，而是纯粹根据自己对外汇期货行情变动的预测，进行对冲来赚取差价利润。如果预测汇率上涨买入外汇期货合约，则是多头（买空）；如果预测下跌而卖出外汇期货合约则是空头（卖空）。如果行情与所预测方向相反，则该投机者直接遭受损失。

【例 5-13】假设8月初某投机者预测1个月后瑞士法郎对美元的汇率将上升，于是买进10份9月份瑞士法郎期货（每份合约金额为125 000瑞士法郎），支付保证金15 000美元，成交价格为1瑞士法郎=0.7836美元。假如1个月后瑞士法郎对美元的汇率果然上升，该投机者以1瑞士法郎=0.7962美元抛出10份瑞士法郎期货，可获多少投机利润？

解：8月初投机者买进10份9月份瑞士法郎期货，总价值：

125 000×10×0.7836=979 500（美元）

9月初投机者抛出10份9月份瑞士法郎期货，总价值：

125 000×10×0.7962=995 250（美元）

投机利润：995 250-979 500=15 750（美元）

二、外汇期权

（一）外汇期权交易的概念

期权（option）的英语意思是"选择权"，是由买方选择买或卖一种标的物的权利。所谓**外汇期权交易（foreign exchange option transaction），是指期权合约买方在支付一定费用后，可以获得在约定时间内决定是否按规定的价格买卖约定数量的某种货币的权利或放弃这种权利的一种交易。**

在外汇期权交易中，交易双方实际上是就"选择权"进行交易，买方为获得"选择权"要向卖方支付一定的费用，这种费用通常称为期权费（premium）。在买进"选择权"后，买方就有权决定是否根据合约规定的价格买外汇。当外汇市场行情对交易不利时，买方就执行期权合约，即按约定价格向期权卖方买进或卖出某种外汇；当外汇市场行情有利于交易时，买方有权放弃期权合约，即不按合约规定向期权卖方买进或卖出某种外汇，而是到市场上按有利的价格买进或卖出外汇，损失的仅为期权费。

（二）外汇期权的种类

1.按行使期权的有效时间，外汇期权分为欧式期权和美式期权

欧式期权（European option）是买方只能在合约到期日才能执行的期权。由于这种期权在欧洲国家比较流行，故称为欧式期权。

美式期权（American option）是期权买方在合约到期日之前的任何一个营业日都可以执行的期权。

2.按外汇交易的买卖权，外汇期权分为看涨期权和看跌期权

看涨期权（call option）又称买权，它是期权买方支付期权费后，可在约定的期限按协定价格买进约定数量的某种外汇的期权。通常是在预测外汇汇率将上升时，为避免外汇债务遭受风险而购买看涨期权。一旦日后外汇汇率上升，看涨期权持有人便可行使期权，以低于市场汇率的协定价格向期权卖方买进约定数量的外汇；如果日后外汇汇率下跌，看涨期权持有人则可放弃期权合约，损失的只是预先支付的期权费。

看跌期权（put option）又称卖权，它是期权买方支付期权费后，可在约定的期限按协定价格卖出约定数量的某种外汇的期权。通常是在预测外汇汇率将下跌时，为避免外汇债权遭受损失而购买看跌期权。一旦日后外汇汇率下跌，看跌期权持有人便可行使期权，即以高于市场汇率的协定价格向期权卖方卖出约定数量的外汇；如果日后外汇汇率上升，看跌期权持有人则可放弃期权合约，损失的只是预先支付的期权费。

3.外汇期权的应用

（1）买入看涨期权

通常是负有外汇债务的进口商和借款者为避免外汇汇率上升的风险，通过买入外汇看涨期权，可以达到保值的目的。在看涨期权有效期内，如果市场即期汇率高于或等于期权的协定价格，就执行期权；如果市场即期汇率低于期权的协定价格，就放弃期权。

【例5-14】假设3月初美国某公司预计3个月后要支付100 000瑞士法郎的进口货款，为防范瑞士法郎汇率大幅度上升的风险，便买进4份6月份瑞士法郎欧式看涨期权。已知：6月份瑞士法郎欧式看涨期权协定价格为1瑞士法郎=0.9600美元，期权费为1瑞士法郎=0.02美元。假设3个月后市场即期汇率可能出现：①1美元=1.0150瑞士法郎；②1美元=1.0500瑞士法郎。请分别计算两种情况下该公司需支

付的美元总额。

解：在6月份，1美元=1.0150瑞士法郎的情况下，瑞士法郎汇率高于期权的协定价格，公司便可执行期权，按1瑞士法郎=0.9600美元的协定价格买进100 000瑞士法郎：

支付美元：100 000×0.9600=96 000（美元）

支付期权费：100 000×0.02=2 000（美元）

支付美元总额：96 000+2 000=98 000（美元）

在1美元=1.0500瑞士法郎的情况下，瑞士法郎汇率低于期权的协定价格，公司便可放弃期权，而从市场上买进100 000瑞士法郎：

支付美元：100 000÷1.0500=95 238（美元）

损失期权费：100 000×0.02=2 000（美元）

支付美元总额：95 238+2 000=97 238（美元）

（2）买入看跌期权

买进看跌期权的目的，是套期保值者或投资者为了避免未来汇率下跌所带来的风险，或者希望从未来汇率的下跌中获利，以付出一定数额的期权费为代价获得以固定价格卖出某种货币的权利。

【例5-15】某交易员预测英镑兑美元的汇率将下跌，因此买入1份2个月后到期的英镑看跌期权（欧式），金额为10 000英镑，协定价格为：GBP/USD = 1.5450，期权费为每英镑0.02美元。假设2个月后市场即期汇率为GBP/USD = 1.5100，那么该投资者的收益如何？

解：2个月后，交易员在即期市场上以GBP/USD=1.5100买入10 000英镑：

支付美元：10 000×1.5100=15 100（美元）

同时以GBP/USD=1.5450的价格行使期权，卖出即期市场上买入的10 000英镑：

收入美元：10 000×1.5450=15 450（美元）

支付期权费：100 000×0.02=200（美元）

收入15 450美元，支付共15 300美元，因此获利150美元。

第五节　我国外汇市场

一、我国外汇市场发展阶段

我国的外汇市场主要指银行之间进行结售汇头寸平补的市场，就是通常所说的国内银行间外汇市场。根据国家规定，金融机构不得在该市场之外进行人民币与外币之间的交易。但对于不同外汇之间的交易，国内银行可以自由地参与国际市场的交易，没有政策限制。

我国外汇市场改革自1979年开始，可以分为三个阶段。1979年到1994年，是从计划到市场的转变阶段；1994年到2005年，是统一的外汇市场初步创立阶段；2005年到现在，是中国外汇市场的深化发展阶段。

第一阶段（1979—1994年），“外汇市场”的概念首次提出，这是改革开放带来的重要成果。80年代中后期，全国各省市纷纷设立了外汇调剂中心，外汇价格逐步放开，参与外汇交易的主体范围日益扩大。在这个阶段，中国外汇市场从无到有，逐步建立。

第二阶段（1994—2005年），中国外汇管理体制进行了重大改革，作为改革的措施之一，采取政府推动的方式，建立了全国统一的银行间外汇市场，从而彻底改变了市场分割、汇率不统一的局面，奠定了以市场供求为基础的、单一的、有管理的浮动汇率制度。这一阶段的改革，建立了统一、规范的外汇市场，外汇资金可以在不同地区和银行之间流动，保证了外汇资源的合理配置，奠定了外汇市场发展的基本雏形。

第三阶段（2005年至今），我国外汇市场进入了向市场化、自由化方向发展的新阶段，交易工具日益丰富，功能不断完善，多种交易方式并存、分层有序的外汇市场体系逐步确立。

外汇体制改革以后，中国告别了计划经济色彩较浓、地区分割的外汇调剂市场，形成了全国统一的外汇市场。外汇市场主要包括外汇指定银行与企业之间的结售汇市场和银行间市场，后者以中国外汇交易中心负责管理的全国联网的外汇交易系统为载体，是汇率形成机制的核心。

二、我国外汇市场的现状和存在的问题

我国的外汇市场通常指的是国内银行间的外汇市场。2016年中国外汇市场已累计成交20.29万亿美元，尽管交易量已经非常大，但是我国外汇市场还是存在着一定的问题。

（一）竞争不足、效率低下

我国现行的交易市场中，银行间交易市场只限定会员可以参与竞价，这阻碍了市场交易者的自由选择，外汇市场竞争性不足，效率低下。

（二）交易不连续

我国银行间外汇市场对交易时间和交易对手有明确的限制，而国际外汇市场则是一个全天候的交易市场，这使得我国外汇市场交易不连续，增加了外汇交易的风险。

（三）中央银行干预过多

我国银行间外汇交易市场是指定交易银行，央行对外汇交易的干预太多，央行事实上是我国外汇市场中最大的交易方。

三、进一步完善我国外汇市场的对策和措施

（一）培育多层次的外汇市场交易主体

中央银行对外汇市场过多干预，直接导致了外汇价格的扭曲和外汇交易的效率低下，为提高外汇交易效率，应该尽力培育多层次的外汇市场交易主体，引入更多的机构参与外汇市场交易。

（二）推动人民币国际化和可自由兑换

人民币国际化和可自由兑换是中国外汇市场发展的根本选择和最好契机。人民币实现可自由兑换，将使中国外汇市场有了最根本的交易工具，这既扩大了人民币交易支付规模，也可为中国外汇市场可持续发展提供有力保障。

（三）丰富交易品种

随着人民币汇率变动的幅度越来越大，参与外汇交易的主体也将越来越多，对金融市场的外汇产品需求和汇率避险需求也越来越大，应该设计更多的外汇产品供外汇市场交易者选择。

本章小结

随着世界经济的国际化和一体化，外汇市场将发挥越来越重要的作用。本章主要研究外汇市场的形成、功能，外汇交易的种类、方式，以及外汇市场的调控与管理，为进一步认识外汇市场乃至金融市场在新的世界经济格局中对世界经济的发展所起重要作用奠定基础。国际经济往来的发展必然伴随着货币的清偿和支付数量的增长，从而促进外汇交易的发展。外汇市场是世界上最大的金融市场之一，它的规模被认为是股票市场交易额的数十倍。说它大，不仅指交易单位大，还因为参与者众多。

20世纪70年代以来，随着国际金融市场业务创新的不断发展，外汇交易的方式越来越多，除了传统的即期外汇交易、远期外汇交易、掉期交易，交易者还可采用外汇期货交易、外汇期权交易等方式来进行外汇买卖。

关键概念

外汇市场、即期外汇交易、远期外汇交易、套汇、直接套汇、间接套汇、套利、非抵补套利、抵补套利、掉期、外汇期货交易、空头套期保值、多头套期保值、外汇期权交易

综合训练

一、单项选择题

1. 国际外汇市场上，假如美元USD/日元JPY的汇率标价为118.96，那么标价中的“9”代表（　　）。

A.9个点　　B.90个点

C.900个点　　D.9 000个点

2. 外汇市场上最常见、最普遍、交易量最大的交易形式是（　　）。

A.即期外汇交易　　B.远期外汇交易

C.外汇期货交易　　D.外汇期权交易

3. 根据利率平价理论，利率较高的货币，其远期汇率表现

为（　　）。

A.升水　　　　　　　　B.贴水

C.平价　　　　　　　　D.升跌不定

4.一国货币汇率上升，则会有利于（　　）。

A.出口　　　　　　　　B.进口

C.增加就业　　　　　　D.扩大生产

5.在采用直接标价的前提下，如果需要比原来更少的本币就能兑换一定数量的外国货币，这表明（　　）。

A.本币币值上升，外币币值下降，通常称为外汇汇率上升

B.本币币值下降，外币币值上升，通常称为外汇汇率上升

C.本币币值上升，外币币值下降，通常称为外汇汇率下降

D.本币币值下降，外币币值上升，通常称为外汇汇率下降

6.报刊等媒体报道汇率消息时一般常用的汇率是（　　）。

A.买入汇率　　　　　　B.卖出汇率

C.中间汇率　　　　　　D.现钞汇率

7.世界上的国际金融中心有几十个，最大的三个金融中心是（　　）。

A.伦敦、法兰克福和纽约　　B.伦敦、巴黎和纽约

C.伦敦、纽约和东京　　　　D.伦敦、纽约和香港

8.下列说法正确的是（　　）。

A.在直接标价法下，汇率上升意味着本币升值

B.买入价和卖出价是同一种外汇交易中买卖双方所使用的价格

C.在直接标价法和间接标价法下，升水与贴水的含义截然相反

D.远期外汇的买卖价之差总是大于即期外汇的买卖价之差

9.利率对汇率变动的影响是（　　）。

A.国内利率上升，则本国汇率上升

B.国内利率下降，则本国汇率下降

C.需比较国内外的利率和通货膨胀水平后确定

D.利率对汇率的影响是长期的

10.下列关于本币贬值的说法中错误的是（　　）。

A.有利于改善一国的旅游和其他服务收入

B.有利于减少单方面转移的收入

C.可能引发国内通货膨胀

D.在进口商品需求弹性充分的条件下阻碍进口增长

11.某人某日以美元汇价在1.0700/1.0705买进5万欧元，3天后在1.0840/1.0845平仓，其获利为（　　）。

A.7 000美元　　B.7 250美元

C.6 275美元　　D.6 750美元

12.套汇是外汇市场上的主要交易之一，其性质是（　　）。

A.保值性的　　B.投机性的

C.营利性的　　D.既是保值的，又是投机的

13.银行对于现汇的卖出价一般（　　）现钞的买入价。

A.高于　　B.等于

C.低于　　D.不能确定

14.一般情况下，一种汇率的表示通常有（　　）位有效数字。

A.4　　B.5

C.6　　D.7

15.下列属于远期外汇交易的是（　　）。

A.客户与银行约定有权以1美元=8.2739人民币的价格在一个月内购入100万美元

B.客户从银行处以1美元=8.2739人民币的价格买入100万美元，第二个营业日交割

C.客户按期交所规定的标准数量和月份买入100万美元

D.客户从银行处以1美元=8.2739人民币的价格买入100万美元，约定15天以后交割

16.下列关于远期外汇交易风险、收益评述不正确的是（　　）。

A.远期外汇合约能够帮助外贸企业锁定汇率，避免汇率波动可能带来的损失

B.如果汇率向不利方向变动，由于锁定汇率，投资者也可能遭受损失

C.使用远期合约能够事先将贸易和金融上外汇的成本和收益固定下来，有利于经济核算

D.远期外汇合约能够帮助投资者锁定汇率，所以投资者能够不承担任何汇率风险

17.掉期交易中两笔交易不同的是（　　）。

A.方向　　B.币种

C.期限　　D.金额

二、多项选择题

1.外汇市场的参与者主要有（　　）。

A.商业银行　　B.政府

C.中央银行　　D.外汇经纪商

2.对于我国目前的银行个人外汇买卖业务，正确的描述有（　　）。

A.个人外汇买卖交易采用实盘交易方式，买卖成交后必须进行实际交割

B.目前个人外汇买卖业务主要是外汇宝交易

C.个人外汇买卖交易的币种一般为各家银行的外币储蓄币种

D.现在大多数银行对客户通过柜台进行外汇买卖仍设有较高的最低交易金额的限制

3.套汇交易的方式有（　　）。

A.地点套汇　　B.时间套汇

C.套利　　D.直接套汇

4.个人外汇买卖的基本程序包括（　　）。

A.申请　　B.报价

C.交易　　D.交割

5.中央银行干预外汇市场的手段有（　　）。

A.直接干预　　B.汇率政策

C.货币政策　　D.多国联合干预

6.外汇掉期交易的两笔交易相同的是（　　）。

A.方向　　B.币种

C.期限　　D.金额

7.狭义的静态外汇包括（　　）。

A.外币表示的银行汇票　　B.外币表示的银行支票

C. 外币有价证券　　D. 外币银行存款

8. 下列说法不正确的是（　　）。

A. 外汇银行只要存在敞开头寸就一定要通过外汇交易将其轧平

B. 只要两国间存在利率差异，国际投资者就可以从套利交易中获利

C. 甲币对乙币升值10%，则乙币对甲币贬值10%

D. 外汇银行同业的外汇买卖差价一般要求低于银行与客户之间的买卖差价

9. 远期外汇交易的交割方式有（　　）。

A. 固定交割日　　B. 标准交割日

C. 当日交割　　D. 选择交割日

10. 按照我国2008年修正颁布的《外汇管理条例》规定，下列属于外汇范围的是（　　）。

A. 外国货币　　B. 外币债券

C. 外币存款凭证　　D. 特别提款权

11. 影响汇率波动的因素有（　　）。

A. 日本央行宣布加息

B. 欧盟区经济增长速度减缓

C. 英国发现北海油田

D. 奥巴马政府决定对叙利亚开战

12. 以下对外汇市场的特点的叙述中正确的有（　　）。

A. 外汇市场像股票市场一样有统一固定的地点

B. 全球外汇市场每天24小时连续营业，为投资者提供了没有时间和空间限制的投资场所

C. 外汇交易通常没有固定的交易场所，外汇交易基本都是通过电脑和通信网络来完成的

D. 在外汇市场上，无论汇率如何波动，外汇套期保值者都能保值

13. 下列对于即期外汇交易的功能和风险的描述中，正确的有（　　）。

A. 即期外汇买卖是外汇投机的重要工具之一

B. 即期外汇买卖可以满足客户临时性的支付需要

C.即期外汇买卖可以帮助客户调整手中持有的外币的币种结构

D.用即期外汇买卖在外汇市场上进行投资，由于汇率确定，只会获利，不会出现亏损

14.下列关于即期汇率与远期汇率关系的叙述中，错误的有（　　）。

A.即期汇率以远期汇率为基础，但又不同于远期汇率

B.即期汇率总是低于远期汇率

C.远期汇率由即期汇率加、减远期点构成，亦称升、贴水

D.远期汇率必须同即期汇率一样直接标出实际汇率

三、思考题

1.简述外汇市场的作用。

2.什么是交叉汇率?

3.简述导致外汇市场汇率波动的主要经济因素。

4.简述汇率的分类。

5.简述汇率市场的特点。

6.简述外汇市场的参与者。

7.简述即期外汇交易的方式。

8.简述掉期交易的形式。

9.请简要分析外汇市场的独特之处。

10.举例说明一种常用的外汇市场交易手段。

第六章

外汇交易要素

引例

统计数据表明，美国银行业已摆脱2008年金融危机的困境，整个行业业绩增长迅速，走上了强劲复苏之路。

美国摩根大通、美国银行、花旗银行，富国银行、高盛集团和摩根士丹利六家银行2013年盈利是760亿美元，比2006年创下的历史最高盈利水平仅少了60亿美元。需要说明的是，2006年美国房地产价格在经济迅猛扩张的背景下达到了顶点。上述六家银行2013年的收入实现了6%的增长。

不仅少数大型银行的盈利状况得到明显改善，美国众多小型银行也在复苏。根据《华尔街日报》的分析，美国6 900家商业银行2013年的盈利有望赶上乃至超过银行业2006年创下的1 152亿美元的历史最高点。

美国银行高管和有关分析家认为，美国银行业已经度过了最糟糕的阶段，其利润在2014年“打破所有纪录”。

美国银行的复苏在股市上也有所反映。2009年3月，美国花旗银行的股票价格首次跌破1美元，成为当时的热点新闻，此后有了较明显的回升。与此同时，其他银行的股票价格也出现了类似的上涨轨迹。种种迹象表明，美国银行业在2008年金融危机中陷入重重困境后，经过5年艰苦挣扎，终于摆脱了金融危机的阴影，出现了强劲复苏的曙光。

在美国花旗银行工作的董事副总裁杨光认为，美国银行业逐步解决了金融危机遗留的问题，正从之前的“修复”模式过渡到“增长”模式。

美国银行业整体复苏，其原因是多方面的。杨光认为：

第一，美国经济的复苏使个人和企业信心恢复，导致私人与企业的金融需求大幅增长。美国2013年第三季度经济增长率环比达到惊人的4.1%，市场信心高涨。从个人层面来看，收入预期转好，人们敢花钱，消费信贷及其他个人金融需求上升；从企业层面来看，企业更加放心地借入资金，投资于设备、工厂和建筑，银行对企业贷款增至创纪录的1.61万亿美元。同时，美国经济好转将提高资本市场活跃度，交易量增加，促使银行业绩向好。

第二，美国房地产市场回暖。2008年金融危机导致房价大跌，之后几年房地产市场稳步回暖，2013年更是出现普遍性的房价上升。房价上升令很多相关的金融产品（诸如以前的“有毒资产”MBS、CDO和其他结构化产品）收复失地。房价上升创造的财富效应也令美国人更有意愿归还抵押贷款和信用卡贷款，使银行的贷款质量上升。

第三，市场利率将走入长期上升通道。2013年年底，美联储最终宣布将逐步退出量化宽松，收益率曲线变得陡峭。升息对其他产业可能会造成拖累，但利好银行业，因为市场流动性充裕，银行筹资成本仍很低，而贷款利率将上升。存贷差作为银行的主要利润贡献来源将扩大。

第四，释放贷款损失拨备。因为美国借款人违约数量下降以及很多资产价格回升，银行可以减少贷款损失拨备。根据《华尔街日报》

的报道，2013年摩根大通、美国银行、花旗集团和富国银行总计减少了150亿美元的贷款损失拨备，其中第四季度就减少了37亿美元。这部分资金直接计入利润，第四季度这部分资金占这些银行税前收入的比重达到了16%。

第五，政府政策及法规层面的达摩克利斯之剑落地。政府政策及法规层面的变动短期内会对银行业利润有负面影响，但长期来看有利。美国政府预算危机暂时消除，量化宽松退出终于实现，市场争论多时的沃克尔法则终于实施。不管短期负面影响多大，长期看将解决市场上面临的不确定因素。

尽管美国银行业仍面临众多挑战，如美国经济增长持续性及金融监管对资本金更高的要求等，经济及金融界人士对银行业是否全面复苏也持有不同的看法，但美国银行业已起死回生则大体是确定的。

资料来源　吴云．美国银行业强劲复苏［EB/OL］．［2014-01-29］．http://world.people.com.cn/n/2014/0129/c1002-24262255.html.

第一节　外汇交易中的主要货币

一、美元

（一）美元简介

美元是美利坚合众国的官方货币。目前流通的美元纸币是自1929年以来发行的各版钞票。它是国际外汇交换中的基础货币，也是国际支付和外汇交易中的主要货币，在国际外汇市场中占有非常重要的地位。**美元指数（US Dollar Index，USDX）显示的是美元的综合值，是一种衡量各种货币强弱的指标。USDX期货的计算原则是以全球各主要国家与美国之间的贸易结算量为基础，以加权的方式计算出美元的整体强弱程度，并以100点为强弱分界线。**在1999年1月1日欧元推出后，这个期货合约的标的物进行了调整，从10个国家减少为6个国家，欧元也一跃成为最重要、权重最大的货币，其所占权重达到57.6%。因此，欧元的波动对USDX的强弱影响最大。币别指数权重分别为：欧元57.6%，日元13.6%，英镑11.9%，加拿大元9.1%，瑞典克朗4.2%，瑞士法郎3.6%。

（二）美元的管理机构——美联储

美元是由美联储发行的。**美联储（美国联邦储备系统），也称美国联邦储备理事会（联储会），是美国的中央银行体系。该系统包括“联邦储备系统理事会”“联邦公开市场委员会”“联邦储备银行”约三千家会员银行及三个咨询委员会。**美国联邦储备系统是以私有形式组织的行使公共目的的私营银行系统。美国政府虽不拥有美联储的股份，但美联储94%的利润（2009年总利润为450亿美元）转交给美国财政部，剩余6%用于给会员银行发放股息。

网络链接

谁拥有美联储？

美联储声称没有人拥有它。美联储的三个部分中的每一个——管理委员会、地区性储备银行和联邦开放市场委员会——都独立于联邦政府之外运作以行使其核心职能。一旦一个委员会成员被委任，他或她可以像一个最高法院大法官一样独立，虽然任期短些。

许多年以来，究竟谁拥有美联储一直是一个讳莫如深的话题，美联储自己总是含糊其辞。和英格兰银行一样，美联储对股东情况严守秘密。

《美联储的秘密》(Secrets of Federal Reserve) 一书的作者尤斯塔斯 (Eustace Mullins) 经过近半个世纪的研究，终于得到了12个美联储银行最初的企业营业执照 (Organization Certificates)，上面清楚地记录了每个联储银行的股份构成。

美联储纽约银行是美联储系统的实际控制者，它在1914年5月19日向货币审计署 (Comptroller of the Currency) 报备的文件上记录着股份发行总数为203 053股，其中：

洛克菲勒和库恩雷波公司所控制的纽约国家城市银行拥有最多的股份，持有3万股。

J.P.摩根的第一国家银行拥有1.5万股。

当这两家公司在1955年合并成花旗银行后，它拥有美联储纽约银行近1/4的股份，它实际上决定着美联储主席的候选人，美国总统的任命只是一枚橡皮图章而已，而国会听证会更像一场走过场的表演。

保罗·沃伯格的纽约国家商业银行拥有2.1万股。

由罗斯柴尔德家族担任董事的汉诺威银行（Hanover Bank）拥有1.02万股。

大通银行（Chase National Bank）拥有6 000股。

汉华银行（Chemical Bank）拥有6 000股。

这六家银行共持有40%的美联储纽约银行股份，到1983年，它们总共拥有53%的股份。经过调整后，其持股比例是：花旗银行15%，大通曼哈顿14%，摩根信托9%，汉诺威制造7%，汉华银行8%。

美联储纽约银行的注册资本金为1.43亿美元，上述这些银行究竟是否支付了这笔钱仍然是个谜。有些历史学家认为它们只付了一半现金，另一些历史学家则认为它们根本没出任何现金，而仅仅是用支票支付，而他们自己所拥有的美联储的账户上只有几个数字的变动而已，美联储的运作其实就是“以纸张做抵押发行纸张”。

1978年6月15日，美国参议院政府事务委员会（Government Affairs）发布了美国主要公司的利益互锁问题的报告，该报告显示，上述银行在美国130家最主要公司里拥有470个董事席位，平均每个主要公司里有3.6个董事席位属于银行家们。

其中，花旗银行控制了97个董事席位；J.P.摩根公司控制了99个；汉华银行控制了96个；大通曼哈顿控制了89个；汉诺威制造控制了89个。

1914年9月3日，《纽约时报》在美联储出售股份的时候，公布了主要银行的股份构成：

纽约国家城市银行发行了25万股票，詹姆斯·斯蒂尔曼拥有47 498股；J.P.摩根公司拥有14 500股；威廉·洛克菲勒拥有10 000股；约翰·洛克菲勒拥有1 750股。

纽约国家商业银行发行了25万股票，乔治·贝克拥有10 000股；J.P.摩根公司拥有7 800股；玛丽·哈里曼拥有5 650股；保罗·沃伯格拥有3 000股；雅各布NK拥有1 000股；小J.P.摩根拥有1 000股。

大通银行，小J.P.乔治拥有13 408股。

汉诺威银行，P.詹姆斯拥有13 44 000股；威廉·洛克菲勒拥有1 540股。

从1914年美联储建立以来，无可辩驳的事实显示了银行家们操纵着美国金融命脉、工商业命脉和政治命脉，不仅过去如此，而且一直持续到21世纪初。而这些华尔街的银行家都与伦敦的罗斯柴尔德家族保持着密切联系。

银行家信托公司（Bankers Trust）的总裁本杰明·斯特朗被选为第一任美联储纽约银行董事会主席。在斯特朗的控制下，联储系统与英格兰银行和法兰西银行形成了互锁（Interlocking）关系。本杰明·斯特朗作为纽约美联储银行董事于1928年突然死亡，当时国会正在调查美联储董事和欧洲中央银行巨头们的秘密会议，而这些秘密会议导致了1929年经济大衰退。实际上，美联储就是一个由私人全权控制的银行。

资料来源　佚名．美国联邦储备局［EB/OL］．［2014-08-20］．http：//baike.sogou.com/v418111.htm.

（三）美元简史

1914年第一次世界大战爆发时，美国的经济总量远远高于其余发达国家，这使得美元的地位日益突出。欧洲国家的黄金流入美国，用于购买战争用品。美国联邦储备银行将这些黄金作为法定货币，导致了通货膨胀。从1914年到1920年，美国的价格水平翻了近一倍。在金本位体系的35年是自由资本主义繁荣昌盛的“黄金时代”，固定汇率制拥有保障国际贸易和信贷安全，方便生产成本核算，避免了国际投资风险的优点。在一定程度上，它推动了国际贸易和国际投资的发展。然而，严格的固定汇率制使各国难以根据本国经济发展的需要执行有利的货币政策，经济增长受到较大制约。在第二次世界大战期间，国际货币体系更是乱成一团。为了解决这种混乱的状况，1943年，美国财政部官员怀特和英国财政部顾问凯恩斯分别从本国利益出发，设计战后国际货币金融体系，提出了两个不同的计划，即“怀特计划”和“凯恩斯计划”。

“怀特计划”主张取消外汇管制和各国对国际资金转移的限制，设立一个国际稳定基金组织发行一种国际货币，使各国货币与之保持固定比价，也就是基金货币与美元和黄金挂钩。会员国货币都要与“尤尼它”保持固定比价，不经“基金”会员国四分之三的投票权通过，会员国货币不得贬值。而“凯恩斯计划”则从当时英国黄金储备缺乏出发，主张建立一个世界性中央银行，将各国的债权、债务通过它的存款账户转账进行清算。

第二次世界大战末期，随着德、日、意等法西斯国家的节节败退，其国内经济也接近崩溃，英、法等国的经济在战争中也遭受严重破坏，而美国却在这场战争中发了大财，经济得到空前发展。黄金源源不断流入美国，美国的黄金储备从1938年的145.1亿美元增加到1945年的200.8亿美元，约占世界黄金储备的59%，相当于整个资本主义世界黄金储备的3/4，这使它登上了资本主义世界“盟主”地位。在这种形势下，第二次世界大战后形成了以美元为中心的国际货币体系。

1944年7月，在第二次世界大战即将胜利的前夕，44个同盟国在英国和美国的组织下，在美国新罕布什尔州（New Hampshire）的布雷顿森林村（Bretton Woods）一家旅馆召开了730人参加的“联合和联盟国家国际货币金融会议”，通过了以美国财长助理怀特提出的“怀特计划”为基础的《国际货币基金协定》和《国际复兴开发银行协定》，总称为“布雷顿森林协定”，从此开始了布雷顿森林体系，美元和黄金挂钩（1盎司黄金=35美元）。

但是由于第二次世界大战时和第二次世界大战后的通货膨胀，朝鲜战争和越南战争时期的通货膨胀，以及两次通货膨胀间的另一轮通货膨胀，使美国价格水平在1934年到1971年间上涨了2倍，这时各国央行开始储备黄金，将手中的美元兑换成黄金以增加储备。1948年，美国拥有全世界70%也就是7亿盎司的货币性黄金储量。而随着日本和西欧经济的复苏和迅速发展，美国的霸权地位不断下降，美元加剧了黄金供求状况的恶化，在20世纪50年代与60年代，美国为发展国内经济及应对越南战争造成的国际收支逆差，又不断增加货币发行，这使美元远远低于金平价，使黄金官价越来越成为买方一厢情愿的价格。欧洲由于越南战争产生了一股反美情绪，法国带头把所有的顺差以黄金的形式进行储备。于是美国的黄金储备从1948年的7亿盎司降到1970年的2亿5千万盎司，有一半以上将近三分之二的黄金储备流失了，这进一步增加了美元的超额供应和对黄金的超额需求。加之国际市场上投机者抓住固定汇率制的瓦解趋势推波助澜，大肆借美元对黄金下赌注，导致固定汇率制彻底崩溃。1971年出现了“美元危机”，从20世纪60年代到70年代，爆发这样的美元危机就达11次之多。尽管美国政府为挽救美元采取了许多应急措施，但是都未能奏效。美国经济衰退，美元在全世界泛滥成灾，最终美国黄金储备面临枯竭的危机，美元失去了其等同黄金的特殊地位。与此同时，保罗·沃尔克推行浮动汇率，美元进入以美国信用为支撑的时代。

（四）美元票样

美元纸币正面主景图案为人物头像，主色调为黑色。背面主景图案为建筑，主色调为绿色，但不同版别的颜色稍有差异，如1934年版背面为深绿色，1950年版背面为草绿色，1963年版背面均为墨绿色（有关彩图请见本书电子课件）。

（五）美国经济简介

1.农业

美国是典型的地广人稀的国家，耕地面积全球占比13%；种植业占农业总产值的比重将近50%。从产销方面来看，2014年美国粮食总产量达4.43亿吨，占全球总产量的比重达16%，其优势作物品种玉米和大豆产量全球占比均超过1/3。在出口贸易方面，2015—2016年度美国传统农作物出口总量达到1.3亿吨，占全球出口总量的25.7%；大豆出口量5 280万吨，全球占比40%；玉米出口量1.19亿吨，全球占比41%。

2.工业

美国是世界上工业最发达的国家，主要工业区有东北部工业区、西部工业区、南部工业区。它们是美国所重视的地带，由于这些工业地带临海，所以更方便开展对外贸易。

东北部地区是美国资本主义发展最早的地区，全国的钢铁、机械、汽车、化工等传统工业大部分集中在这里。

南部地区过去以农业为主。由于这里地价便宜，劳动力充足，环境污染较东北部小，美国工业逐渐由东北部向南部发展，形成美国新兴的石油、飞机、宇航、电子等工业基地。

太平洋沿岸的狭窄平原和谷地，是西部工业的集中地带，宇航、电子、信息技术等新兴工业发展较快。美国是世界上高新技术产业基地，位于旧金山东南端的硅谷，是美国兴起最早、规模最大的高新技术产业中心。

3.服务业

服务业在美国的GDP中占比最大，全国四分之三的劳动力从事服务业。美国拥有丰富的矿产资源，包括了黄金、石油和铀，然而许多能源的供应都依赖于外国进口。美国是全球最大的农业出口国之一，主要农产品包括了玉米、小麦、糖和烟草，中西部大平原地区惊人的农业产量使其被誉为“世界粮仓”。目前，美国的贸易伙伴分别是欧洲各国、中国、加拿大、墨西哥和日本等。

二、欧元

（一）欧元简介

欧元（简称EUR）是欧盟国家统一使用的货币。如前所述，截至2016年，共有19个国家加入欧元区。目前有超过3.3亿人使用欧元。

（二）欧元的管理机构——欧洲中央银行

欧元由欧洲中央银行和各欧元区国家的中央银行组成的欧洲中央银行系统负责管理。

欧洲中央银行的职能是“维护货币的稳定”，管理主导利率、货币的储备和发行以及制定欧洲货币政策。其职责和结构以德国联邦银行为模式，独立于欧盟机构和各国政府之外。保持价格稳定和维护中央银行的独立性是欧洲中央银行的两个主要原则。根据《马斯特里赫特条约》的规定，欧洲中央银行的首要目标是“保持价格稳定”，与德国规定的德国中央银行的首要任务“捍卫货币”如出一辙。虽然欧洲中央银行有义务支持欧元区如经济增长、就业和社会保障等其他经济政策，但前提是不影响价格稳定的总目标。

（三）欧元简史

1969年3月，欧共体海牙会议提出建立欧洲货币联盟的构想，并委托时任卢森堡首相的皮埃尔·维尔纳就此提出具体建议。1971年3月，“维尔纳计划”通过，欧洲单一货币建设迈出了第一步。“计划”主张在

10年内分三个阶段建成欧洲经济货币联盟。但是，随后发生的石油危机和金融风暴，致使“维尔纳计划”搁浅。1979年3月，在法国、德国的倡导和努力下，欧洲货币体系宣告建立，同时欧洲货币单位“埃居”诞生。

1986年2月，欧共体签署《单一欧洲文件》，提出最迟在1993年初建立统一大市场。1989年6月，《德洛尔报告》通过，报告主张分三个阶段创建欧洲经济货币联盟：第一步，完全实现资本自由流通；第二步，建立欧洲货币局（即欧洲中央银行的前身）；第三步，建立和实施经济货币联盟，以单一货币取代成员国货币。

1991年12月10日，欧共体首脑会议通过了《欧洲联盟条约》（通称《马斯特里赫特条约》，以下简称《马约》），决定将欧共体改称为欧洲联盟。《马约》规定，最迟在1999年1月1日，经欧洲理事会确认，如达到“趋同标准”的成员国超过7个，即可开始实施单一货币。1994年12月15日，马德里首脑会议决定将欧洲单一货币定名为欧元，取代埃居。1998年5月，布鲁塞尔首脑会议正式排定欧元11个创始国名单。1999年1月1日，欧元正式启动，1月4日，欧元在国际金融市场正式登场。2002年1月1日，欧元纸币和货币正式进入市面成为流通货币。同年2月28日，成员国本国货币全面退出流通领域，欧元与成员国货币并存期结束。

（四）欧元样式

1999年1月1日，欧元在欧盟各成员国范围内正式发行，它是一种具有独立性和法定货币地位的超国家性质的货币。根据《马约》的规定，欧元于2002年1月1日起正式流通。

欧洲货币局发布的欧元票样有7张，面值分别为5欧元（灰色）、10欧元（红色）、20欧元（蓝色）、50欧元（橘黄色）、100欧元（绿色）、200欧元（黄色）和500欧元（紫红色），票面由窗户、大门和桥梁三个基本建筑要素构成，分别代表欧盟之间的开放、合作与沟通精神（有关欧元彩图请见本书课件）。

（五）欧元区经济简介

欧元区国家中，在经济领域内比较有影响力的国家是德国和法国，两国的经济状况对欧元区的经济有很大的影响。欧洲的工业生产水平和农业机械化程度均较高，生产总值在世界各洲中居首位，其中工业生产总值所占比重很大，但大多数国家粮食不能自给自足。西欧工业发展程度较高的国家主要为德国、法国、英国，其次为比利时、荷兰和瑞士等。德国、法国和英国的工业生产在世界工业生产中均位居前列。

三、日元

（一）日元简介

日圆（円），又称日元，其纸币称为日本银行券。日元货币符号为“￥”，国际标准化组织确定其标准代号为JPY（Japanese Yen）。

（二）日元的管理机构——日本银行

日本银行是日本的中央银行，在日本银行法中属于认可法人，简称日银。根据日本银行法，日本银行属于法人，类似于股份公司。其资本金为1亿日元，其中5 500万日元由日本政府出资，相当于股票的“出资证券”，已在日本JASDAQ市场上市（股票号码：8301）。与一般股票不同的是，持有该股票没有决议权，分红也被限制在5%以内。

日本银行根据日本银行法执行以下职能：（1）发行纸币现钞并对其进行管理。（2）执行金融政策。（3）作为政府的银行的同时，担任“最后的贷款者”这个银行的银行的角色。（4）执行与各国中央银行和公共机构之间的国际关系业务（包括介入外汇市场）。（5）搜集金融经济信息并对其进行研究。

（三）日元简史

第二次世界大战以后，美国单独占领了经济几近崩溃的日本达7年之久，保证了日本政治、领土完整和意识形态的统一，为日后的长期发展奠定了基础。同时，发生在20世纪50年代亚洲的两场战争（1950—1953年的朝鲜战争和1959—1975年的越南战争）也为日本的经济崛起奠定了坚实的基础。侵朝美军向日本厂商进行大量的军事订货和廉价劳务购买，使日本企业积存滞销的库存产品完全售空，并借此时机摆脱了日本财政紧缩的苦恼。据统计，从战争爆发至1953年期间，日本特需收入为12.8亿美元，广义上的特需收入为23.8亿美元。日本外汇储备从1949年仅有的2亿美元上升至1952年的11.4亿美元，3年内增长了近5倍。1953年，日本特需收入在外汇收入中所占比重在38.1%之上，20多万人口直接受益于特需商品的生产。至1955年时，日本特需总收入达到36亿美元。这些特需收入刺激了日本经济的恢复，增加了劳动者的收入，并带动了有效需求的增长，为增加原料进口、先进技术进口和更新陈旧设备提供了有利条件。

在两场亚洲战争以后，日本商品以低廉的价格畅销世界。到1985年，日本取代美国成为世界上最大的债权国。日本资本疯狂扩张的脚步令美国人惊呼"日本将和平占领美国"。

美国的企业家、经济学家和国会议员开始按捺不住，要求美元贬值以应对日益严峻的贸易赤字。1985年9月，美国财政部长詹姆斯·贝克、日本财政部长竹下登、前联邦德国财政部长杰哈特·斯托登伯、法国财政部长皮埃尔·贝格伯、英国财政部长尼格尔·劳森五个发达工业国家财政部长及五国中央银行行长在纽约广场饭店举行会议，达成五国政府联合干预外汇市场的协定，使美元对各主要货币的汇率有秩序地下调，以解决美国巨额的贸易赤字问题。因该协议在广场饭店签署，故该协议又被称为《广场协议》。协议中规定日元与马克应该大幅升值以挽回被过分高估的美元价格。《广场协议》签订后，五国联合干预外汇市场，各国开始抛售美元，继而引发市场投资者的抛售狂潮，导致美元持续大幅度贬值。

《广场协议》揭开了日元急速升值的序幕。在1985年9月时，日元汇率在1美元兑250日元上下波动，而在《广场协议》生效后不到3个月的时间里，日元快速升值到1美元兑200日元左右，升幅高达20%。1986年年底，汇率为1美元兑152日元，1987年汇率最高达到1美元兑120日元。从日元对美元名义汇率来看，1985年2月至1988年11月，升值幅度为111%；1990年4月至1995年4月，升值幅度为89%；1998年8月至1999年12月，升值幅度为41%。但是从日元实际有效汇率来看，1985年第一季度至1988年第一季度，升值幅度为54%；1990年第二季度至1995年第二季度，升值幅度为51%；1998年第三季度至1999年第四季度，升值幅度为28%。日本民众利用大幅升值的日元在海外进行大规模的资源、企业、房地产收购等。

1985年《广场协议》签订后的10年间，日元币值平均以每年5%以上的幅度上升，无异于给国际资本投资日本的股市和房地产市场一个稳赚不赔的机会。《广场协议》后近5年时间里，日本股价以每年30%、地价以每年15%的幅度增长，而同期日本名义GDP的年增幅只有5%左右，日本经济泡沫越来越大。1989年，日本政府开始施行紧缩的货币政策，戳破了经济泡沫，但日本股价和地价短期内下跌50%之多，银行形成大量的坏账，日本经济进入十几年的衰退期。

（四）日元票样

自1871年日元诞生至1984年新日币发行前，纸币上都是印制着当政者的肖像，诸如1881年开始发行的纸币上曾印着神功皇后的肖像，后来的1万元和5 000日元纸币上是圣德太子像，1千元纸币上是伊藤博文像。

然而，自1984年以后，日本政府一改以前的做法，决定全部用清一色的学者肖像，且又都是明治维新时期所涌现出来的各个学科领域里的领军式的人物，以此来鼓舞国民的士气（有关彩图请见本书课件）。

（五）日本经济简介

日本占地面积37.8万平方公里，约有1.26亿人口，是世界人口数量第10大国。日本资源极其匮乏，90%左右的资源依赖于进口。日本全国每年发生有感地震1 000多次，是世界上地震最多的国家。

1.农业

日本的耕地面积仅有504万公顷，农业生产量仅能满足国内40%的需求，绝大多数农产品依赖于国外进口。2013年，日本的小麦进口量约为500万吨，占世界进口小麦总量的4%左右；玉米进口量约1 800万吨，占世界玉米进口总量的25%。日本进口的农产品不仅数量巨大，而且来源地也十分广泛。2013年日本进口农产品金额、数量前15位的原产地分别是：美国、中国、澳大利亚、泰国、加拿大、韩国、法国、丹麦、印度尼西亚、中国台湾省、俄罗斯、巴西、智利、新西兰、菲律宾，分布相对均匀。

2.工业

日本是世界上最大的工业国之一。日本的重工业包括金属工业、机械工业、化学工业；轻工业包括纺织工业、食品工业、制窑业、纸和纸浆及其他工业。日本机械工业占工业总生产的44.7%，金属占12.4%，食品占10.9%，化学占10.3%，纺织占2.8%，其他占18.9%。

日本的工业主要集中在太平洋沿岸地区（太平洋沿岸带状工业地带），主要有京滨（东京-横滨）、名古屋（名古屋为中心）、阪神（大阪-神户）、濑户内（濑户内海沿岸）和北九州五大工业区。这种工业分布被称为“临海型”工业布局。

3.服务业

日本的服务业占经济总量的比重非常高，2015年达到68.1%，日本第三产业主要是金融业、保险业、旅游业和零售服务业。

四、英镑

（一）英镑简介

英镑（Great Britain Pound，GBP）是英国国家货币的名称，主要由英格兰银行发行，钞票面额为5、10、20、50英镑。由于英国是世界最早实现工业化的国家，曾在国际金融业中占统治地位，所以英镑曾是国际结算业务中计价结算使用最广泛的货币。

（二）英镑的管理机构——英格兰银行

英格兰银行是英国的中央银行，该银行于1694年以私营方式成立，自1931年起服从于财政部的政策并于1946年被收归国有。1997年起，英格兰银行成为一个独立的公共机构，由政府全资所有但拥有自己独立的货币政策。

英格兰银行的基本职能：

1.发行的银行

英格兰银行拥有在英格兰和威尔士发行钞票的垄断权。在苏格兰和北爱尔兰两地，虽然钞票的发行权由一般商业银行所拥有，但是以英格兰银行发行的钞票为准备的，所以，英格兰银行实际上也是这两个地区的发行银行。

2.银行的银行

根据英国议会在1979年通过的银行法和在1987年通过的银行法规定，凡是在英国经营业务的银行都由英格兰银行进行管辖，英格兰银行拥有对整个银行业的监管权。

3.政府的银行

虽然英国法律规定英格兰银行隶属于财政部，但实际上英格兰银行拥有相当大的自主权。它虽然与政府密切合作，但政府也一贯尊重其意见。作为英国政府的银行，英格兰银行代理英国国库，经管政府收支，经理国家债务，并代表英国政府参加国际金融机构会议等。

英格兰银行负责货币供给、印发钞票和铸造硬币，向英国政府和其他银行提供货币，管理黄金和通货储币。

英格兰银行总部自1734年起一直设置在伦敦金融城的针线街，因此被人们戏称为“针线街的老管家婆”。英格兰银行的首脑为总裁，由英国政府任命。

（三）英镑简史

英国于1821年正式采用金本位制，英镑成为英国的标准货币单位，且每英镑的含金量为7.32238克。1914年第一次世界大战爆发时，英国废除了金本位制，金币在市面上停止流通，英国也停止了黄金的兑换。1925年5月13日，英国执行金块本位制，之后由于世界经济危机，其在1931年9月21日被迫放弃了金块本位制。从此，英镑演化成了不能兑换黄金的纸币。但由于外汇管制的需要，1946年12月18日仍规定英镑的含金量为3.58134克。

到20世纪初，英镑一直是最重要的国际支付手段和储备货币，在第一次世界大战后，英镑的国际储备货币地位趋于衰落，且逐渐被美元所取代。第二次世界大战爆发时期，英国实行非常严格的外汇管制，将英镑汇率固定在1英镑兑换4.03美元的水平上。1947年7月15日，英国宣布英镑实行自由兑换，但是由于外汇储备迅速流失，又于同年8月份恢复了外汇管制。1949年9月，英国宣布将英镑贬值30.5%，英镑兑美元汇率一度贬值到2.80美元，1967年11月18日，英镑再次贬值，英镑兑美元汇率降至2.40美元，英镑的含金量也降为2.13281克。1971年8月15日，美元实行浮动汇率后，英镑开始以不变的含金量为基础重新确定对美元的汇率。在同年的12月18日美元正式贬值后，英镑兑换美元的汇率升值为1英镑兑换2.6057美元，但实际汇率在1英镑兑换2.5471美元至2.6643美元的区间内浮动，波幅为4.5%左右。1973年3月19日，西欧八国组成联合浮动集团，但是英国并未参加，继续单独浮动。1974年1月，英镑实际汇率制成为有管理的浮动汇率制。同年，英镑区缩小，仅包括英国、爱尔兰、开曼群岛和海峡群岛。1990年10月8

日，英镑加入欧洲货币体系，对货币体系内各种货币汇率的波动幅度为6%。

1992年初，英国经济日益衰退，英国政府迫切需要英镑贬值以增加出口，但英国政府却受到欧洲汇率体系的限制，必须勉强维持英镑对马克的汇价。英国政府的高利率货币政策受到许多金融专家的质疑，国内商界领袖也强烈要求降低利率。在1992年夏季，英国的首相梅杰和财政大臣虽然在各种公开场合一再重申坚持现有政策不变，英国有能力将英镑留在欧洲汇率体系内，但1992年9月15日，索罗斯决定大举做空英镑。当时的英镑对马克的汇率一路下跌至2.80，虽然有消息说英格兰银行在此时购入30亿英镑，但仍然未能挡住英镑的大幅下跌。直到傍晚收市时，英镑对马克的汇率差不多已跌至欧洲汇率体系规定的最低下限。英镑已经处于退出欧洲汇率体系的边缘位置。在1992年9月16日，英国正式宣布英镑暂时脱离欧洲货币体系。

英镑是英国官方货币。欧元在市面上流通之后，英镑成为历史最悠久的且仍然在使用的货币。英镑占全球外汇储备的第三名，仅次于美元和欧元。英镑是国际市场第四大外汇交易币种，排在美元、欧元和日元之后。虽然英镑和欧元没有固定汇率机制，但是英镑和欧元之间经常存在长期走势趋同，然而自2006年中期以来这种趋同的走势已经逐渐减弱。

（四）英镑票样

英镑票样分为几个序列，主要区别在于背面的人物不同。

1.D序列英镑

D序列英镑背面分别为：1英镑，物理学家艾萨克·牛顿；5英镑，军事家、将军威灵顿公爵；10英镑，护理学先驱弗洛伦斯·南丁格尔；20英镑，位于西敏寺诗人角的威廉·莎士比亚雕像；50英镑，建筑家克里斯托弗·雷恩（1970年起发行）。

2.E序列初版

E序列初版英镑背面分别为：5英镑，发明家乔治·斯蒂芬森；10英镑，小说家查尔斯·狄更斯；20英镑，物理学家迈克尔·法拉第；50英镑，英格兰银行首任行长约翰·霍布伦（再版大约为1990—1994年陆续发行）。

3.E序列再版

E序列再版英镑背面分别为：5英镑，慈善家伊丽莎白·弗雷；10英镑，进化论奠基人查尔斯·达尔文；20英镑，作曲家爱德华·埃尔加。

4.F序列

F序列英镑背面分别为：20英镑，现代经济学之父亚当·斯密；50英镑，工业革命代表人物，左为制造商、工程师马修·博尔顿，右为发明家、工程师詹姆斯·瓦特（2011年11月发行）。

有关英镑彩图请见本书课件。

（五）英国经济简介

英国作为一个重要的贸易实体、经济强国以及世界金融中心，且一度连续两年成为世界最大的海外投资国。英国经济以私有企业为主体，是世界上第六大经济体，也是全球最富裕、经济最发达以及生活水平最高的国家之一。英国的工业在世界上占有举足轻重的地位，是欧洲最大的军火、石油产品、电脑、电视和手机制造国。

1.农业

英国农业在世界上不占显著地位，在国民经济中的比重也比较低。由于人口密度高，英国人均占有农用地尤其是耕地面积少，更主要由于历史上长期忽视农业，所以至今农产品自给率仍不高。目前英国还是世界上主要农产品进口国之一。

2.工业

英国主要的工业部门有采矿、冶金、化工、电子电器、汽车、航空、食品、饮料、烟草、轻纺、造纸、印刷和建筑等。生物制药、航空和国防是英国工业研发的重点，也是最具创新能力和竞争优势的产业。英国制造业中的纺织业最不景气，但电子、光学设备、人造纤维和化工，特别是制药行业仍保持很强的世界竞争力。2009年英国工业产值占国内生产总值的23.8%，其中能源产业表现最为突出。英国的主要能源生产大约占总GDP的10%，且所占比重一直逐步增加。英国主要出口机械、汽车、航空设备、电器和电子产品、化工产品和石油，主要进口原材料和食品。

3.服务业

英国的服务业，特别是银行业、金融业、航运业、保险业以及商业服务业占GDP的比重极大，而且处于世界领先地位。伦敦更是世界上数一数二的金融、航运和服务中心。英国曾号称“日不落帝国”，强盛时期的英镑是全球主要外汇储备货币。目前全球外汇市场高达35%的成交量均集中在伦敦，相较于第二名纽约的18%，第三名日本的6%，伦敦被称为“世界金融中心”实至名归。国际拆借市场利率定价通常以3个月或6个月的Libor为基础，指的就是伦敦（London）的利率。伦敦更是股票公开发行市场路演必到之处，伦敦金融中心的地位在汇率、利率、股票市场上的重要性可见一斑。

英国拥有全世界最大的有色金属交易所——伦敦金属交易所（LME）。伦敦金属交易所成立于1876年，交易品种有铜、铝、铅、锌、镍、锡和铝合金，交易所的价格和库存量对世界上的有色金属生产和销售有着重要的影响。在19世纪中期，英国曾是世界上最大的锡和铜的生产国，但随着时间的推移，工业需求量不断增长，英国又迫切地需要从国外的矿山大量进口工业原材料。从21世纪初起，伦敦金属交易所开始公开发布其成交价格并被广泛作为世界金属贸易的基准价格。世界上70%的铜生产量是按照伦敦金属交易所公布的正式牌价为基准进行贸易的。

五、瑞士法郎

（一）瑞士法郎简介

瑞士法郎（CHF）由瑞士国家发行，是瑞士和列支敦士登的法定货币。瑞士法郎是一种硬通货，瑞士的大部分邻国使用欧元。瑞士境内亦有商铺、机构通行欧元。

瑞士法郎又简称为瑞郎，1瑞士法郎等于100生丁，面值分别为：1、2、5、10、20、50生丁和1、2、5、10、20、50、100、200、1 000瑞士法郎。

（二）瑞士法郎的管理结构——瑞士国家银行

瑞士国家银行是瑞士的中央银行，它是根据1905年联邦宪法创建的联合股份银行，注册资本总额为5 000万瑞士法郎，实收资本为2 500万瑞士法郎，且多数股份由州政府和州银行持有，其余股份由其他私人持有。其董事会中大部分人选由瑞士联邦政府直接指派，向联邦议院负责。1907年，瑞士国家银行在伯尔尼、巴塞尔、日内瓦、苏黎世、圣加伦等地开始营业。在瑞士银行之间，它主要是“银行的银行”，对于不同的联邦代表处，它是联邦的银行。瑞士国家银行在制定货币政策和汇率政策上拥有极大的独立性。瑞士央行并不使用特定的货币市场利率来指导货币的供给与需求。一直到1999年秋，瑞士央行一直使用外汇互换和回购协议作为影响货币供给量和利率的主要工具。瑞士国家银行总行设在伯尔尼，业务各司分设在伯尔尼、苏黎世两地。第一司设在苏黎世，负责货币、统计、内部审计、法律、职工人事，并与其他司联合执行货币政策；第二司设在伯尔尼，负责发行钞票，管理现金、债券，进行贵金属的交易，处理与联邦当局及各部的业务关系，办理伯尔尼地区业务；第三司设在苏黎世，负责办理贴现、放款、外汇、汇划、票据交换和苏黎世地区的业务。此外，瑞士国家银行还设有秘书所，在8个城市设有分行、3个城镇设有分支机构。

（三）瑞士法郎简史

瑞士法郎出现之后，瑞士货币制度发生了多次变革。1860年实行金银复本位制。1880年禁止私人自由铸造银币，从而使白银在瑞士丧失了作为货币的功能。1931年6月3日，瑞士实行新的铸币法，规定新铸币脱离白银，改与黄金挂钩。1936年，在世界各国纷纷放弃金本位制的大环境下，瑞士法郎被迫宣告贬值，并且放弃了金本位制。1936年10月，瑞士国家银行确定瑞士法郎对美元的比价为4.37282瑞士法郎兑1美元。

1952年12月17日，瑞士确定瑞士法郎含金量为0.2032258克，并重新确定对美元的官方汇率为4.37282。在此后10余年，瑞士法郎对美元的汇率基本上维持这一水平未变。但是在20世纪70年代，由于美元危机日益严重，国际金融市场出现抢购德国马克和瑞士法郎的风潮，从而使瑞士法郎汇价不断攀升。

1971年5月10日，瑞士法郎升值7.07%，含金量提高到了0.2175926克，对美元的官方汇率为4.0841，同年12月18日美元贬值7.89%，瑞士法郎对美元官价调整为3.84法郎兑1美元。为了阻止美元游资大量流入瑞士，1973年1月23日，瑞士国家银行宣布停止按官价上下限买卖美元，实行全面的浮动汇率。

瑞士法郎在20世纪一直是最稳定的货币，并在相当长的时间内被视为避险货币，因此在瑞士几乎总是零通胀。

（四）瑞士法郎票样

瑞士法郎票样上，人物分别为：10瑞郎为建筑家勒·柯布西耶，20瑞郎为音乐家阿瑟·奥涅格，50瑞郎为舞蹈家苏菲·托伊伯，100瑞郎为雕塑家阿尔贝托·贾科梅蒂，200瑞郎为诗人查理斯·菲迪南德·拉缪兹，1 000瑞郎为艺术家雅各布·布克哈特。

有关瑞士法郎彩色票样请见本书课件。

（五）瑞士经济简介

瑞士国土面积为41 285平方公里，是一个山清水秀的国家。瑞士森林面积约10 800平方公里，占全国面积的26%；河湖面积约1 726平方公里，占瑞士全国面积的4.2%。瑞士地处北温带，地域虽小，但各地气候差异很大。阿尔卑斯山由东向西伸展，形成了瑞士气候的分界线，被称为“世界花园”“世界公园”“钟表王国”“金融之国”“欧洲乐园”“欧洲水塔”等。

1.农业

从传统上讲，瑞士是个农业国。中立的瑞士在第二次世界大战期间受到孤立时，是瑞士农民养活了一国之民。在第二次世界大战结束以前，瑞士本国有25%的人从事农业，然而今天这一指标降至仅为3%~4%。草原和牧场整整占瑞士农业用地的四分之三，谷物和蔬菜的种植局限于低海拔地区，约三分之一的农场从事谷物生产。

2.工业

瑞士工业总产值占国内生产总值的50%左右。机械、化工、纺织、钟表和食品5大工业部门是瑞士的5大工业支柱。

瑞士机械工业是从19世纪中期的制造纺织机械开始的。如今，机械工业总产值占工业总产值的1/3，也是瑞士的第一大工业。1967年制成了1 300万千瓦的世界最大蒸汽机组，1971年又制成世界第一台电子计数器，还制成了130万千瓦的原子能电站设备。瑞士苏尔兹兄弟机械公司的船用柴油机专利被更多的国家所采用。瑞士的纺织工业在世界居于领先地位。自20世纪70年代以来，新发明的织机纬纱镶边和电子控制提花双面针织机在世界享有盛名。机床和精密仪器的主要特点是品种繁多、用途广泛，更注重产品的精密度和自动化水平。

化学工业在工业中占有举足轻重的地位。化工产品有染料、药品、农药、化纤、香料和油漆。药品占化学工业的40%左右。化工中心在巴塞尔市，世界著名的西巴—盖吉·霍夫曼·乐施和山度士三大化工集团本部都设在这里。

3.服务业

第二次世界大战后，瑞士对纺织业和服装行业进行了重大改革，其生产的丝织品、化纤品及刺绣在世界上享有盛名。瑞士东北部的圣加仑、苏黎世是纺织和服装生产的中心。

瑞士钟表业有500多年的悠久历史，迄今为止一直保持世界领先地位，被人们称为“钟表王国”。高档表出口占世界市场的40%，高级表多用于宇航、军事设施、科研等方面。瑞士在钟表业方面不断采取措施，参与国际市场的竞争。1983年瑞士以25美元的低廉价格出售装饰表，在短短的9个月里售出了100万只。1983—1986年，瑞士钟表出口量由1 566万只增加到2 807万只，3年半中增长了79.2%。钟表工业是瑞士的传统工业，在国际上久享盛名，经久不衰。

食品工业主要是利用本国生产的原料发展起来的一些特殊部门，尤其是瑞士出口的速溶咖啡和浓缩食品在世界上享有盛誉。雀巢食品公司是瑞士最大的食品公司，以经营食品、饮料为主，除了速溶咖啡外，还有牛奶、奶酪、汤料、巧克力、点心及其他冷冻食品。

瑞士是世界金融中心，银行业和保险业是最大的部门。瑞士的银行被称为“世界上最安全的银行”，3个世纪以来，瑞士银行一直坚持着为储户永久保密的原则。

瑞士旅游业非常发达，还有望得到进一步发展。旅游业长期保持稳定和强劲的发展势头，为旅游相关行业的发展创造了条件。

六、澳大利亚元

（一）澳大利亚元简介

澳大利亚元（AUD），简称澳元。澳大利亚最初采用的通货与英镑一样，后来采用自己的通货澳洲镑，币值与英镑等同。当时，1镑有20先令，1先令有12便士，1镑等同240便士。在1966年澳洲推行十进制之时，货币也同时改作十进制。由于当时1美元的价值大概等于半英镑，所以新的十进制通货改为与美元联动。新通货的单位为澳洲元，币值等同于旧澳洲镑的半镑。1元等于100分，1分大概等于1.2便士。

（二）澳大利亚元的管理机构——澳大利亚储备银行

澳大利亚储备银行是澳大利亚的中央银行，成立于1959年，总部设在南威尔士州雪梨，主要职责是制定和实施货币政策，维持金融体系的稳定，管理外汇储备，发行纸币和代理国库等。

澳大利亚储备银行由澳大利亚政府全资所有，向澳大利亚议会负责，支付系统理事会负责支付系统的安全和运营。

澳大利亚储备银行的主要职能如下：

1.货币发行

澳大利亚储备银行通过其纸币发行部，独家发行澳大利亚纸币。澳大利亚政府对货币发行无法定限额，由澳大利亚储备银行视市场需要的增减情况决定。

2.代理国库

澳大利亚储备银行是政府的银行，代理各联邦政府和州政府办理各种收支等业务，它还为政府免费提供银行服务。

3.对金融业的管理

澳大利亚储备银行要求每家商业银行必须将其接受的存款的一定百分比作为法定储备金存放在储备银行法定准备存款账户中。每家银行还必须保持“基础资产比率”。基础资产包括现金、法定存款、短期政府债券和其他政府债券等。储备银行有权检查银行的资产流动情况。

4.调节货币和银行系统的活动

与财政部一起制定和颁布国家金融政策，实现货币政策目标，是澳大利亚储备银行的最主要的职能。其目标是稳定澳元，维持澳大利亚充分就业以及提高澳大利亚人民福利。

（三）澳大利亚元简史

1966年2月14日，澳大利亚发行了现行流通的货币澳大利亚元，以取代先前流通的旧货币澳大利亚镑。

1971年8月15日美元实行浮动汇率以后，澳大利亚元于当月的23日开始与英镑挂钩，12月22日美元贬值，澳大利亚宣布澳大利亚元的含金量不变，其含金量为0.99531克，对美元的官方汇率上升为1.216美元，波幅为2.25%。1972年6月23日，随着英镑区的解体，澳大利亚元因此享受的优惠也就宣告结束。

1974年9月25日，澳大利亚重新实施有效汇率制，且澳大利亚元不再钉住美元，并改为钉住主要贸易伙伴国20种货币一揽子加权货币，实行浮动汇率管理制度。1976年11月29日，其有效汇率贬值17.5%。

1983年12月12日，澳大利亚取消了澳元钉住一揽子贸易加权货币的有效管理浮动汇率，而实行自由浮动汇率，澳大利亚也因此取消所有外汇管制。现在澳大利亚元已成为国际金融市场重要的硬通货和投资工具之一。2010年，澳大利亚元正式取代瑞士法郎的国际地位，成为全球第五大流通货币，居美元、欧元、日元、英镑之后，占总交易量的6%。

（四）澳大利亚元票样

5元澳大利亚元，正面为英国女王伊丽莎白二世，左边是桉树；背面为澳大利亚国会山，背景是国会山规划设计图。

10元澳大利亚元，正面为澳大利亚诗人帕特森，背景是一群奔腾的野马和英勇的骑士，这是在帕特森的长诗《雪河男子汉》中描述的景象，在右边面额数字“10”和透明窗之间是帕特森的签名，其肖像下方的左右两边是帕特森的手迹——《雪河男子汉》，在肖像与面额数字之间的白色树叶和文字象征帕特森的另外一个著名短诗《马蒂尔达》；背面为澳大利亚诗人吉尔默女爵，背景是吉尔默女爵的作品中描述的场景——运送羊毛的马车队和吉尔默女爵晚年肖像，在面额数字“10”和系列号之间是吉尔默的签名，最左边的手写体是吉尔默最著名的爱国诗篇《不许敌人抢夺我们的果实》。

20元澳大利亚元，正面为澳大利亚女企业家莱蓓，背景中的帆船是莱蓓经营的“水星号”，背景中的建筑是悉尼乔治大街上属于莱蓓的仓库，透明视窗中的图案是与航海息息相关的指南针图案，在面额数字“20”和透明视窗之间，是莱蓓的签名；背面为澳大利亚“皇家飞行医生服务”创始人弗林牧师，背景中的飞机是用于飞行急救的维多利亚号急救飞机，飞机下方是内地乡村急救站使用的脚踏式发电机——给发报机供电，一幅标明数字的人体医学图——用于乡村急救站用发报机向飞行医生报告病人的伤害部位，右方是飞行医生巡回救治时使用的骆驼队，在飞机的上方是弗林的手写签名。

50元澳大利亚元，正面为澳大利亚土著人作家、发明家戴维·乌奈庞，右上方是他获得的剪羊毛工具发明专利，右下方是他的作品《澳大利亚土著人的传奇与传说》手迹，左边是一对土著人夫妇和一座位于乌奈庞家乡的教堂，乌奈庞曾经在这所教堂接受过教育，直到现在，这里一直都是澳大利亚土著人生活的地方；背面是澳大利亚第一位女议员艾蒂丝·科恩，左边是西澳州首府佩斯市议会大厦，科恩曾于1920年在此担当澳大利亚历史上的第一位女议员，右方是科恩为了争取妇女和儿童的权益在演讲，在她的背后是一位监护人和她收养的四个孩子。

100元澳大利亚元，正面是澳大利亚女高音歌唱家梅尔巴，背景是悉尼女王剧院，左边是梅尔巴的签名，背景是梅尔巴于1902年在澳大利亚的巡回演出；背面是澳大利亚杰出的军事将领莫纳什爵士，右侧是在一战中攻打德军的兴登堡防线中的炮兵与骑兵。

有关澳大利亚元彩色票样请见本书课件。

（五）澳大利亚经济简介

澳大利亚为南半球经济最发达的国家。澳大利亚只有2 200万人口，但2010年却创造了14 800亿美元的国内生产总值，居全球第十三位。人均国内生产总值高达6.5万美元，居全球第六位，远高于美国、英国和加拿大等其他发达国家。澳大利亚人类发展指数位于世界第二名，仅次于挪威。澳大利亚为贸易强国，主要出口商品有煤、黄金、铁矿石、原油、天然气、铝矾土、牛肉、羊毛、小麦、糖、饮料等，主要进口商品有航空器材、药物、通信器材、轿车、原油、精炼油和汽车配件等。澳大利亚的主要贸易对象有中国、日本、美国、新西兰、德国、英国、南非、沙特阿拉伯、印度、韩国、新加坡、印度尼西亚、巴西等。其中，日本、美国、新西兰、中国及新加坡为澳大利亚最重要的贸易伙伴。

1.农业

澳大利亚是世界十大农产品出口国之一。澳大利亚农牧业十分发达，自然资源丰富，被称作“骑在羊背上的、坐在矿车上的、手持麦穗的国家”。澳大利亚长期靠出口农产品赚取大量收入，盛产羊、牛、小麦和蔗糖。

2.工业

澳大利亚是世界六大矿产资源出口国之一。澳大利亚的矿产资源、石油和天然气都很丰富，矿产资源至少有70余种。其中，铝土矿储量居世界首位，占世界总储量的35%。澳大利亚是世界上最大的铝土、氧化铝、钻石、铅、钽生产国，黄金、铁矿石、煤、锂、锰矿石、镍、银、铀、锌等的产量也居世界前列。同时，澳大利亚还是世界上最大的烟煤、铝土、铅、钻石、锌及精矿出口国，第二大氧化铝、铁矿石、铀矿出口国，第三大铝和黄金出口国。已探明的有经济开采价值的矿产蕴藏量为：铝矾土约31亿吨，铁矿砂153亿吨，烟煤5 110亿吨，褐煤4 110亿吨，铅1 720万吨，镍900万吨，银40 600吨，钽18 000吨，锌3 400万吨，铀61万吨，黄金4 404吨。澳大利亚原油储量2 400亿公升，天然气储量13 600亿立方米，液化石油气储量1740亿公升。

3.服务业

澳大利亚的金融业、商业和服务业也极为发达。澳大利亚的高科技产业在近几年有较快发展，在国际市场上竞争力有所提高。自1970年以来，澳大利亚经济经历了重大结构性调整，旅游业和服务业迅速发展，占国内生产总值的比重逐渐增加，目前已达到70%左右。澳大利亚邮政是世界上少见的赚钱而不需要政府补贴的邮政系统。

七、加拿大元

（一）加拿大元简介

加拿大元（CAD）简称加元。加拿大使用的所有硬币由加拿大皇家铸币局铸造，所有纸币则由加拿大印钞公司与BA International Inc印制。加拿大银行2011年6月20日在渥太华总部公布了用特殊塑料制成、包含先进防伪技术的新型塑质钞票，分为50加元和100加元两种面值，以遏制在货币流通领域的高技术犯罪，并节约印制钞票的费用。

（二）加拿大元的管理结构——加拿大央行

加拿大央行的首要职责是促进加拿大经济和金融健康发展。加拿大央行的货币使命中写明：央行的责任是维持较低和稳定的通胀水平、安全的货币、金融稳定和确保政府基金和债权的有效管理，以国家经济生活为最高利益，规范信贷和货币，控制和保护国家货币市场的价值，调整生产、贸易、物价和就业水平，提高加拿大的经济与金融福利。它是依据1934年的加拿大银行法案而建立的，旨在制定货币政策和发行货币，同时维护加拿大经济与金融系统的稳定。

（三）加拿大元简史

自1850年起出现长达10年的争论，其内容是加拿大是采取英镑的货币体系，还是基于美元的十进制货币体系。出于实用性和加强与美国贸易关系的考虑，当地居民期望加拿大与美国的货币单位互通，但伦敦当局仍然倾向于英制货币体系的想法，因为英镑是整个大英帝国唯一通行的货币。在1851年，加拿大省立法局和加拿大省议会通过了一项结合英镑单位兼具十进制模式的造币法案。当时的想法是将通过十进制模式铸造的货币能与美元相对应。

作为一种折中办法，加拿大省立法局和省议会在1853年通过法案，基于英国的索维林和美国鹰金币之上，创立了加拿大的金本位，确认索维林为法定货币，且1英镑= $4.86\frac{2}{3}$ 美元。当时没有任何货币依据1853年的法令铸造，而在当时担当法定货币的一众纯银铸币被非货币化。英国当局在原则上允许使用十进制造币，但依然坚持能把“皇家”的名称加注到一个纯银货币单位之上。然而，在1857年，加拿大省决定引进一种能与美元相对应的十进制货币。因此，当新的十进制货币在1858年推出时，加拿大省的货币能与美国货币相一致，尽管英国的索维林仍然是法定货币，且1英镑= $4.86\frac{2}{3}$ 加元的比率。1859年，加拿大省当局首次印制了十进制面额的邮票。

1861年，新不伦瑞克省和新斯科舍省根据加拿大省的法案采用基于美元的十进制货币体系。在接下来的一年中，加拿大省发行的邮票面额里出现了元和分。

纽芬兰省在1865年采用十进制货币体系，但与新不伦瑞克省和新斯科舍省不同的是，它的基准为西班牙银圆，而非美元，这两种货币之间有细微的差别。创制于1792年的美元正是基于已磨损的西班牙银圆的平均重量。正因为如此，西班牙银圆价值较美元略高，故纽芬兰元的价值略高于加拿大元。

1867年，加拿大省、新不伦瑞克省和新斯科舍省三省合并成为加拿大自治领，三种货币统一。1871年，爱德华王子岛加入基于美元的十进制体系的序列，并发行1分硬币。然而，当爱德华王子岛在1872年加入加拿大自治领之后，其货币也被加元合并了。

联邦议会在1871年4月通过统一货币法，加拿大元取代各省货币。第一次世界大战期间，加拿大暂时放弃金本位，后于1933年4月10日明确取消。第二次世界大战爆发时，加元与美元的汇率固定在1.1加元=1美元，而在1946年两者达到平价。1949年，随着英镑贬值，汇率回落到1.1加元=1美元的水平。然而，1950年加拿大放松紧盯美元的汇率政策，允许加元浮动，直至1962年1加元=0.925美元时才重置到挂钩状态。该联系汇率一直持续到1970年，之后才逐步允许加元自由浮动。

1934年加拿大中央银行创建以前以及后来的一段过渡时期，政府发行的纸币和特许银行发行的纸币同时在市面上流通。后来，特许银行发行的纸币逐渐退出流通领域，到1949年年底，特许银行的纸币在实际使用中已不多见。

1935年以来，加拿大一共发行了七个系列的纸币，分别是1935版、1937版、1954版、加拿大风光系列、加拿大鸟类系列、加拿大旅程系列和现在的先锋者系列。1935年加拿大银行发行第一批钞票，分别用英语和法语两种文字印刷，以后发行的钞票都是英法两种文字共同印刷。重新设计的钞票系列于1937年、1954年和1969年发行，最新的钞票是2013年发行的。

（四）加元票样

2加元的反面图案为知更鸟（robin）。

5加元的纸币上印有威尔夫里德·劳累埃爵士的头像，他是加拿大第一位法裔总理，1896—1911年在加拿大执政，5加元反面图案为啄木鸟（woodpecher）。

10加元的背后印有约翰·A.麦克唐纳德爵士的头像，他是加拿大第一任总理，任职期为1867—1873年，反面图案为鱼鹰（白色羽毛的osprey）。

20加元印的是英国女王伊丽莎白二世，反面的图案为潜鸟（加拿大特有的动物commonloon）。

50加元印的是W.L.麦肯辛金的头像，他曾两次担任加拿大总理，第一次是1921—1930年，第二次是1935—1948年；反面的图案为雪鹰（加拿大独有的一种猫头鹰snowyowl）。

100加元印的是1911—1920年间任总理的罗伯特波顿爵士的头像，反面图案为加拿大野鹅（加拿大的象征性动物Canada goose）。

1 000元纸币很少见，反面为松树腊嘴鸟（pine grosbeak）。

有关加拿大元的彩色票样请见本书课件。

（五）加拿大经济简介

加拿大经济高度发达，2016年的国内生产总值为1.53万亿美元。加拿大是经济合作与发展组织和G8成员，也是世界十大贸易国之一，经济高度国际化。加拿大经济为混合经济，在美国传统基金会公布的经济自由指数中排名高于美国和大部分西欧国家。在过去的一个世纪中，制造业、矿业和服务业的大幅增长使加拿大从传统的农业型国家转变成工业化国家。2016年，加拿大货物贸易出口5 211亿加元，同比下降0.7%，进口5 472亿加元，同比下降0.1%，对外贸易逆差261亿加元，较2015年扩大31亿加元。能源产品成为出口增长主要推动因素。

1.农业

加拿大的第一产业占经济相当大的比重，农业为加拿大经济中重要的行业。大平原是世界上最重要的小麦和油菜产地，这使得加拿大成为世界上重要的农产品出口国之一。

2.工业

加拿大能源产业发达，是发达国家里极少数的能源出口国之一。加拿大大西洋省份离岸区域储藏着丰富的天然气资源，艾伯塔省则拥有大量石油资源。艾伯塔省的阿萨巴斯卡油田的巨大储量使加拿大成为世界上仅次于沙特阿拉伯的第二大石油储藏国。加拿大也是矿产资源大国，是锌和铀的主要产出国，除此之外还大量出口金、铅、铝和镍等。其矿产有60余种，镍、锌、铂、石棉的产量居世界首位，铀、金、镉、铋、石膏居世界第二位，铜、铁、铅、钾、硫黄、钴、铬、钼等产量相当丰富，已探明的原油储量为80亿桶。许多气候恶劣的北部城市正是靠附近的矿产和木材资源维持。加拿大南部制造业发达，尤其是南安大略和魁北克，汽车制造和飞行器制造是其最重要的两大行业。

3.服务业

如同许多发达国家一样，加拿大经济以服务业为主，四分之三的就业人口从事该行业。2010年，加拿大服务业增加值为8 902亿加元，比2009年增长2.7%，占加拿大国内生产总值的72.2%。服务业从业人员1 330万人，占就业人口总数的78.1%。2010年，加拿大前五大服务领域是金融、保险、房地产、相关租赁和企业管理，总值为2 575亿加元，占服务业增加值的28.9%，医疗保健及社会救助为829亿加元，占服务业增加值的9.3%，零售销售为762亿加元，占服务业增加值的8.6%，公共管理为749亿加元，占服务业增加值的8.4%，批发销售为694亿加元，占服务业增加值的7.8%。

八、新加坡元

（一）新加坡元简介

新加坡元（SGD），是新加坡的法定货币，以S$标记。新加坡元可分为纸币和硬币，近年也开始发行塑料钞票。新加坡从1967年6月12日开始发行自己的钞票“新加坡元”。新加坡法律对钞票的保护有严格的规定，如不准在钞票上涂污、写字等。

（二）新加坡元的管理机构——新加坡金融管理局

新加坡国会于1970年通过“新加坡金融管理局法案”（MAS法案），该法案赋予MAS管理所有新加坡的金融、银行体系与财金方面有关的事务的权力。

新加坡金融管理局（MAS）是新加坡的中央银行，成立于1971年，综合了银行及财经等诸多金融职能。自新加坡金融管理局成立后，新加坡金融业务开始由政府部门进行专业管理。

然而，不同于其他的中央银行，诸如美国联邦储备系统或是英格兰银行，MAS并不通过控制利率升降进而影响市场的流动性来管控金融。相反，它是利用外币汇兑机制，对货币的供给进行管控。

在1977年4月，新加坡政府决定引进“工业保险”管理，其管理职能遵照“工业安全法（1973）”。该机构于1984年9月转入MAS体系。

2002年10月1日，MAS进一步合并了货币专员委员会。

2002年10月1日前，MAS执行除货币发行（由新加坡货币局（简称BCCS）执行）外几乎所有的央行职责。其工作目标为：制定货币和汇率政策，保证经济稳定发展，避免通货膨胀；维持适合金融服务产业发展的环境；促进具有竞争力的、可持续发展的金融服务产业；建立具有向心力的卓越组织，吸引激励人才；与其他央行、世界金融机构和新加坡私营机构建立起良好的业务关系。

（三）新加坡元简史

新加坡古称淡马锡，8世纪建国，属印尼室利佛逝王朝，18—19世纪初是马来亚柔佛王国的一部分，1824年沦为英国殖民地。1845—1939年，新加坡使用由海峡殖民地发行的“叻币”作为流通货币。1940年后，新加坡跟随马来亚使用马来亚元。第二次世界大战时，新加坡使用由日本军政府发行俗称“香蕉钞”的日本军用手票，战后恢复使用马来亚元，直到1953年改换由“马来亚与英属婆罗洲货币委员会”所发行的马来亚与英属婆罗洲元，汇率与马来亚元为1∶1。1965年8月9日新加坡独立，12月22日成立共和国，但仍使用马来亚与英属婆罗洲元。当时的法定汇率为60马元=7英镑。1967年，英镑贬值，原“马来亚与英属婆罗洲货币委员会”停止发行马来亚与英属婆罗洲元，新加坡政府发行了自己的新加坡元，取代了马来亚与英属婆罗洲元。同时发行的货币包括新加坡元、马来西亚令吉及文莱元，而且三国货币是等值的。当时，新加坡元兑英镑为60新加坡元=7英镑，这时候新加坡元与英镑依然挂钩，主要依据是英镑区的协议。新加坡元曾经短暂与美元挂钩；1973—1985年，新加坡元开始以一篮子货币作为货币的汇率变动参照；1985年以后，新加坡元采取浮动汇率制度。

（四）新加坡元票样

新加坡元分为胡姬花系列（1967-1976年）、鸟系列（1976-1984年）、船系列（1984-1999年）、人像系列（1999年至今）。

（五）新加坡经济简介

20世纪80年代初开始，新加坡加速发展资本密集、高附加值的新兴产业，大力投资基础设施建设。90年代以后，新加坡为进一步推进经济增长，大力推行“区域化经济发展战略”，加速向海外投资。

1.农业

由于新加坡国内资源匮乏，农业在国民经济中所占比例不到1%，主要有家禽饲养和水产业。粮食全部靠进口，蔬菜自产仅占5%，绝大部分从马来西亚、中国、印度尼西亚和澳大利亚进口。

2.工业

新加坡工业主要包括制造业和建筑业。制造业产品主要包括电子产品、化学与化工产品、机械设备、交通设备、石油产品等。新加坡是世界第三大炼油中心。

3.服务业

新加坡服务业是经济增长的龙头产业，包括商业零售与批发、饭店旅游、交通与电信、金融服务、商业服务等。旅游业是主要外汇收入来源之一，其主要景点有圣淘沙岛、植物园、夜间动物园等。

第二节　外汇交易中的主要经济数据

一、每月1—10日公布的国际经济数据

（一）美国

1.美国ISM制造业指数

（1）ISM制造业指数的含义

ISM制造业指数是由美国供应管理协会公布的重要数据，是首份以制造业为焦点的月度经济报告。该指数通过调查执行者对未来生产、新订单、库存、就业和交货拖期来评估美国经济状态。尽管美国制造业占GDP份额很小，但是制造业的波动对GDP的变化有着重要作用。因此，制造业的发展通常优先于整体经济，ISM制造业指数成为经济反转的领先指标。若经过一段时期的衰退后，对制造业产品需求的加速，即ISM制造业指数上涨，很可能暗示经济将转向上行。反之，在经济扩张时期，制造业订单和生产放缓，暗示经济减速。ISM制造业指数因其及时性受到市场的广泛重视。

（2）ISM制造业指数的历史数据

表6-1列示了2012年11月至2013年10月美国ISM制造业指数的历史数据。

表6-1　　美国ISM制造业指数（2012年11月至2013年10月）

时期	结果	公布日期
2012年11月	49.5	2012-12-03
2012年12月	50.7	2013-01-02
2013年1月	53.1	2013-02-01
2013年2月	54.2	2013-03-01
2013年3月	51.3	2013-04-01
2013年4月	50.7	2013-05-01
2013年5月	49.0	2013-06-03
2013年6月	50.9	2013-07-01
2013年7月	55.4	2013-08-01
2013年8月	55.7	2013-09-03
2013年9月	56.2	2013-10-01
2013年10月	56.4	2013-11-01

由表6-1可知，美国ISM制造业指数的数据从2012年11月开始一直呈现出稳步上升的趋势，2012年11月的数据为49.5，而2013年10月的数据为56.4，上升了6.9。这说明了美国制造业已经开始好转，美国经济有稳步回暖的可能。2008年美国次贷危机重挫了美国的实体经济，而如今制造业回暖（制造业是一切产出的动力源泉），这也预示着美国有逐渐走出金融危机阴影的可能。

2.美国初请失业金人数

（1）美国初请失业金人数的含义

美国初请失业金人数是指美国无业人员初次领取最低保障金的人数。该数值小代表了领取失业金的人数少，预示着美国经济好转。但是该数据具有短期的不稳定性，可能会受到短期环境等其他因素的变化而受到影响。该数据的公布机构为美国劳工部。

（2）美国初请失业金人数的历史数据

表6-2列示了2013年9月至2013年11月美国初请失业金人数的历史数据。

表6-2　美国初请失业金人数（2013年9月至2013年11月）

时期	结果	公布日期
上周	32.3万人	2013-09-05
上周	29.2万人	2013-09-12
上周	30.9万人	2013-09-19
上周	30.5万人	2013-09-26
上周	30.8万人	2013-10-03
上周	37.4万人	2013-10-10
上周	35.8万人	2013-10-17
上周	35.0万人	2013-10-24
上周	34.0万人	2013-10-31
上周	33.6万人	2013-11-07
上周	33.9万人	2013-11-14
上周	32.3万人	2013-11-21

由表6-2可知，美国初请失业金人数2013年9月至2013年11月的数据基本保持稳定，没有过多的人领取政府最低保障金。

3.美国ISM非制造业指数

（1）美国ISM非制造业指数的含义

ISM非制造业指数衡量的是非制造业部门的经营状况，基于就业趋势、物价和新订单等数据。尽管非制造业在整个经济中占据主要部分，但是由于非制造业数据具有周期性并且容易预测，因此对市场的影响力有限。然而，鉴于其在CPI中占有很大一部分，因此数据能揭示经济增长和通胀压力的内部情况。该指数有10个分指数，其中商业活动指数最为重要，其他9个分指数是新订单、供应商交货时间、就业、存货、物价、未完成订单、新出口订单、进口以及预期存货。ISM每月将调查问卷发给17个行业的370多个采购经纪人，包括法律服务、娱乐、不动产、交通、保险、运输、银行以及宾馆。每个行业被调查公司所占的比例取决于该部门对GDP的贡献率。被调查者要求回答他们对所列出的对象的真实感受（高涨、冷清还是没变）。该指数的公布机构为美国供应管理协会。

（2）美国ISM非制造业指数的历史数据

表6-3列示了2012年11月至2013年10月美国ISM非制造业指数的历史数据。

表6-3 **美国ISM非制造业指数（2012年11月至2013年10月）**

时期	结果	公布日期
2012年11月	54.7	2012-12-05
2012年12月	56.1	2013-01-04
2013年1月	55.2	2013-02-05
2013年2月	56.0	2013-03-05
2013年3月	54.4	2013-04-03
2013年4月	53.1	2013-05-03
2013年5月	53.7	2013-06-05
2013年6月	52.2	2013-07-03
2013年7月	56.0	2013-08-05
2013年8月	58.6	2013-09-05
2013年9月	54.4	2013-10-03
2013年10月	55.4	2013-11-05

由表6-3可知，美国ISM非制造业指数没有大幅度的波动，说明美国经济发展还是非常平稳的，并有逐步上升的态势。

（二）欧洲

1.欧元区综合采购经理人指数（PMI）

（1）欧元区综合采购经理人指数（PMI）的含义

欧元区综合采购经理人指数是衡量欧元区的“体检表”。它用来衡量所有行业在产出方面的状况，但由于欧元区国家的经济结构都偏重于制造业（例如德国），所以欧元区综合采购经理人指数也变相地反映了欧元区制造业的前景。50%是该指数的分水岭，低于50%，表明该指数萎缩；高于50%，表明该指数扩张。该指数的公布机构为市场研究机构Markit。

（2）欧元区综合采购经理人指数（PMI）的历史数据

表6-4列示了2012年11月至2013年10月欧元区综合采购经理人指数的历史数据。

表6-4　**欧元区综合采购经理人指数（2012年11月至2013年10月）**

时期	结果（%）	公布日期
2012年11月	46.5	2012-12-05
2012年12月	47.2	2013-01-04
2013年1月	48.6	2013-02-05
2013年2月	47.9	2013-03-05
2013年3月	46.5	2013-04-04
2013年4月	46.9	2013-05-06
2013年5月	47.7	2013-06-05
2013年6月	48.7	2013-07-03
2013年7月	50.5	2013-08-05
2013年8月	51.5	2013-09-04
2013年9月	52.2	2013-10-03
2013年10月	51.9	2013-11-06

解析：由表6-4可知，欧元区综合采购经理人指数从2012年11月

有稳步上升的趋势，且该指标是一个先行指标，也是欧元区经济的“晴雨表”。该指数由低于50%逐渐突破了分水岭，在2013年10月时，该指数为51.9%，预示着欧元区经济形势的好转。

2.德国制造业采购经理人指数（PMI）

（1）德国制造业采购经理人指数（PMI）的含义

德国制造业采购经理人指数主要反映德国企业对于目前经营环境的看法。由于采购经理人指数具有实时性，部分组成项目亦有领先的特性，故该指数针对新增订单及工业生产具有良好的预测能力，是极具市场影响力的经济指标。50%是该指数的分水岭，低于50%，表明制造业萎缩；高于50%，表明制造业扩张。该指数的公布机构为市场研究机构Markit。

（2）德国制造业采购经理人指数（PMI）的历史数据

表6-5列示了2012年11月至2013年10月德国制造业采购经理人指数的历史数据。

表6-5　**德国制造业采购经理人指数（2012年11月至2013年10月）**

时期	结果（%）	公布日期
2012年11月	46.8	2012-12-03
2012年12月	46.0	2013-01-02
2013年1月	49.8	2013-02-01
2013年2月	50.3	2013-03-01
2013年3月	49.0	2013-04-02
2013年4月	48.1	2013-05-02
2013年5月	49.4	2013-06-03
2013年6月	48.6	2013-07-01
2013年7月	50.7	2013-08-01
2013年8月	51.8	2013-09-02
2013年9月	51.1	2013-10-01
2013年10月	51.7	2013-11-04

解析：由表6-5可知，德国制造业采购经理人指数从2012年11月开始有稳步上升的趋势，且在2013年7月突破了50%的分水岭，表明制造业的复苏。德国的制造业占德国国内生产总值的比重非常大，而德国又是欧元区内的重要经济体。德国制造业的复苏预示着德国经济的好转，也同样预示了欧元的走势。

（三）英国

1.英国服务业采购经理人指数（PMI）

英国服务业采购经理人指数主要反映服务行业经理人对于目前经营环境的看法，是衡量经济健康状况的领先指标，而英国的服务业占英国整体经济的比重超过七成，因此服务行业的健康状况对英国经济有着巨大影响，服务行业数据的涨跌也会影响到英镑走势。50%是该指数的分水岭，低于50%，表明服务业萎缩；高于50%，表明服务业扩张。该指数的公布机构为市场研究机构Markit。

限于篇幅，本书以下不再一一列举有关历史数据，只列示代表性的数据。

2.英国贸易账

英国贸易账是指英国商品和劳务的进出口差额。贸易账是英国国际收支中最重要的组成部分之一，因此对英镑估值有重要意义。贸易收支为负，称为贸易赤字，表明进口大于出口；当出口大于进口时，则为贸易盈余。如果出现顺差，说明资金呈现净流入，利好英镑；如果出现逆差，说明资金净流出，利空英镑。该指数的公布机构为英国国家统计局。

（四）瑞士

1.瑞士消费者物价指数（CPI）

瑞士消费者物价指数是根据与瑞士居民生活有关的产品及劳务价格统计出来的物价变动指标，通常作为观察通货膨胀水平的重要参考。消费者物价指数水平表明消费者的购买能力，也反映经济的景气状况。该指数的公布机构为瑞士联邦统计局。

2.瑞士消费者物价指数（CPI）历史数据

表6-6列示了2012年11月至2013年10月瑞士消费者物价指数的历史数据。

表6-6　瑞士消费者物价指数（2012年11月至2013年10月）

时期	结果（%）	公布日期
2012年11月	-0.4	2012-12-06
2012年12月	-0.4	2013-01-11
2013年1月	-0.3	2013-02-12
2013年2月	-0.3	2013-03-08
2013年3月	-0.6	2013-04-09
2013年4月	-0.6	2013-05-08
2013年5月	-0.5	2013-06-06
2013年6月	-0.1	2013-07-05
2013年7月	0	2013-08-07
2013年8月	0	2013-09-06
2013年9月	-0.1	2013-10-08
2013年10月	-0.3	2013-11-05

解析：由表6-6可知，瑞士的消费者物价指数一直维持在零值附近，这说明瑞士没有发生通货膨胀的可能。这样的经济数据，完全可以归功于瑞士国家银行的货币政策，因为瑞士国家银行从不以改变市场利率来调节市场货币的供给与需求。这样的消费者物价指数水平同时也说明瑞士的经济非常有韧性，受外界其他因素变化影响的程度较小。这也是瑞士法郎可以成为世界避险货币的原因之一。

（五）澳大利亚

1.澳大利亚失业率

澳大利亚失业率是指在一定时期内，失业人口占劳动人口的比率，是衡量闲置中的劳动产能，是反映澳大利亚失业状况的主要指标。失业率是反映一个国家经济状况的最直观的指标。澳大利亚地大物博，人口稀少，经济主要以农业、矿产资源和服务业为主。在人口如此稀少且社会容量足够大的条件下，澳大利亚的失业率不应该过高。该数据的公布机构为澳大利亚统计局。

2.澳大利亚就业人数变化

澳大利亚就业人数变化，能反映出澳大利亚的制造行业和服务行业的发展及其增长情况，数字减少便代表企业减少生产，经济趋向萧条，市场敏感度非常高。该数据公布机构为澳大利亚统计局。

（六）日本

1.日本失业率

（1）日本失业率的含义

日本失业率是指在一定时期内，失业人口占劳动人口的比率，是衡量闲置中的劳动产能，是反映日本失业状况的主要指标。通过该指标可以判断一定时期内日本全部劳动人口的就业情况。一般情况下，失业率下降代表整体经济健康发展，利于日元升值；失业率上升，便代表经济发展放缓衰退，不利于日元升值。该数据的公布机构为日本总务省。

（2）日本失业率的历史数据

表6-7列示了2012年10月至2013年9月的日本失业率历史数据。

表6-7　　**日本失业率**（2012年10月至2013年9月）

时期	结果（%）	公布日期
2012年10月	4.2	2012-11-30
2012年11月	4.1	2012-12-28
2012年12月	4.2	2013-02-01
2013年1月	4.2	2013-03-01
2013年2月	4.3	2013-03-29
2013年3月	4.1	2013-04-30
2013年4月	4.1	2013-05-31
2013年5月	4.1	2013-06-28
2013年6月	3.9	2013-07-30
2013年7月	3.8	2013-08-30
2013年8月	4.1	2013-10-01
2013年9月	4.0	2013-10-29

解析：由表6-7可知，日本的失业率从2012年10月开始有逐渐下降的趋势，说明日本经济整体向好。失业率的逐渐下降，归根于日本的量化宽松政策。

2.日本贸易账（财务省）

日本贸易账是指日本在一定时期内出口贸易总额与进口贸易总额相比的差额。出口额大于进口额叫顺差或盈余；反之，则叫逆差或赤字。

日本属于出口型经济，如果出现贸易逆差现象，预示着经济转弱，政府就要改善这种状况。因此，当日本贸易赤字扩大时，就会利空日元，令日元汇率下跌。反之，当出现贸易盈余时，则是利好日元。

二、每月11—20日公布的国际经济数据

（一）美国

1.美国NAHB房价指数

（1）美国NAHB房价指数的含义

美国房屋建筑商协会（National Association of Home Builders，NAHB），是一个行业协会，将推进国家的住房政策作为自己的优先事项。自1942年以来，房屋建筑商协会开始为会员、住宅产业和广大公众提供服务。房屋建筑商协会提供了55+房屋市场指数，以衡量在不断发展的55+房屋市场，阐明对这一关键市场的未来预期。该指数有时会影响市场走势，因为它是房屋销售以及整体支出的一个很好的领先指标。

（2）美国NAHB房价指数的历史数据

表6-8列示了2012年12月至2013年11月美国NAHB房价指数的历史数据。

表6-8　美国NAHB房价指数（2012年12月至2013年11月）

时期	结果	公布日期
2012年12月	47	2012-12-18
2013年1月	47	2013-01-16
2013年2月	46	2013-02-19
2013年3月	44	2013-03-18
2013年4月	42	2013-04-15
2013年5月	44	2013-05-15
2013年6月	52	2013-06-17
2013年7月	57	2013-07-16
2013年8月	59	2013-08-15
2013年9月	58	2013-09-17
2013年10月	55	2013-10-16
2013年11月	54	2013-11-18

解析：由表6-8可知，美国NAHB房价指数一直呈现稳步上升态

势，这说明美国房地产市场已经逐渐从2008年金融危机中复苏，这对美元有利多的作用。

（二）欧洲

1.欧元区ZEW经济景气指数

（1）欧元区ZEW经济景气指数的含义

ZEW经济景气指数是位于德国曼海姆的一家德国公司——欧洲经济研究中心（ZEW）每个月向350位金融方面的专家进行调查从而得出的对德国经济情况的中期预期。该中心要求专家评估当前环境以及预测未来经济走向。受访者只需回答“乐观”、“悲观”或者“不变”，这使得报告容易被统计、具有即时性并且容易理解。所询问的问题包括对未来六个月通货膨胀率、利率、汇率以及股市的评估。该数据对德国经济中期表现提供了预测。调查反映的是乐观者与悲观者之间的差别。例如，如果25%的专家预计经济改善、35%的专家认为经济放缓，40%的人认为不变，那么ZEW指数表现为-10。一般来说，如果数据上升，将利好欧元；反之，将利空欧元。

（2）欧元区ZEW经济景气指数的历史数据

表6-9列示了2012年12月至2013年11月欧元区ZEW经济景气指数的历史数据。

表6-9　**欧元区ZEW经济景气指数（2012年12月至2013年11月）**

时期	结果	公布日期
2012年12月	7.6	2012-12-11
2013年1月	31.2	2013-01-22
2013年2月	42.4	2013-02-19
2013年3月	33.4	2013-03-19
2013年4月	24.9	2013-04-16
2013年5月	27.6	2013-05-14
2013年6月	30.6	2013-06-18
2013年7月	32.8	2013-07-16
2013年8月	44.0	2013-08-13
2013年9月	58.6	2013-09-17
2013年10月	59.1	2013-10-15
2013年11月	60.2	2013-11-19

解析：由表6-9可知，欧元区ZEW经济景气指数迅速上升，说明金融专家对欧洲经济的前景非常看好，利好欧元。

2.欧元区消费者物价指数

欧元区消费者物价指数十分重要，而且具有启示性，因为消费物价指数水平表明消费者的购买能力，也反映经济的景气状况。消费者物价指数是欧洲央行调整货币政策的主要观察指标，当消费者物价指数连续大幅上扬，也代表通货膨胀压力升高，此时欧洲央行可能会采取升息动作。目前，欧洲央行将欧元区通货膨胀率目标设定在2%。该指数公布机构为欧盟统计局。

（三）英国

1.英国消费者物价指数

英国消费者物价指数是对一个固定的消费品篮子价格的衡量，主要反映消费者支付商品和劳务的价格变化情况，也是一种度量通货膨胀水平的工具，以百分比变化为表达形式。消费者物价是整体通货膨胀的最主要部分，通货膨胀对货币估值很重要，因为上升的物价将令央行为控制通货膨胀目标而上调利率，进而利好英镑。该指数的公布机构为英国国家统计局。

2.英国三个月ILO失业率

该指标的公布机构为国际劳工组织（International Labour Organization，ILO）。

3.英国失业率

英国失业率是指失业人口占劳动人口的比率（一定时期全部就业人口中有工作意愿而仍未有工作的劳动力数字），旨在衡量闲置中的劳动产能，是反映一个国家或地区失业状况的主要指标。失业率数字被视为一个反映整体经济状况的指标，而它又是每个月最先发表的经济数据，所以外汇交易员与研究者们喜欢利用失业率指标对工业生产、个人收入甚至新房屋兴建等其他相关的指标进行预测。失业率上升，对英镑是利空。该数据的公布机构是英国国家统计局。

4.英国零售销售月率

英国零售销售直接反映英国服务业的好坏，在英国，大约70%的GDP是由服务业创造的，所以英国服务业的健康与否，直接反映了英国的经济状况。该数据的公布机构是英国国家统计局。

（四）加拿大

1.加拿大失业率

加拿大失业率是指一定时期内，失业人口占劳动人口的比率（一定时期全部就业人口中有工作意愿而仍未有工作的劳动力数字），旨在衡量闲置中的劳动产能，是反映一个国家或地区失业状况的主要指标。该数据的公布机构是加拿大统计局。

2.加拿大就业人数变化

加拿大就业人数变化直观地反映了加拿大对劳动力的需求，若经济向好，则对劳动力的需求就会增加，也会对提振加拿大元有很大的作用。该数据的公布机构是加拿大统计局。

3.加拿大消费者物价指数（CPI）

加拿大消费者物价指数是根据与居民生活有关的产品及劳务价格统计出来的物价变动指标，通常作为观察通货膨胀水平的重要参考。它是一国央行衡量通货膨胀的重要指标，央行将据此对货币政策做出调整，进而影响短期内汇率走势。该数据的公布机构是加拿大统计局。

三、21—31日公布的国际经济数据

（一）美国

1.美国成屋销售月率

（1）美国成屋销售月率的含义

美国成屋销售是美国房地产行业协会研究部每月接收650多个房地产经纪人组织和协会及全国多元报价系统关于单一家庭成屋销售情况的数据。成屋销售数据在销售类中占据着重要地位，它直接反映出房地产市场的景气状况。房地产市场状况体现出居民的消费支出水平，若消费支出强劲，则表明该国经济运行良好。该数据的公布机构是美国商务部。

（2）美国成屋销售月率的历史数据

表6-10列示了2012年11月至2013年10月美国成屋销售月率的历史数据。

表6-10　美国成屋销售月率（2012年11月至2013年10月）

时期	结果（%）	公布日期
2012年11月	5.9	2012-12-20
2012年12月	-1.0	2013-01-22
2013年1月	0.4	2013-02-21
2013年2月	0.8	2013-03-21
2013年3月	-0.6	2013-04-22
2013年4月	0.6	2013-05-22
2013年5月	4.2	2013-06-20
2013年6月	-1.2	2013-07-22
2013年7月	6.5	2013-08-21
2013年8月	1.7	2013-09-19
2013年9月	-1.9	2013-10-21
2013年10月	-3.2	2013-11-20

解析：由表6-10可知，美国成屋销售月率从2012年开始波动明显，并逐渐下降。这说明美国房地产还没有彻底走出2008年次贷危机的阴影，该数据可能会弱化美元。

2.美国非农失业率

（1）美国非农失业率的含义

美国失业率是指失业人口占劳动人口的比率（一定时期全部就业人口中有工作意愿而仍未有工作的劳动力数字），旨在衡量闲置中的劳动产能，是反映一个国家或地区失业状况的主要指标。失业率的收集，是调查员以电话抽样访问方式进行的。若被访者表示在过去两个星期有意工作而没有工作，这就可被界定为失业。失业率通常是以失业人数占总劳动人口的百分比来计算的，但总劳动人口的计算方法则因不同国家而有不同的定义。非农业就业数字为失业数字中的一个项目，该项目主要统计从事农业生产以外的职位变化情形，它能反映出制造行业和服务行业的发展及其增长，数字减少便代表企业减少生产，经济趋向萧条。当社会经济发展较快时，消费自然随之增长，消费性以及服务性行业的职位也就增多。当非农业就业数字大幅增加时，理论上对汇率应当有利，反之则相反。因此，该数据是观察社会经济和金融发展程度及状况的一项重要指标。失业率可对通货膨胀趋势提供指引。当劳动人口紧张导致失业率持续下降时，薪酬便有上升的压力，在生产成本增加的情况下，物价亦会随之而上升。在分析此数据时必须留意，数字可能会被一些因素所影响，譬如说不寻常的天气或一些工业纠纷等因素。该数据的公布机构为美国劳工部。

（2）美国非农失业率的历史数据

表6-11列示了2012年11月至2013年10月美国非农失业率的历史数据。

表6-11　　**美国非农失业率（2012年11月至2013年10月）**

时期	结果（%）	公布日期
2012年11月	7.7	2012-12-07
2012年12月	7.8	2013-01-04
2013年1月	7.9	2013-02-01
2013年2月	7.7	2013-03-08
2013年3月	7.6	2013-04-05
2013年4月	7.5	2013-05-03
2013年5月	7.6	2013-06-07
2013年6月	7.6	2013-07-05
2013年7月	7.4	2013-08-02
2013年8月	7.3	2013-09-06
2013年9月	7.2	2013-10-22
2013年10月	7.3	2013-11-08

解析：由表6-11可知，美国非农失业率从2012年11月开始一直有下降的趋势，非农失业率是美国重要的经济数据之一。对美元的走势有非常大的影响，失业率的下降有进一步提振美元的可能。

3.美国非农就业人数变化

（1）美国非农就业人数变化的含义

美国非农就业人数能反映出制造行业和服务行业的发展及其增长。该数字减少便代表企业减少生产，经济趋向萧条，市场敏感度非常高。非农就业报告反映的是剔除农业部门就业人数的每月就业变化。非农就业人数是最受市场关注的就业指标，被认为是美国最全面、最权威的就业数据。鉴于劳动力对美国经济的重要性，这使得非农数据相当重要。

特别是政治压力的介入——因为美联储有职责通过利率变化使就业保持在健康区间。非农就业人数上升说明就业增长以及潜在的通胀压力，美联储通常会以升息进行压制。反之，非农就业持续下降表明经济放缓，令减息的可能性增加。就业报告通常被誉为能够令外汇市场做出反应的所有经济指标中的“XO”，它是市场最为敏感的月度经济指标。这组数字由美国劳工部在每月的第一个星期五公布。当社会经济形势较好时，消费水平自然随之上升，消费性以及服务性行业的职位也就增多。当非农业就业数字大幅增加时，表明了一个健康的经济状况，理论上对汇率应当有利，并可能预示着更高的利率，而潜在的高利率促使外汇市场更多地推动该国货币价值，反之亦然。该数据的公布机构为美国劳工部。

（2）美国非农就业人数变化的历史数据

表6-12列示了2012年11月至2013年10月美国非农就业人数变化的历史数据。

表6-12　**美国非农就业人数变化（2012年11月至2013年10月）**

时期	结果（万人）	公布日期
2012年11月	14.6	2012-12-07
2012年12月	15.5	2013-01-04
2013年1月	15.7	2013-02-01
2013年2月	23.6	2013-03-08
2013年3月	8.8	2013-04-05
2013年4月	16.5	2013-05-03
2013年5月	17.5	2013-06-07
2013年6月	19.5	2013-07-05
2013年7月	16.2	2013-08-02
2013年8月	16.9	2013-09-06
2013年9月	14.8	2013-10-22
2013年10月	20.4	2013-11-08

解析：由表6-12可知，美国非农就业人数变化从2012年11月起一直有稳步上升的趋势，直观地说明了美国经济复苏强劲，对提振美元有很大作用。

4.美国房价指数月率

美国房价指数月率是直接反映美国房地产兴衰的数据，若经济向好，居民生活水平提高，消费能力增强，就会带动房地产业的兴旺。所以，美国房价指数月率从侧面反映了美国的经济状况。

5.美国贸易账

美国贸易账是指美国在一定时期内出口贸易总额与进口贸易总额相比的差额。出口额大于进口额叫顺差或盈余；反之，则叫逆差或赤字。美国一直以进口商品为主，出现贸易逆差现象也并不奇怪。因此，当日本贸易赤字扩大时，就会利空美元，令美元汇率下跌。反之，当出现贸易盈余时，则是利好美元。该数据的公布机构为美国商务部。

6.美国耐用品订单月率

美国耐用品订单是指在某段时间内市场订购的耐用品的数量。它包括了非住宅固定投资、预付耐用品订单、制造商装运货物、库存和订单发放。耐用品是指能够持续使用三年及三年以上的货物。耐用品订单代表未来一个月内，对不易耗损的物品订购数量，该数据反映了制造业活动情况，就定义而言，订单泛指有意购买、预期马上交运或在未来交运的商品交易。该统计数据包括对汽车、飞机等重工业产品和制造业资本用品，以及其他诸如电器等物品订购情况的统计。当我们审视工厂产品“订货量”时，也就是在观察未来数月的生产。订货量的跃升是一个积极信号，因为它表示工厂和雇员们将会继续忙碌，为满足来自客户的需求而工作。基于同一逻辑，订货量的持续下降一定会被看成一个麻烦的征兆，即生产线可能不久就会悄无声息，工人没有什么事情可做了。在后一种情况下，制造商面可能临着艰难的抉择。他们要么关掉一些工厂，可能还会同时解雇一些工人；要么继续维持现在的生产水平，冒着没有人要的产品库存堆积越来越多的风险。从该指标的增加或减少中，可以看到制造业生产情形的好坏，判断整体经济的表现，从而预测和判断外汇汇率的走向。当耐用品订单大幅下降时，可反映出制造业疲软，制造业疲软将会令失业率增加，经济表现较淡，对该国货币不利。反之，当经济表现蓬勃时，耐用品订单亦会随之上升，会利好该国货币。经济的很多方面要依靠耐用品生产来维系，包括就业增长、工业产量和利润等。该数据的公布机构为美国商务部。

7.美国零售销售月率

美国零售销售，是主要从事零售业务的商店以现金或信用形式销售的商品价值总额。零售销售直接反映出消费者支出的增减变化。在美国，消费者支出通常占到国民经济的一半以上，零售包括耐用品和非耐用品商品销售。零售数据对于判定一国的经济现状和前景具有重要的指导作用，因为零售销售直接反映出消费者支出的增减变化。汽车销售构成了零售销售中最大的份额，一般能够占到25%左右。由于食品和能源销售受季节影响较大，有时也将食品和能源剔除，再发布一个核心零售销售。通常情况下，一国零售销售的提升，代表该国消费支出的增加，经济情况好转，利率可能会被调升，对该国货币有利。反之，如果零售销售下降，则代表景气趋缓或不佳，利率可能调降，对该国货币偏向利空。该数据的公布机构为美国商务部。

8.美国生产者物价指数（PPI）

美国生产物价指数是衡量工业企业产品出厂价格变动趋势和变动程度的指数，是反映某一时期生产领域价格变动情况的重要经济指标，也是制定有关经济政策和国民经济核算的重要依据。生产者物价指数PPI与CPI不同，其主要目的是衡量企业购买的一篮子物品和劳务的总费用。由于企业最终要把它们的费用以更高的消费价格的形式转移给消费者，所以，通常认为生产者物价指数的变动对预测消费者物价指数的变动是有用的。理论上来说，生产过程中所面临的物价波动将反映至最终产品的价格上，因此观察PPI的变动情形将有助于预测未来物价的变化状况，因此这项指标受到市场重视。生产者物价指数是测算价格变化的指标，该价格是制造商和批发商在生产的不同阶段为商品支付的价格。这里任何一点的通货膨胀都可能最终被传递到零售业。如果销售商不得不为商品支付更多，那么他们更乐于把更高的成本转嫁给消费者。

生产者物价指数并不仅仅是一个指数，而是一族指数，是生产的三个渐进过程的每一个阶段的价格指数：原材料、中间品和产成品。对金融市场最有影响力的是最后一个，即产成品的PPI，它代表了商品被运到批发商和零售商之前的最终状态。该数据的公布机构为美国劳工部。

9.美国谘商会消费者信心指数

美国谘商会消费者信心指数是反映消费者信心强弱的指标，是综合反映并量化消费者对当前经济形势评价和对经济前景、收入水平、收入预期以及消费心理状态的主观感受，是预测经济走势和消费趋向的一个先行指标，是监测经济周期变化不可缺少的依据。受访者主要会被问到对“目前经济景气情况”“目前就业情况”的感受，做出“很好”、“普通”或“不佳”的评价，同时对于“六个月后经济景气情况”、“六个月后就业情况”以及“六个月后收入”等问题，表明认为“会更好”、“与现在相同”或“更差”的看法。对各个问题不同看法比例增减变动的趋势是观察重点。该指数以1985年为基期。

与密歇根大学消费者信心指数相比，美国谘商会消费者信心指数的波动性更大，这也降低了该指数作为消费者态度晴雨表的可靠性。在环境因素中，劳动市场状况与股市表现对消费者信心指数的影响力最深，消费者对两者有较敏感的反应。该数据的公布机构为美国谘商会。

10.美国消费者物价指数

美国消费者物价指数是根据与居民生活有关的产品及劳务价格统计出来的物价变动指标，通常作为观察通货膨胀水平的重要参考。消费者物价指数测量的是随着时间的变化，包括多种（通常有几百种）商品和服务零售价格的平均变化值。多种商品和服务会被分为几个主要的类别。在计算消费者物价指数时，每一个类别都有一个能显示其重要性的权数。权数的大小是通过向成千上万的家庭和个人调查他们购买的产品和服务来确定的。权数会经常修正，以使它们与现实情况相符。美国的消费者物价指数是涵盖了房屋支出、食品、交通、医疗、成衣、娱乐、其他等七大类商品的物价来决定各种支出的权数。消费者物价指数上涨，货币购买力下降；反之，则上升。消费者物价指数的倒数就是货币购买力指数。消费者物价指数的提高意味着实际工资的减少，消费者物价指数的下降意味着实际工资的提高。

CPI往往是市场经济活动与政府货币政策的一个重要参考指标。CPI稳定、就业充分及GDP增长往往是最重要的社会经济目标。如果消费者物价指数升幅过大，表明通胀已经成为经济不稳定因素，国家会有紧缩货币政策和财政政策的风险，从而造成经济前景不明朗。因此，该指数过高的升幅往往不受市场欢迎。该数据的公布机构为美国劳工部。

11.美国核心消费者物价指数

美国核心消费者物价指数是指CPI中扣除容易波动的食物与能源的统计数字，此数据也称为“核心物价变动率”。

12.美联储利率决议

美联储利率决议是美联储针对有关经济、市场、政策等方面的评论和投票表决利率结果形成的决议。它将给美联储未来货币政策走向带来指引。该数据的公布机构为美联储。

（二）德国

德国IFO商业景气度指数由德国IFO研究机构编制和发布，是观察德国经济状况的重要领先指标。IFO是德国经济信息研究所注册协会的英文缩写，1949年成立于慕尼黑，是一家公益性的、独立的经济研究所，是德国政府智库之一。

德国IFO商业景气度指数为每月公布，调查了企业对未来的看法，所涵盖的部门范围广泛，因此在经济走势预测上的参考性较强。

（三）英国

总部位于德国纽伦堡的GfK集团，有着80多年的发展历史，目前拥有超过10 000名全职员工，是全球五大市场研究公司之一。

英国GfK消费者信心指数是消费者支出的领先指标，而消费者支出又是整体经济活动的最主要的内容之一。较高的指标表示较高的消费者乐观度，消费信心上升，对英镑有利。

该数据的公布机构为英国市场调研机构（GfK NOP）。

（四）加拿大

国内生产总值（GDP）是指在一定时期内（一个季度或一年），一个国家或地区的经济中所生产出的全部最终产品和劳务的价值，常被公认为衡量国家经济状况的最佳指标。它不但是一个国家经济状况的表现，还可以反映一国的国力与财富。加拿大GDP为经济活动中最受关注的指标，是衡量经济健康与否的初始标准。

该数据的公布机构为加拿大统计局。

（五）日本

1. 日本商品贸易账（未季调）

日本商品贸易账是指日本在一定时期内出口贸易总额与进口贸易总额相比的差额。出口额大于进口额叫顺差或盈余；反之，则叫逆差或赤字。未季调是指没有经过季节调整的数据。

日本属于出口型经济，如果出现贸易逆差现象，则预示着经济转弱。当该国贸易赤字扩大时，就会利空日元，令日元汇率下跌；反之，当出现贸易盈余时，则是利多日元。

该数据的公布机构为日本财务省。

2. 日本全国消费者物价指数

日本全国消费者物价指数是根据与居民生活有关的产品及劳务价格统计出来的物价变动指标，通常作为观察通货膨胀水平的重要参考。该数据的公布机构为日本总务省。

3. 东京消费者物价指数

东京是日本的首都，占全国的消费比重非常高，所以，观察东京消费者物价指数会对了解日本经济有一定的帮助。

4. 日本失业率

日本失业率是指一定时期内，失业人口占劳动人口的比率（一定时期全部就业人口中有工作意愿而仍未有工作的劳动力数字），旨在衡量闲置中的劳动产能，是反映日本失业状况的主要指标。

该数据的公布机构为日本总务省。

本章小结

本章首先介绍了主要外汇交易品种美元、欧元、日元、英镑、瑞士法郎、澳大利亚元、加拿大元、新加坡元的基本情况和所在经济体的基本情况，然后介绍了在外汇交易中经常使用的各种经济数据。

关键概念

美元指数、美联储、美国谘商会消费者信心指数

综合训练

一、单项选择题

1.国际外汇市场中最基础的货币是（　　）。

A.欧元　　B.英镑

C.瑞郎　　D.美元

2.美元指数中，权重最大的货币是（　　）。

A.欧元　　B.英镑

C.瑞郎　　D.日元

3.欧元是欧盟中（　　）个国家的货币。

A.17　　B.18

C.19　　D.20

4.下列不在欧元区的国家是（　　）。

A.德国　　B.法国

C.瑞士　　D.西班牙

5.英格兰银行是英国的中央银行，该银行于（　　）年以私营方式成立。

A.1649　　B.1694

C.1714　　D.1726

二、多项选择题

1.欧元区国家中，影响力最大的两个国家是（　　）。

A.德国　　B.英国

C.法国　　D.意大利

2.属于传统的高息货币的是（　　）。

A.美元　　B.日元

C.澳大利亚元　　D.新西兰元

3.下列会影响美元汇率走势的因素有（　　）。

A.美国PMI　　B.美国失业率

C.美国CPI　　D.美元利率

4.世界上的国际金融中心有几十个，其中最大的三个金融中心分别是（　　）。

A.伦敦　　　　　　　　B.法兰克福

C.纽约　　　　　　　　D.东京

5.每月21—31日公布的国际经济数据有（　　）。

A.美国成屋销售月率　　　　B.美国非农失业率

C.美国非农就业人数变化　　D.美国NAHB房价指数

三、思考题

1.简述欧洲央行的职能。

2.简述日本银行的职能。

3.简述美国成屋销售月率。

4.简述美国ISM制造业指数。

5.简述美国ISM非制造业指数。

6.简述德国制造业采购经理人指数（PMI）。

7.简述日本失业率数据。

第七章

外汇交易技术分析

引例

欧元兑美元：日线图上，欧元兑美元慢速KD指标超卖区域形成金叉，SAR指标高位下滑，短期均线空头排列，预计欧元在承压走低至1.3000~1.3030的支撑水平后有望再度企稳回升，不过汇价的反弹力度可能较为有限。

澳元兑美元：日线图上，澳元兑美元慢速KD指标接近超卖区域横向整理，短期均线空头排列，SAR指标高位下滑，预计澳元守住下方支撑1.0250一线在反弹至中期下降趋势线切入位1.0350附近后可能再度承压走低，整体弱势格局并未改变。

美元兑日元：日线图上，美元兑日元KD指标中部区域死叉下行至超卖区域，5日均线与10日均线持续走低，SAR指标高位一路回调，预计汇价短线在惯性下破81.50~83.50的震荡区间后可能沿着下降趋势线进一步走低至80的心理关口。

资料来源　周君泱．主要外汇技术分析［N］．新闻晨报，2012-04-12．

第一节　技术分析基本工具——K线

一、K线的概念

K线又称为蜡烛线，起源于日本18世纪德川幕府时期的米市交易，故又称为日本线。经过长时间的应用与修改，最终得到了目前所使用的K线图，成为外汇、期货、股票、债券等金融市场的技术分析工具。

二、K线的画法

如图7-1所示，K线呈柱状，是由每个分析周期的开盘价、最高价、最低价、收盘价相结合绘制而成。K线由实体和影线两部分组成，并且有阴阳之分。影线在K线实体上方的被称为上影线，影线在K线实体下方的被称为下影线。收盘价高于开盘价的称为阳K线，通常阳线的实体部分用白色或者红色表示；反之，收盘价低于开盘价的称为阴K线，通常阴线的实体部分用黑色或者蓝色表示。

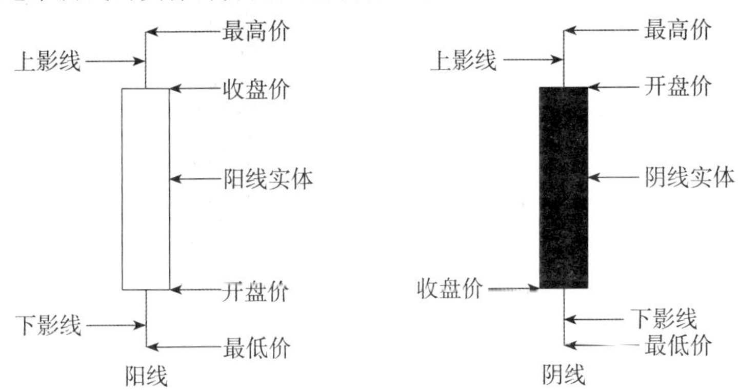

图7-1　K线图解示意图

K线可以清楚地表现出金融衍生产品在分析周期内的价格变动情况。市场上通常使用的有5分钟K线、10分钟K线、30分钟K线、60分钟K线、日K线、周K线、月K线、季度K线以及年K线。交易者可以根据自身交易习惯来选取不同周期的K线进行分析。

传统意义上的开盘价是以金融衍生产品的第一笔交易价格来确定的，但是在外汇市场上，交易时间是每天24个小时，且国际上各个国家的交易时间段不同，所以没有严格意义上的开盘价。最高价和最低价是指在分析周期内的两个极端价格，若两个价格相差幅度极大，说明市场交易活跃，买卖双方争夺激烈。收盘价格是多空双方激烈争夺过后的结果，是买卖双方供需的平衡点。相对于其他价格，收盘价最重要。在外汇市场上，严格意义上只有在一周的交易结束时的价格才可以定义为收盘价。

三、单根K线的含义

如图7-2所示，光头光脚大阳线与光头光脚大阴线上下均没有影线，且实体很长。光头光脚大阳线说明了多方已经取得了绝对的胜利，预示着后市还会有大幅上涨的可能。如果光头光脚大阳线出现在长时间横盘震荡趋势的末期，则对后市的影响会更加显著。光头光脚大阴线被市场定义为极度脆弱的K线，它的出现说明了空方已经取得了绝对的胜利，预示着后市还会有大幅下跌的可能，它通常出现在上升趋势反转时或者下跌趋势持续时。

图7-2 大阳线实体与大阴线实体示意图

如图7-3所示，开盘无影线是指K线没有从开盘价方向向外延伸影线，如果实体是阳线，就没有下影线，又称为光脚阳线，表示多方力量非常强势；如果实体是阴线，就没有上影线，又称为秃头阴线，表示空方力量非常强势。收盘无影线是指K线没有从收盘价方向向外延伸影线，如果实体是阳线，就没有上影线，又称为秃头阳线，表示多方强势；如果实体是阴线，就没有下影线，又称为光脚阴线，表示空方强势。

图7-3　开盘无影线和收盘无影线示意图

如图7-4所示，纺轴线是指有小实体和上下影线的K线，且上下影线的长度要比实体部分的长度长得多。这种形态说明了多空双方的不可靠性。其实，对于纺轴线来说，不管是阴线还是阳线，以及影线的长度是多少，这些都不重要。纺轴线的小实体部分才是它的主体。

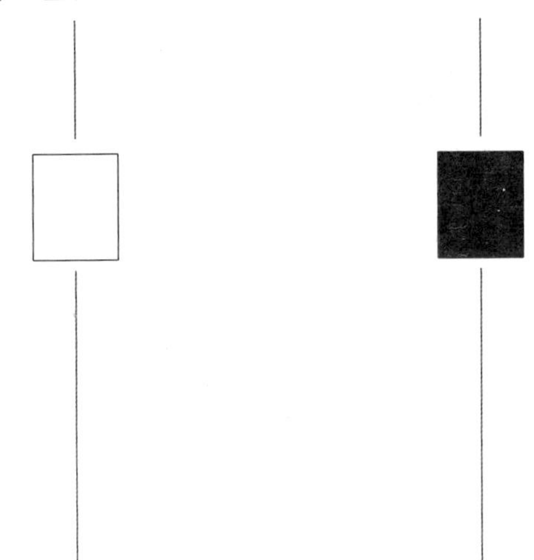

图7-4　纺轴线示意图

如图7-5所示，十字星K线没有实体部分，但是有很长的上下影线。十字星K线可以根据其K线的长度分为大十字星K线和小十字星K线。大十字星K线说明市场波动非常剧烈，后市一般会发生变化。而小十字星K线往往是盘整趋势的延续。十字星K线的交易部分主要集中于

“—”的位置，清楚地反映了多空双方的优势与劣势。在相应周期的交易中，市场大起大落，收盘价基本等于开盘价。

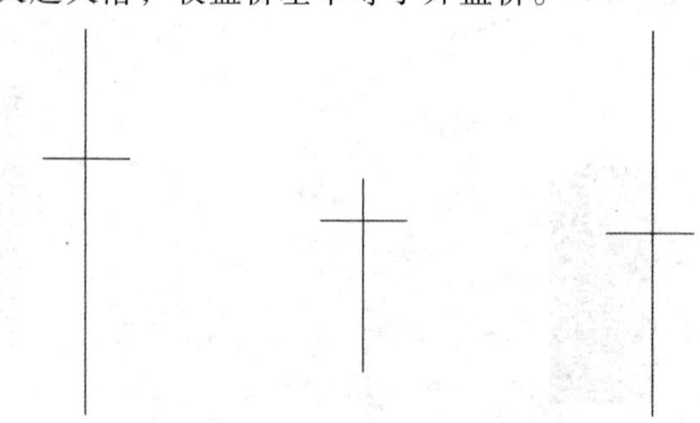

图7-5　十字星示意图

如图7-6所示，蜻蜓线是指K线无实体部分，开盘价和收盘价同时出现在全天最高点的位置，蜻蜓线通常是市场的转折点。墓碑线是指K线无实体部分，完全没有下影线或者下影线很短的情况，开盘价和收盘价几乎同时出现在全天最低点的位置。墓碑线有强烈的下跌意味，上影线越长，则下跌的意味越强烈。其全天基本在价格高位进行交易，但是收盘时价格又回到开盘价的位置，是超跌反弹的典型预兆。

图7-6　蜻蜓线和墓碑线示意图

一字线是指某个交易周期的开盘价、最高价、最低价、收盘价都完全相同时而出现形态近似于数字“一”的K线。开盘后直接涨停的是涨停一字线，说明市场多方力量非常强势。开盘后直接跌停的是跌停一字线，说明市场空方力量非常强势。

四、K线应用原则

（一）分析实体的长短

K线实体越长，代表的力量越强：阳线实体越长，买方力量越强；阴线实体越长，卖方力量越强。两根或三根K线组合在一起时，如果同是阳线，而且一根比一根长，表明买方占绝对优势，股价涨势还将持续；如果阳线一根比一根缩短，表明买方气势已开始减弱，股价涨幅有限。如果是阴线则相反，两根或三根阴线，后面的比前面的长，卖方势强，还会进一步打压股价；阴线渐次缩短，卖方力量开始衰退，股价下跌势头趋缓。

（二）分析上影线和下影线的长短

上影线长，说明买方将股价推高后遇空方打压。上影线越长，空方阻力越大。下影线长，说明买方在低价位有强力支撑。下影线越长，支撑力越强。

（三）两根、三根K线的相互关系

如果紧连的两根或三根K线分别为阳线或阴线，则要注意分析它们之间的关系，着重比较收盘价的相对关系。以两根K线为例，如果第一根是阴线，第二根为阳线，要看第二根K线的收盘价是否高于第一根K线的收盘价，是否超过第一根K线实体的50%，是否高于阴线的开盘价，是否将前一日阴线全部包入，阳线收盘价位置越高，表明买方力量越强。如果第一根是阳线，第二根是阴线，则看阴线的收盘价是否低于阳线的收盘价，是否低于阳线实体的50%，是否低于阳线的开盘价，即将前一日阳线全部包入。阴线收盘价越低，卖方力量越强。三根或多根K线组合也可依上述办法分析。

（四）分析K线是否组成某一形态

多根K线组合分析，要注意是否已组成某一反转或整理形态。若已组成形态，则应按形态特点分析，而不必过分拘泥于K线的关系，但特别要注意突破形态的K线，如以大阳线向上突破或大阴线向下跌破，加上量的配合，则是明确的信号。

（五）分析K线在一个较大行情中的位置

分析K线也要胸有全局，不能只见树木不见森林。特别要注意高价圈和低价圈中出现大阳线、大阴线和十字转机线，要将它们放在整个行情走势中分析判断。

无论是一根K线，还是两根、三根以至更多根K线，都是对多空双方争斗做出的一个描述，由它们的组合得到的结论都是相对的，不是绝对的。对股票投资者而言，结论只是起一种建议作用。K线组合形态有着极其丰富的内容，投资者应当在进一步学习的基础上，在实践中不断探索，总结规律，才能熟能生巧，运用自如。

第二节　技术分析指标

一、移动平均线

（一）移动平均线介绍

移动平均线（MA）是以道·琼斯的“平均成本概念”为理论基础，采用统计学中“移动平均”的原理，将一段时期内的股票收盘价格的平均价格连成曲线，用来显示股价的历史波动情况，进而反映股价指数未来发展趋势的技术分析方法。常用的移动平均线有5天、10天、30天、60天、120天和240天指标。其中，5天和10天是短期移动平均线，是短线操作的参照指标，称为日均线指标。30天和60天的是中期均线指标，称为月均线指标。120天、240天是长期均线指标，称为年均线指标。但是，移动平均线的使用范围不限于股票市场，对于外汇市场、期货市场这样可以双向交易的市场会更加有效。投资者可以根据自己的操作风格来选择自己所需要的移动平均线级别。投资者不要只关注日线级别中的移动平均线的走势，也要多关注其他周期级别中的移动平均线，例如周K线级别、月K线级别、季K线级别和年K线级别这样大级别的移动平均线走势，以及15分钟K线级别、1小时K线级别、4小时K线级别这样主要的小级别的移动平均线走势。根据自身的需要，在不同周期级别中运用移动平均线的方法来判断趋势会取得更好的效果。均线理论是当今应用最普遍的技术指标之一，它帮助交易者确认现有趋势，判断将出现的趋势，发现即将反转的趋势。

（二）移动平均线的算法

移动平均线的计算方法如下：

N日的移动平均线=N日的收盘价之和/N

（三）移动平均线的含义

了解移动平均线的算法可以更加深刻地领会这个指标的内在含义。其实，移动平均数就是平均成本。市场上的交易价格无时无刻不在变化，毫无规律，不易看出趋势。在一个上升趋势当中，尽管交易价格有升有降，但是总体来说，扣除前面一个较小的数值而添加进来一个较大的数值，这样平均成本就会逐日上升。反之，平均成本就会逐日下降。移动平均线是一个可以追踪趋势的辅助工具，可以帮助投资者识别趋势的方向和趋势的开始或终结。但是这个指标不能领先市场，它只是会追随市场的走势，具有一定的滞后性。

二、平滑异同移动平均线

（一）平滑异同移动平均线介绍

平滑异同移动平均线（MACD）是股票交易中的一种技术分析工具，是由查拉尔·阿佩尔在1979年提出的，用于研究股票的价格变化、方向、趋势周期等因素。相对于其他指标，MACD属于趋势型指标，并且比较稳定。MACD是由一组曲线与图形组成，并且利用收盘价进行平滑处理或一快一慢的移动平均值（EMA）之间的差值计算出来的。这里所说的“快”是指较短时间的EMA，而“慢”是指较长时间的EMA，市场上最常用的是12日EMA及26日EMA。由此可知，MACD是根据移动平均线的原理而发展出来的，并且优于移动平均线。例如，MACD去除了移动平均线频繁发出虚假信号的缺陷，保留了移动平均线的效果。因此，MACD具有稳定性和趋势性等特点。MACD指标是通过对EMA、DIF、DEM之间的关系进行研究，主要为DIF和DEM连接起来的移动平均线的判断研究和DIF值减去DEM值而绘制出柱状图（BAR）的判断研究来对市场行情进行分析。其中：EMA是指数平均数指标；DIF是差离值，差离值为快速平滑移动平均线（EMA1）和慢速平滑移动平均线（EMA2）的差，即12日EMA数值减去26日EMA数值；DEM为讯号线（DEM值又称MACD值）。

（二）平滑异同移动平均线的计算方法

计算平滑系数：在计算EMA之前，必须对指标进行平滑处理，计算出平滑系数。这里的系数是指移动平均周期的单位数。

平滑系数的计算方法如下：

平滑系数=2/（周期单位数+1）

例如，12日的EMA平滑系数=2/（12+1）=0.1538，26日EMA平滑系数=2/（26+1）=0.0741。

EMA的计算方法如下：

$$\text{今天的指数平均值}=\text{平滑系数}\times\left(\text{今天收盘指数}-\text{昨天的指数平均值}\right)+\text{昨天的指数平均值}$$

DIF的计算方法如下：

DIF=12日EMA收盘价-26日EMA收盘价

DEM的计算方法为：DEM通常等于DIF9日的移动平均值。

DIF-DEM的差画成“柱状图”BAR，其公式为OSC=DIF-DEM，简写为D-M。

三、相对强弱指标

（一）相对强弱指标介绍

相对强弱指标（RSI）通常被当成震荡指标或者领先指标，与移动平均线联合使用会起到更好的效果。

（二）相对强弱指标的计算方法

RSI=100×RS/（1+RS）

其中，RS表示的是14日之内收盘价上涨数之和的平均值除以14日之内收盘价下跌数之和的平均值。

RSI的使用方法：

①当快速RSI线从下方向上突破慢速RSI线，形成金叉是做多的信号。当快速RSI线从上方向下跌破慢速RSI线，形成死叉是做空的信号。

②当RSI线大于50时，行情强势；当RSI线小于50时，行情弱势。

③当RSI线大于80时，通常认为是超买；当RSI线小于20时，通常认为是超卖。

四、随机指标（KD）

（一）随机指标介绍

在国内一般使用的是KDJ，KDJ包括三条指标线；而在国际上一般使用的KD，KD包括两条指标线。KD指标是被市场公认的最灵敏的震荡指标，配合其他指标一起使用会得到更好的效果。

（二）随机指标的计算方法

$$未成熟随机值（RSV）=\frac{（收盘价-N日内最低价）}{（N日内最高价-N日内最低价）}\times 100$$

K=RSV的M1日移动平均线

D=K的M2日移动平均线

一般情况下，参数N设置为9日，参数M1设置为3日，参数M2设置为3日。

（三）KD使用方法

KD的取值范围是0～100。将KD划分为几个区域，80以上为超买区，行情有下跌的可能；20以下为超卖区，行情有上涨的可能；20～80之间为正常的区间范围。但是有一点需要特别注意，就是在强势市场时，KD指标会发生钝化，会导致该法则失效。

K上穿D时形成金叉，市场认为这是做多的信号。但是，即使出现了金叉，是否应该买入，还需要结合其他条件分析。例如，金叉形成的位置应该越低越好，最好是在超卖区域里。K与D相交的次数越多越好，两次为最少。K与D相交时D的方向最好为向上的趋势。反之，K下穿D时形成死叉，也是同理。

五、K线偏离均线程度值

K线偏离均线程度值是指K线价格偏离某根均线的程度。在利用K线偏离均线程度值指标时可以根据判断趋势的不同而选择不同的移动平均线。运用好该指标，可以在相关的金融工具的一轮趋势中发现更合适的做多或做空价格。例如，若在一个中期的上升趋势中寻找一个合适的做多或做空点，可以利用60天均线及其K线在60天线上下的偏离程度判断买卖时机。在趋势成立的条件下，若K线向上偏离60天均线的程度接近或者大于前期向上偏离60天均线的程度，在这种境况下可以逆着主要趋势做空盈利。若K线向下偏离60天均线的程度接近或者大于前期向下偏离60天线的程度，这时投资者可以顺着主要趋势的方向做多盈利。我们建议，从事中期或者长期投资的投资者尽量不要逆着主要趋势进行投资，而风险爱好者或从事短期投资的投资者可以去尝试逆着主要趋势做投资，但一定要做好止损。

K线偏离均线程度值的计算公式为：

K线偏离均线程度值=（K线的最高点或最低点价格-60天线价格）/60天线价格

出现“-”代表向下偏离，出现“+”代表向上偏离。

六、K线角度正切值

上升趋势角度正切值和下跌趋势角度正切值的计算公式分别为：

$$\text{上升趋势角度正切值}=\frac{\text{区间内上涨幅度}}{\text{K线个数}}=\frac{\dfrac{\text{区间内最后一日K线最高点价格}-\text{区间内第一日K线最低点价格}}{\text{区间内第一日K线最低点价格}}}{\text{区间内K线个数}}$$

$$\text{下跌趋势角度正切值}=\text{区间内下跌幅度/K线个数}=\frac{\dfrac{\text{区间内最后一日K线最低点价格}-\text{区间内第一日K线最高点价格}}{\text{区间内第一日K线最高点价格}}}{\text{区间内K线个数}}$$

这里对K线角度进行定量分析，每次选取20根连续K线作为分析对象。

七、K线阴阳比例

在一整轮趋势中，上升趋势时阳线与阴线的比例近似地等于下降趋势时阴线与阳线的比例。利用该指标，既可以判断趋势的发展方向，也可以在短期趋势交易时判断阴阳K线的根数。

本章小结

本章首先介绍了技术分析的基本工具——K线，然后分别介绍了进行技术分析时常用的指标：移动平均线（MA）、平滑异同移动平均线（MACD）、相对强弱指标（RSI）、随机指标（KD）、K线偏离均线程度值、K线角度正切值。

关键概念

移动平均线、平滑异同移动平均线、相对强弱指标、K线偏离均线程度值

综合训练

一、单项选择题

1.技术分析法的基础是（　　）。

A.预测汇率　　B.绘制图表

C.确定影响因素　　D.准备技术性资料

2.技术分析包括很多种方法，主要是指（　　）。

A.机械趋势交易　　B.线路趋势交易

C.技术性资料分析　　D.变动趋势交易

3.没有上影线，没有下影线，仅有红体线，代表（　　）。

A.升势　　B.跌势

C.最高价与收盘价相同　　D.最低价与开盘价相同

4.没有下影线，有上影线的阴线，代表（　　）。

A.升势　　B.跌势

C.最低价与收盘价相同　　D.最低价与开盘价相同

5.有下影线，没有上影线的阳线，代表（　　）。

A.升势　　B.跌势

C.最高价与开盘价相同　　D.最高价与收盘价相同

二、多项选择题

1.移动平均线常用的有（　　）指标。

A.5天　　B.10天

C.30天　　D.120天

2.MACD包括（　　）。

A.EMA　　B.RSI

C.DIF　　D.DEM

3.K线中包括（　　）。

A.最高价　　B.开盘价

C.成交量最大的价格　　　　D.收盘价

4.当RSI线大于50时，市场有可能是（　　）。

A.强势　　　　B.弱势

C.超买　　　　D.超卖

5.技术分析包括（　　）。

A.财务分析　　　　B.波浪理论

C.切线理论　　　　D.K线理论

三、思考题

1.简述K线的画法。

2.MACD指标包含哪些含义？

3.RSI的使用方法是怎样的？

4.KDJ的使用方法是怎样的？

5.K线阴阳比例的含义是什么？

第八章

外汇趋势交易理论

引例

财库网讯：外汇市场开始逐步进入了大幅波动的行情之中，在上周五，出现了较大幅度的震荡行情。显然，从市场的整体表现上来看，当前外汇市场的走势陷入了一个无序波动的行情之中。欧美各国面临着本国经济增长的压力，同时又需要应对市场的经济数据对市场的持续影响。总体来说，当前的市场呈现一片乱象，并没有足够清晰的趋势方向，因此在交易上需要谨慎操作。数据方面，重点关注德国的1月IFO商业景气指数以及晚间美国的12月新屋销售总数与1月达拉斯联储制造业产出指数的表现。

美元指数上周五出现了先抑后扬的行情，在日线上收了一根长下影的阴星，显示出美元指数在大幅下挫之后多空双方较为猛烈的交锋状况。从整体格局上来观察，美元指数显然脱离了多头的运行走势，有进一步开启空头趋势的意思；从4小时周期来看，美元指数的不断下挫表明空头趋势已经较好地启动；从MACD指标来看，当前空方动能正处于快速增加阶段；从KDJ指标来看，指标低位金叉之后当前仍处于反弹的过程中。综合来看，美元指数交易策略上仍维持逢高做空的交易策略，重点关注80.56一线，上方压力为80.56、80.70、80.00，下方支撑为80.15、79.93、79.69。

欧美在大涨过后，上周五继续冲高回落，在日线上收了一根长上影的阴线。从欧美的整体运行形态上看，当前欧美的多头趋势再度占据主导位置；从4小时周期来看，欧美突破下跌趋势线之后上攻创新高，新一轮的多头运行趋势开启；从MACD指标来看，指标显示当前多方动能仍处于快速增加阶段；从KDJ指标来看，指标高位死叉之后当前运行到低位又开始出现黏合的迹象。综合来看，欧美操作上仍坚持逢低做多的交易策略，重点关注1.3660一线，上方压力为1.3738、1.3777、1.3820，下方支撑为1.3660、1.3630、1.3580。

黄金近期多头攻势较为猛烈，上周五创新高收阳线，并且从整体格局上看，当前的多头攻势已经穿破下跌趋势线的压制，后市有逐步启动多头运行格局的迹象；从4小时周期来看，较好地运行在上升趋势通道内；从MACD指标来看，指标显示多方动能正处于不断增加的阶段；从KDJ指标来看，指标频繁交叉，未能显示较明显的方向。综合来看，黄金的交易策略上仍坚持逢低做多的交易策略，重点关注1 265.0一线，上方压力为1 278.9、1 293.7、1 300.0，下方支撑为1 265.0、1 256.0、1 245.0。

资料来源 吴茗理．欧美多头趋势即将启动 逢低做仍未晚［EB/OL］．［2014-01-27］．http：//forex.hexun.com/2014-01-27/161813359.html.

第一节 趋势概述

目前市场上关于趋势的介绍比比皆是，因为不管在任何市场，交易者只要跟对了趋势，就不愁赚钱，所以对于趋势的认知就显得格外重要。

一、趋势的定义

趋势是指基于一个市场的经济基础，相关金融工具在某一个时间区间内的价格走势。

二、趋势的分类及案例

（一）根据趋势延续的时间长短划分

1. 长期趋势

长期趋势是指在一年以上的时间里，相关金融工具的价格走势整体方向一致。图 8-1 是美黄金从 1992 年 5 月至 2011 年 9 月的长期趋势图。

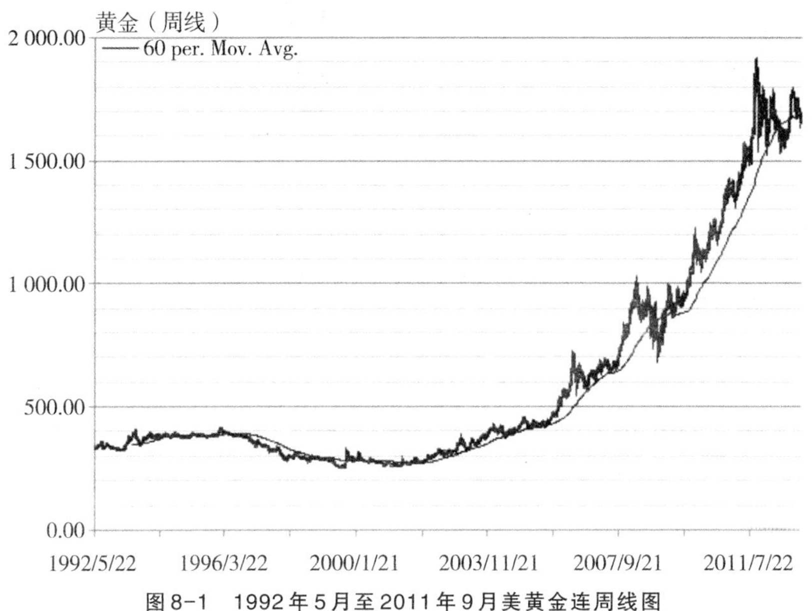

图 8-1　1992 年 5 月至 2011 年 9 月美黄金连周线图

解析：图 8-1 时间跨度为 10 年以上，是典型的长期趋势。在此区间内，美元从低于 500 美元/盎司上升到 2011 年最高的 1 922.6 美元/盎司，涨幅非常大。如果投资者可以判断出这样的长期趋势，收益将是非常可观的。

2. 中期趋势

中期趋势是指通常持续期超过三个星期的相关金融工具价格发展方向。图 8-2 为澳大利亚元兑日元（AUDJPY，下同）的日线图。

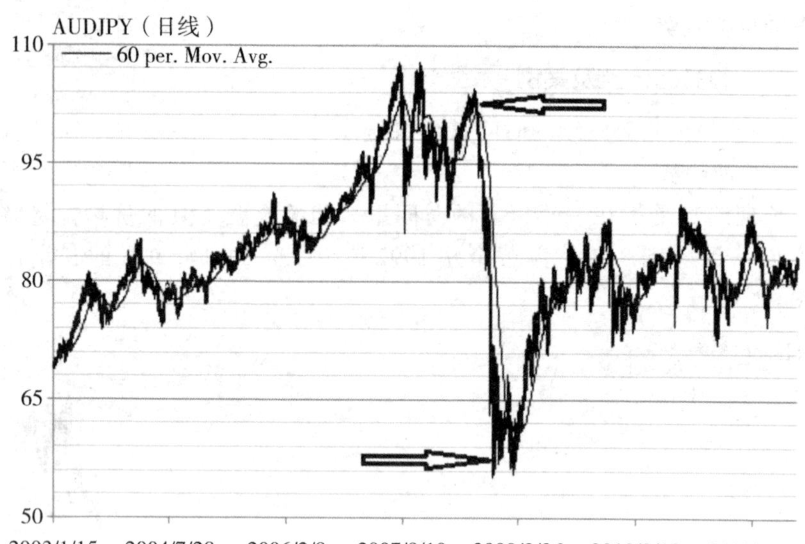

图 8-2　2003 年至 2012 年 AUDJPY 日线图

解析：图 8-2 中，箭头标示的是从 2008 年 7 月至 2009 年 1 月的 AUDJPY 的中期趋势的走势，时间跨度为 6 个月。由图可知，整体趋势属于上升趋势，而中期趋势是与整体趋势方向相反的下降趋势。在此中期趋势中，AUDJPY 一度从最高点的 104.47 美元跌到 55.11 美元，跌幅接近腰斩，告诫投资者们在判断长期趋势时千万不要忽略了中期趋势的影响。

3.短期趋势

短期趋势只反映相关金融工具价格的短期变化，持续时间不超过 6 天。图 8-3 为 AUDJPY 的日线图。

解析：图 8-3 中，箭头标示的是其短期趋势。在长期趋势中，短期趋势不会造成太大的影响，只是对长期趋势的修正而已。

（二）根据趋势的幅度划分

1.主要趋势

主要趋势是指在未来的一段时间内，相关金融工具的价格可能会发展为多种结果，但是有一个主要的方向，这个方向所指的即为主要趋势。简单地说，就是整体向上趋势或者整体向下趋势。

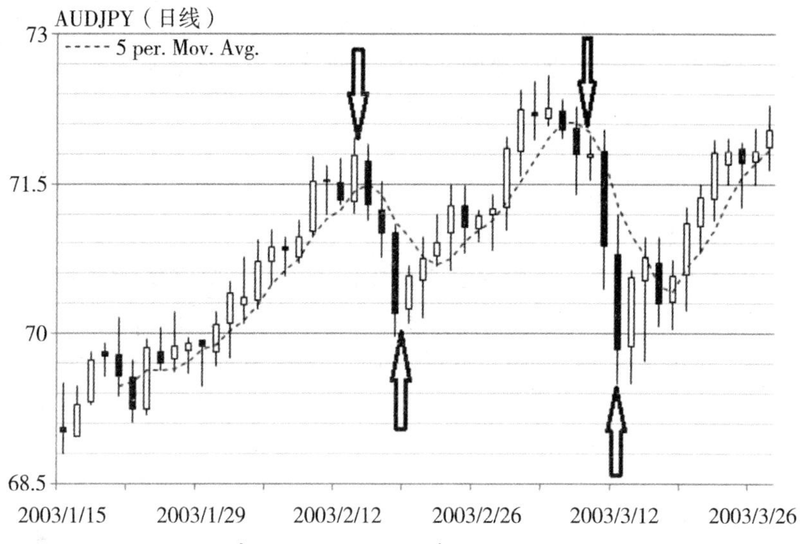

图 8-3　2003 年 1 月 15 日至 2003 年 3 月 26 日 AUDJPY 日线图

2.辅助趋势

辅助趋势是指与主要趋势方向相反，幅度明显小于主要趋势，多数为整体上升趋势中的重要下跌或者整体下跌趋势中的重要反弹。

图 8-4 为澳元兑美元（AUDUSD，下同）的日线图。

图 8-4　2010 年 6 月至 2011 年 4 月 AUDUSD 日线图

从图8-4可知，澳元兑美元的主要趋势为上升趋势，而两个辅助趋势为下降趋势，并且辅助趋势的持续时间明显短于主要趋势。两个辅助趋势的波峰与波谷的方向与主要趋势方向一致，波峰与波谷不断被抬高，趋势为上升趋势。

（三）根据趋势的方向划分

1.上升趋势

上升趋势由连续一系列的涨势构成，每一段涨势都持续向上突破先前的高点，中间夹杂的下降走势都不会向下跌破前一波跌势的低点。总之，上升趋势由高点与低点都不断抬高的一系列价格走势构成。

图8-5为纳斯达克指数的日线图。

图8-5　2009年3月至2013年10月纳斯达克指数日线图

解析：图8-5为一个上升走势图。图中的高点和低点逐渐被抬高，呈现上升的趋势。纳斯达克指数从2009年3月至2013年10月一直保持着长期上升的趋势，从2009年3月的最低1 295.62点上升到最高时2013年10月的3 966.71点，最大涨幅超过300%。若在交易时能够把握住这样的上升趋势，盈利应该不是问题。

2. 下降趋势

与上升趋势相反，下降趋势是由连续一系列的跌势构成的，每一段跌势都持续向下跌破先前的低点，中间夹杂的上升走势都不会向上突破前一波涨势的高点。总之，下降趋势是由低点与高点都不断降低的一系列价格走势构成的。

图 8-6 为标普 500 指数的日线图。

图 8-6 2007 年 10 月至 2009 年 3 月标普 500 指数日线图

解析：图 8-6 中的低点和高点均持续下降，且每个高点从未向上突破前期高点。在股票市场中，遇到这样的下跌若没有很好地控制风险，亏损恐怕是在所难免的。但是在可以双向交易的金融衍生品中，这样的下跌趋势正是投资做空的好机会。如图 8-6 所示，标普 500 指数从 2007 年 10 月最高的 1 576.09 点一路下跌到 2009 年 3 月的 667.00 点，跌幅在 130%以上，若能及时判断出这样的下跌趋势，投资者会得到一个很好的回报。

3. 横向震荡趋势

横向震荡趋势又称盘整，是指相关金融工具的价格在一段时间内波动幅度小，无明显的上涨或下降趋势，呈现牛皮整理，该阶段的行情震荡幅度小，方向不易把握，是投资者最迷惑的时候。

图 8-7 为英镑兑美元（GBPUSD）的日线图。

图8-7 2010年8月至2012年11月GBPUSD日线图

解析：如图8-7所示，箭头标示的为横盘震荡趋势图，图中没有明显的上升趋势或者下降趋势，且每个波峰与波谷基本保持在同一水平线上。遇到这种趋势时，投资者应该耐得住性子，不应该盲目地采取行动，等到趋势明朗时再开仓也不迟。

第二节 趋势理论

一、趋势理论的概念

趋势理论是指基于一定的价格走势采取的某些技术方法或指标进行的交易选择。

二、趋势理论研究综述

（一）葛式均线八法

葛式八大买卖法则与波位如图8-8所示。

葛式均线八法的基本内容：葛式均线八法共有八条操作法则，其中四条法则针对做多时机，四条法则针对做空时机。其具体操作方法如下：

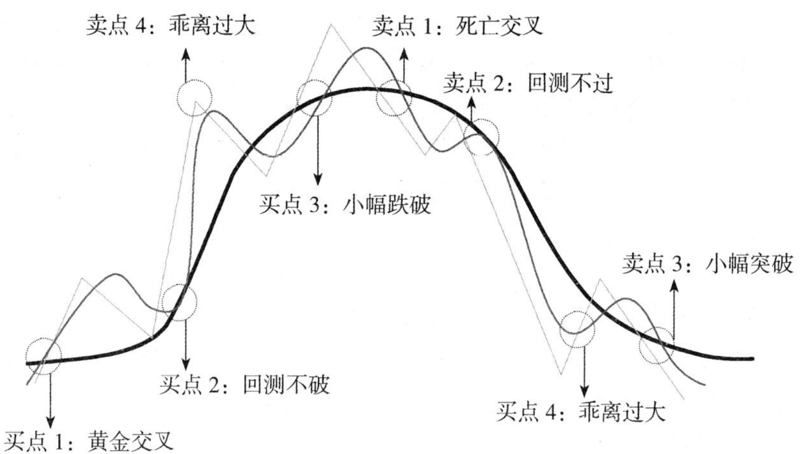

图 8-8 葛式八大买卖法则与波位

第一个做多信号：长期移动平均线经过长时间下滑后，逐渐转变为比较平滑且略带有向上翘起的迹象。短期移动平均线持续上扬，并且从下方向上突破长期移动平均线形成“金叉”。另外，K线价格也从下降趋势转变为上升趋势，并且从下方突破了长期移动平均线的位置。此时为做多的时机。

图 8-9 为 2012 年 6 月 25 日至 2012 年 9 月 17 日 EURUSD 日线图。

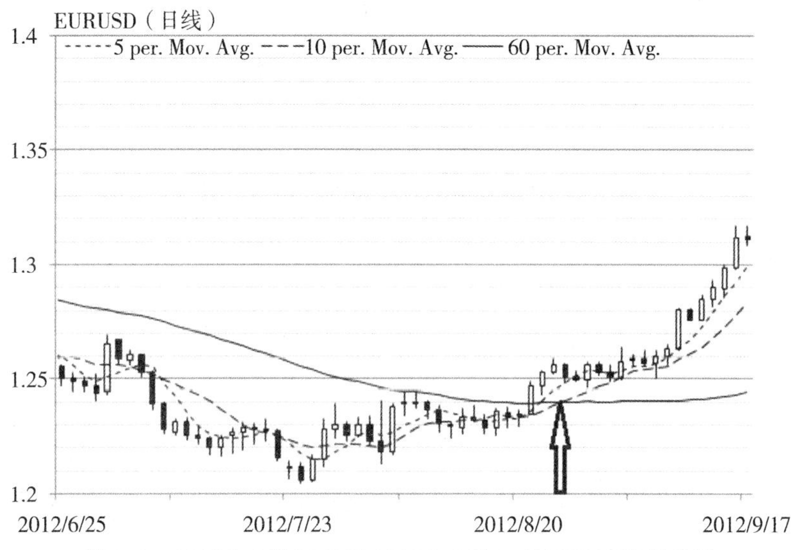

图 8-9 2012 年 6 月 25 日至 2012 年 9 月 17 日 EURUSD 日线图

解析：图8-9中，60日均线由下跌趋势逐渐拐平，向上箭头标示的位置5日均线和10日均线全部从60日均线下方向上突破平缓的60日均线，5日均线和10日均线与60日均线向上交叉，形成“金叉”，并持续向上运动。同时，K线也从60日均线下方向上突破了60日均线，并呈现持续上升的趋势。根据葛式均线八法买入法则，这是一个做多的信号。

第二个做多信号：长期移动平均线持续上扬，短期移动平均线也在长期移动平均线上方持续上扬。K线价格开始时也仍然在短期移动平均线上方附近波动，但是随后转变成了急剧的下跌趋势，在跌破了短期移动平均线之后转头向上方波动，并且从下方突破了短期移动平均线的位置。此时为做多的时机。

图8-10为2010年7月26日至2010年10月14日AUDUSD日线图。

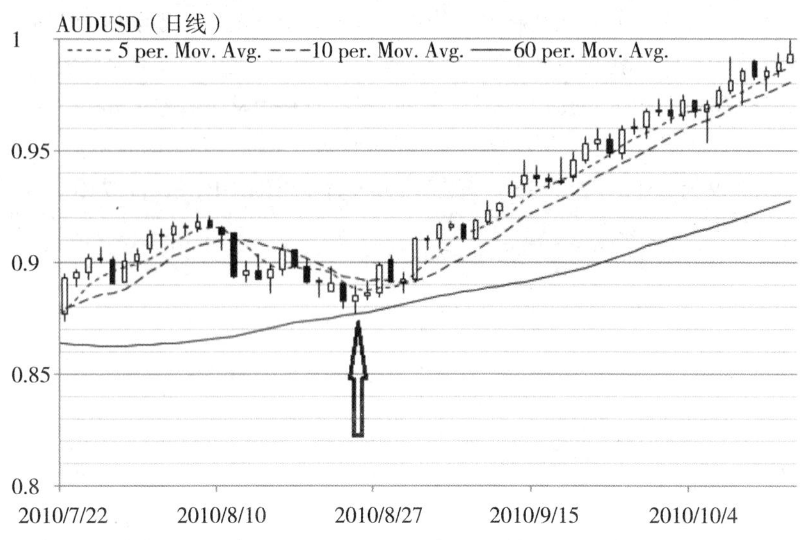

图8-10　2010年7月26日至2010年10月14日AUDUSD日线图

解析：图8-10中，60日均线呈现持续上升趋势，开始时K线价格、5日均线和10日均线全部在60日均线上方呈现持续上升趋势。但是，K线价格突然急剧下跌，从上方向下跌破了5日均线和10日均线，5日均线和10日均线也调头下跌，但是都没有跌破60日均线，在回踩60日均线后全部调头上升，K线价格也从下方向上突破了5日均线和10

日均线，随后，K线价格、5日均线和10日均线继续在60日均线上方持续运动，根据葛式均线八法买入法则，向上箭头标示的位置是一个买入的信号。

第三个做多信号：长期移动平均线持续上扬，开始时K线价格位于长期移动平均线上方，然后转变成下跌趋势，并且跌破了长期移动平均线。只要长期移动平均线仍然呈上升趋势，且短期移动平均线继续呈上升趋势，就是做多的时机。

图8-11为2009年6月9日至2009年9月16日标普500日线图。

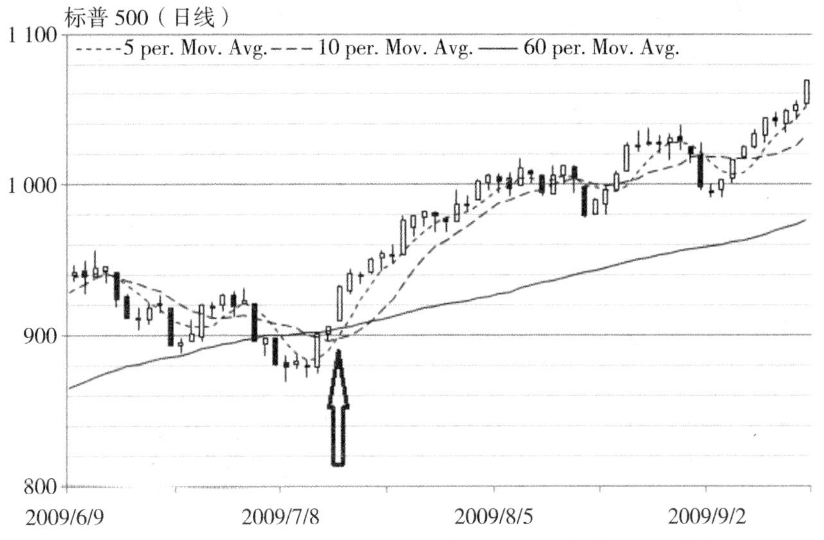

图8-11　2009年6月9日至2009年9月16日标普500日线图

解析：图8-11中，60日均线持续向上运动，开始时K线价格、5日均线和10日均线都在60日均线上方运动，随后K线价格突然急剧下跌，5日均线和10日均线也跟随着K线急剧下跌，并且从60日均线上方向下跌破了60日均线，但是此时的60日均线仍然呈上升趋势。因为60日均线仍然呈现上升趋势，所以在该位置不可盲目做空。不久，K线价格调头上升，向上突破了上升的60日均线，5日均线和10日均线也从60日均线下方向上突破了60日均线，与60日均线形成“金叉”，并且60日均线仍持续上升。根据葛式均线八法买入法则，向上箭头标示的位置是一个买入的信号。

第四个做多信号：长期移动平均线与K线价格都在下跌。其中K线价格下跌幅度更为明显，并远离了长期移动平均线。乖离率过大，这时K线价格极有可能反弹，向长期移动平均线靠近。此时为做多的时机。

图8-12为2011年8月18日至2011年12月13日EURUSD日线图。

图8-12　2011年8月18日至2011年12月13日EURUSD日线图

解析：图8-12中，60日均线呈现持续下跌趋势，K线价格、5日均线和10日均线全部在60日均线下方运动，但是K线价格的下跌速度明显快于60日均线的下跌速度，以至于K线价格偏离60日均线的幅度过大。均线是金融衍生品的“价值中枢”，偏离“价值中枢”的幅度过大，需要向“价值中枢”位置进行修复。根据葛式均线八法买入法则，向右箭头标示的位置是一个买入的信号。

第一个做空信号：长期移动平均线经过长时间上升后，逐渐转变为比较平缓且略带有下跌的迹象。短期移动平均线持续下跌，并且从上方向下跌破长期移动平均线形成“死叉”。另外，K线价格也从上升趋势转变为下跌趋势，并且从上方向下跌破了长期移动平均线的位置。此时为做空的时机。

图8-13为2007年3月8日至2007年6月1日EURCAD日线图。

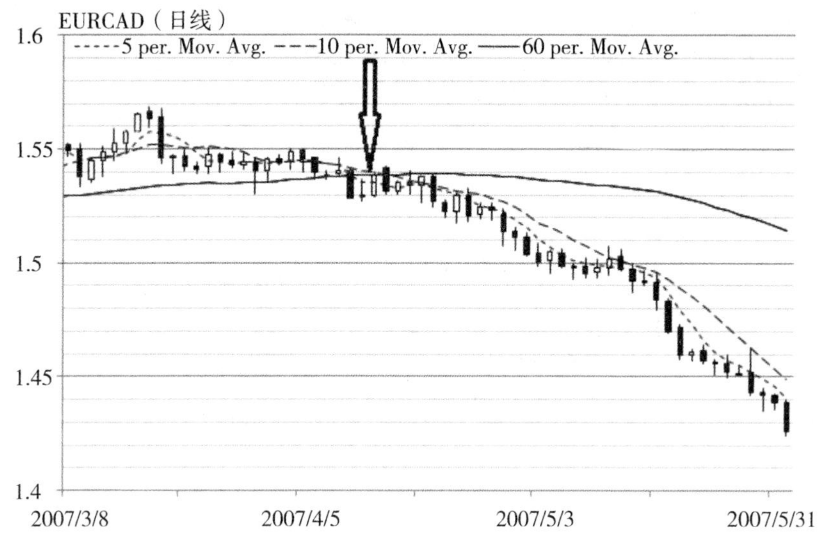

图 8-13　2007 年 3 月 8 日至 2007 年 6 月 1 日 EURCAD 日线图

解析：图 8-13 中，60 日均线拐平并带有下跌趋势，K 线价格、5 日均线和 10 日均线从 60 日均线上方向下跌破了平缓的 60 日均线后呈持续下跌趋势，5 日均线和 10 日均线向下与 60 日均线交叉，形成“死叉”。根据葛式均线八法卖出法则，向下箭头标示的位置是一个做空的信号。

第二个做空信号：短期移动平均线在长期移动平均线下方持续下跌。K 线价格开始时也仍然在短期移动平均线下方附近波动，但是随后转变成了急剧的上升趋势。此时，短期移动平均线回踩长期移动平均线不过，且长期移动平均线持续下跌，K 线价格在突破了短期移动平均线之后转头向下方波动，并且从上方向下跌破了正在下落的短期移动平均线的位置。此时为做空的时机。

图 8-14 为 2010 年 6 月 24 日至 2010 年 10 月 29 日 USDJPY 日线图。

解析：图 8-14 中，60 日均线呈持续下跌趋势，开始时 K 线价格、5 日均线和 10 日均线一直在 60 日均线下方呈持续下跌趋势。随着 K 线价格急剧上升，从下方向上突破了 5 日均线和 10 日均线，5 日均线和 10 日均线也掉头向上，但是 K 线价格并未突破持续下跌趋势的 60 日均线，回踩 60 日均线后掉头向下维持下跌趋势，并从 5 日均线和 10 日均线上方向下跌破 5 日均线和 10 日均线。不久，5 日均线和 10 日均线也随着 K

线价格一起掉头向下，维持原来的下跌趋势。根据葛式均线八法卖出法则，向下箭头标示的位置是一个做空的信号。

图 8-14　2010 年 6 月 24 日至 2010 年 10 月 29 日 USDJPY 日线图

第三个做空信号：开始时K线价格位于长期移动平均线下方，然后转变为上升趋势，并且突破了长期移动平均线。短期移动平均线向上与长期移动平均线交叉，长期移动平均线持续下跌，表示趋势持续，短期移动平均线继续呈下跌趋势。根据葛式均线八法卖出法则，向下箭头标示的位置是一个做空的信号。

图 8-15 为 2010 年 1 月 27 日至 2010 年 6 月 29 日 EURJPY 日线图。

解析：图 8-15 中，60 日均线呈持续下跌趋势，开始时K线价格、5 日均线和 10 日均线全部在 60 日均线下方呈持续下跌趋势。随后，K线价格上升，5 日均线和 10 日均线随着K线价格一起上升并从 60 日均线下方向上突破 60 日均线，5 日均线和 10 日均线向上与 60 日均线交叉，此时的 60 日均线依然持续下跌，表示下跌趋势继续，在该位置不可盲目地做多。随后，K线价格调头向下，5 日均线和 10 日均线伴随着K线价格向下跌破了 60 日均线，与 60 日均线向下交叉，形成“死叉”，并呈持续下跌趋势。根据葛式均线八法卖出法则，向下箭头标示的位置是一个做空的信号。

图8-15　2010年1月27日至2010年6月29日EURJPY日线图

第四个做空信号：长期移动平均线与K线价格都在上升。其中，K线价格暴涨，远离了长期移动平均线。乖离率过大，这时K线价格极有可能反弹，向长期移动平均线靠近。此时为做空的时机。

图8-16为2005年8月26日至2006年10月6日黄金周线图。

图8-16　2005年8月26日至2006年10月6日黄金周线图

解析：图8-16中，60日均线呈持续上升趋势，K线价格、5日均线和10日均线全部在60日均线上方呈持续上升趋势。但是，K线价格的上涨速度明显快于60日均线，以至于K线价格偏离60日均线的幅度过大。根据葛式均线八法卖出法则，向右箭头标示的位置是一个做空的信号。

葛式均线八法的优点：运用葛式均线八法理论交易时，可以预测风险程度，可以提前做好止损，将亏损降到最低。在一轮行情启动时，可以及时介入，相对准确地判断趋势。

葛式均线八法的缺点：当行情呈现横盘震荡整理时，葛式均线八法理论呈现出的买卖信号过于频繁，移动平均线的最佳组合难以确定，令投资者难以判断趋势。并且，仅仅靠移动平均线判断买卖信号让人信心不足，也需要其他的技术指标加以辅助才行。葛式均线八法只是对交易时的买卖时点做了详细阐述，对趋势的判断方面尚有不足之处。

葛式均线八法的使用范围：葛式均线八法更适用于趋势判断之后的交易部分，确定最佳的买卖时机才是葛式均线八法的最佳用途。

葛式均线八法的无效性：任何的技术指标都不会是百分之百准确的，葛式均线八法也一样有失效的时候。下面是对葛式均线八法无效性的实例证明。

图8-17为2009年3月至2011年7月USDCAD日线图。

图8-17　2009年3月至2011年7月USDCAD日K线图

图8-18是USDCAD的下跌趋势的日线图，箭头标示部分是截取分析的部分。

图8-18　2010年7月26日至2011年2月25日USDCAD日线图

图8-18中，USDCAD经过长时间的下跌，60日均线已经拐平，5日线和10日线持续上升，并从60日均线下方向上突破60日均线，形成“金叉”，K线也持续上升。按照葛式均线八法理论本应该买入，可是后市走势却并不如预期，USDCAD的K线价格一路下跌，如果在此处遵循葛式均线八法理论开仓，必然会造成损失。

图8-19为2004年10月8日至2006年5月12日美元指数周线图。

解析：图8-19中，60周均线由下跌趋势逐渐拐平，随后有上升趋势。K线价格、5周均线和10周均线全部由60周均线下方向上突破平缓的60周均线，形成“金叉”。按照葛式均线八法的买入法则，第一个向上箭头标示的位置应该开仓做多。接着在第二个向上箭头标示的位置，K线价格、5周均线和10周均线趋势发生短期的反转，K线价格向下跌破5周均线和10周均线，但是并没有跌破60周均线，5周均线和10周均线也随着K线价格下跌呈现短期的下跌趋势。当K线价格回踩60周均线之后，K线价格立即掉头向上，并且从下方向上突破了5周均线和10周均线，5周均线和10周均线也随着K线价格掉头向上

图 8-19　2004 年 10 月 8 日至 2006 年 5 月 12 日美元指数周线图

呈现上升趋势。按照葛式均线八法的买入法则，第二个向上箭头标示的位置应该开仓做多，可是随后的走势却出人意料，趋势虽然有短期的上升趋势，但是在向下箭头标示的位置，K线价格、5周均线和10周均线全部从60周均线上方向下跌破了60周均线，此时60周均线仍然持续着上升趋势，并未发出趋势反转的信号，但是随后的一轮长期下跌趋势却正式开始了，如图8-20所示。利用葛式均线八法的理论指标并没有很好地识别这次风险，而且该理论还发出了虚假的信号，如果完全按照该理论进行投资，这次的亏损应该会非常巨大。

图8-20为2003年8月6日至2008年3月14日美元指数周线图。

（二）艾略特波浪理论

1.艾略特波浪理论的基本内容

艾略特波浪理论是技术分析方法之一，最初由美国证券分析师艾略特提出并应用，之后柯林斯总结并完善了该理论。《波浪理论》一书面世之后，该理论才在市场上被广泛应用。

2.艾略特波浪理论的使用方法

艾略特波浪理论可以在不同周期中应用。在一个大的周期中可以包含多个小周期。但是，其基本的结构是不会变化的。如图8-21所示，是

图8-20　2003年8月6日至2008年3月14日美元指数周线图

一幅8浪组合的结构图，第一部分是5浪结构，第二部分是3浪结构。这个8浪基本结构中包括主浪和调整浪。主浪是推动趋势发展的，所以又称推动浪，是推动趋势的主体，如图中的1浪、3浪、5浪就是主浪。调整浪对主浪的起到一个补充作用，且方向与主浪的方向相反，所以又称为辅助浪，如图中8浪结构的2浪、4浪就是调整浪。而由a浪、b浪、c浪三浪组成的大浪是前5浪结构组成的大浪的调整浪。大周期中包含小周期，大浪中包含小浪，所以，艾略特波浪理论的使用范围非常广泛。

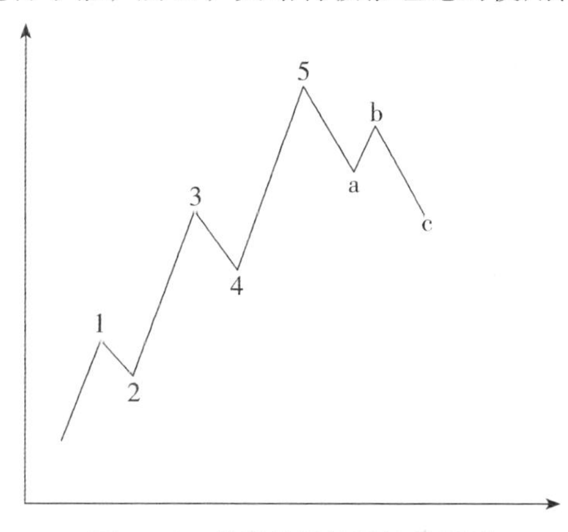

图8-21　艾略特波浪理论示意图

对于趋势交易理论，近来有新的解读：所谓趋势交易是指在金融市场的金融衍生品中若是开仓买卖交易时需要尊重趋势，这是趋势交易的真谛。市场上有句老话“顺势而生，逆势而亡”就是这个道理。但是，若想要提早判断趋势，就需要借助一系列的技术指标加以配合完成，利用这些技术指标共同来判断趋势。趋势的判断离不开移动平均线，这个历史悠久的技术指标再实用不过了，它经历了无数交易的历练而留存至今。其实，移动平均线理论在市场上已经被投资者广泛应用，并得到市场的认可。市场上根本不存在任何一种有百分之百准确性的技术指标，只有应用多种技术指标同时确认相同的趋势时，才会提高判断的准确率。对于趋势交易理论，新的解读引入了移动平均线理论（主要以“葛式均线八法”为代表）、偏离程度、K线角度、K线阴阳比例四种技术指标。“偏离程度”解释了在K线价格大幅偏离长期移动平均线时会朝着相反的方向运动，因为移动平均线是一个金融衍生产品的“价值中枢”，若大幅偏离“价值中枢”只是投机情绪的一种表现，K线价格最终会回到它的“价值中枢”附近，所谓“物极必反”就是这个道理。若是你成功判断了趋势的方向，可是你是否知道现在趋势处在它的什么阶段，是初期，中期，还是末期？带着这个问题，趋势交易理论新释中引入了“K线角度”这一新技术指标。因此，当发出趋势信号的指标越多时，表明趋势成立的概率就越大。

本章小结

根据不同的标准，可对趋势进行不同的分类。根据趋势延续的时间长短可划分为长期趋势、中期趋势、短期趋势；根据趋势的幅度可划分为主要趋势、辅助趋势；根据趋势的方向可划分为上升趋势、下降趋势、横向震荡趋势。

趋势理论是指基于一定的价格走势采取的某些技术方法或指标进行的交易选择。本章介绍了葛式均线八法和艾略特波浪理论两种有代表性的趋势理论。

关键概念

趋势、长期趋势、中期趋势、短期趋势、主要趋势、下降趋势、横

向震荡趋势

综合训练

一、单项选择题

1.外汇交易短期趋势只反映相关金融工具价格的短期变化，持续时间一般不超过（ ）。

A.4天　　B.5天

C.6天　　D.7天

2.外汇交易中期趋势通常是指持续期超过（ ）的相关金融工具价格发展方向。

A.2个月　　B.3个月

C.4个月　　D.6个月

3.外汇交易长期趋势是指在（ ）以上的时间里，相关金融工具的价格走势整体方向一致。

A.1年　　B.2年

C.3年　　D.4年

4.葛式均线八法中，有（ ）个做多时机。

A.3　　B.4

C.5　　D.6

5.艾略特波浪理论共有（ ）浪。

A.6　　B.7

C.8　　D.9

二、多项选择题

1.在外汇交易中，根据趋势的幅度可以分为（ ）。

A.主要趋势　　B.次要趋势

C.辅助趋势　　D.日常趋势

2.在外汇交易中，根据趋势的方向可以分为（ ）。

A.上升趋势　　B.下降趋势

C.横向震荡趋势　　D.稳定趋势

3.在外汇交易中，根据趋势延续的时间长短可以分为（ ）。

A.即时趋势　　B.短期趋势

C. 中期趋势　　　　　　　　D. 长期趋势

4. 葛式均线八法的优点有（　　）。

A. 可以预测风险程度

B. 可以提前做好止损，将亏损降到最低

C. 可以保证盈利

D. 在一轮行情启动时，可以及时发现，确保高利润

5. 葛式均线八法的缺点有（　　）。

A. 当横盘震荡整理时，买卖信号过于频繁

B. 不能预测风险程度

C. 只对交易时的买卖点做了阐述，对趋势判断尚有不足

D. 不能做到止损

三、思考题

1. 根据趋势延续的时间长短进行的趋势分类包括哪些内容？

2. 根据趋势的方向进行的趋势分类包括哪些内容？

3. 根据趋势的幅度进行的趋势分类包括哪些内容？

4. 简述葛式均线八法的优缺点。

5. 简述葛式均线八法的使用范围。

6. 简述葛式均线八法的无效性。

第三篇　案例、实训篇

第九章

实盘案例

第一节　美元指数

图 9-1 是美元指数从 1998 年 5 月到 2013 年 10 月的周 K 线走势图。美元指数自 1998 年 5 月经历了一轮上升趋势后，从 2002 年起开始了一轮长期下跌趋势，在 2002 年 4 月时，美元指数的 60 周均线和 125 周均线已呈现拐平并略微向下的趋势。在 2002 年 9 月时，美元指数的 60 周均线向下跌穿了 125 周均线，正式开启了一轮长期的下跌趋势。这种大级别的均线趋势并非短期内可以形成，而是市场对美元指数的长期预期，一旦趋势形成，其持续时间也是非常久的。如图 9-1 所示，从 2002 年初开始的下跌趋势一直到 2008 年 9 月才开始有拐平的迹象，持续时间长达 6 年以上。下面，我们对美元指数的周 K 线图进行剖析，更为详细地分析趋势的形成。

如图 9-2 所示，美元指数周线图中 60 周均线呈持续上升趋势。在这

图9-1　1998年5月至2013年10月美元指数周线图

轮上升趋势中，各均线持续上升，K线价格在60周均线上方运动。由第一个箭头标示可知，60周均线由下跌变得平缓，5周均线和10周均线分别在突破60周均线后回踩平缓的60周均线，这是一个做多的信号。第一个向右箭头和第二个向右箭头标示的是一个短期做空的信号，因为在该位置，K线极值偏离60周均线的幅度过大。其中，第二个向右箭头标示的K线偏离均线程度值=（2000年10月7日的周K线最高价格-2000年10月27日的60周均线的价格）/2000年10月27日的60周均线的价格=（119.07-106.31）/106.31=+0.120。2000年1月14日至2000年6月2日周K线角度正切值=（109.52-100.24）/100.24/20=4.629×10^{-3}。

如图9-3所示，60周均线由上升逐渐变得平缓且最终倾向于下跌的趋势，60周均线的拐平预示着一轮上升趋势的终结，2001年10月5日至2002年2月15日的周K线角度正切值=（119.30-112.56）/112.56/20=2.994×10^{-3}。周K线上升角度明显小于前期上升趋势时的4.629×10^{-3}，说明这轮上升趋势有逐渐结束的可能。但是下一轮趋势的方向不能仅用这一指标来判断，向下箭头标示的位置是一个做空的信号，在此位置5周均线和10周均线向下穿越平缓的60周均线。2001年3月15日至2002年

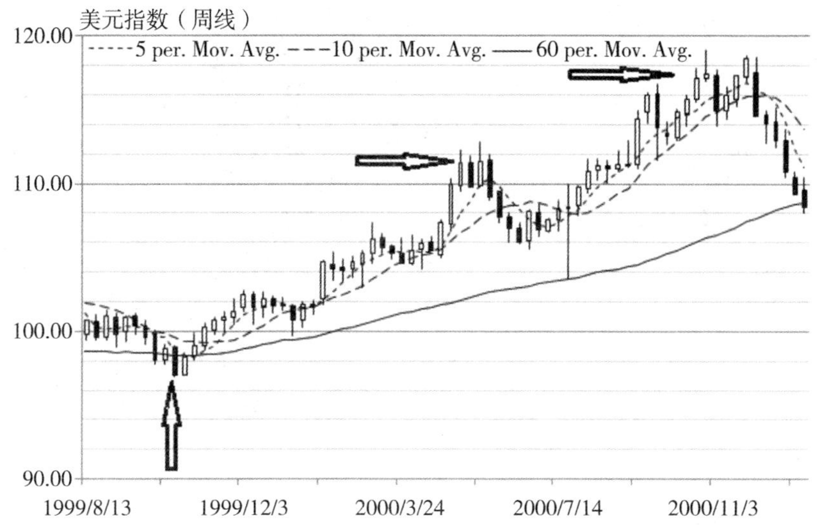

图 9-2　1998 年 8 月 13 日至 2001 年 1 月 5 日美元指数周线图

7 月 26 日的周 K 线角度正切值=（104.11-118.43）/118.43/20=-6.046×10^{-3}。向右箭头标示的是一个短期的做多信号，因为此位置的K线极值偏离下降的60周均线的幅度过大，其K线偏离均线程度值=（2002年7月19日的K线最低价格-2002年7月19日的60周均线价格）/2002年7月19日的60周均线价格=（103.54-115.28）/115.28=-0.102。

如图9-4所示，60周均线持续下跌，在这轮下跌趋势中，K线、5周均线、10周均线都在60周均线下方运动。两个向右的箭头标示的是一个短期做多的信号，因为K线极值偏离60周均线的幅度过大，但是每次K线价格向上回踩60周均线都没有形成有效的突破，并且60周均线持续向下运动，这样的回踩也形成了若干绝佳的做空点。其中，第二个向右箭头的K线偏离均线程度值=（2004年1月9日的K线最低价格-2004年1月9日对应的60周均线价格）/2004年1月9日对应的60周均线价格=（84.97-96.30）/96.30=-0.118。60周均线持续下跌，2003年8月29日至2004年1月16日周K线角度正切值=（84.80-99.49）/99.49/20=-7.383×10^{-3}，其下跌幅度大于下跌趋势开始时的-6.046×10^{-3}，这说明下跌趋势依然持续。

图 9-3　2001 年 7 月 20 日至 2002 年 11 月 1 日美元指数周线图

图 9-4　2002 年 9 月 20 日至 2004 年 5 月 14 日美元指数周线图

如图 9-5 所示，60 周均线由下跌趋势逐渐拐平，向左箭头标示了 K 线极值偏离 60 周均线幅度过大，其 K 线偏离均线程度值=（2004 年 12 月 31 日周 K 线最低点的价格-2004 年 12 月 31 日对应的 60 周均线的价格）/2004年12月31日对应的60周均线的价格=（80.42−87.52）/87.52=−0.081。然后5周均线和10周均线全部突破了趋于拐平的60周均线，发出了一个做多的信号，之后回踩60周均线，发出了一个确定做多的信号。若是仅仅依靠移动平均线理论会认为这是一个长期上涨趋势的起点，但是在短暂的上涨之后却又出现了一轮长期的下跌趋势。向右箭头标示的是一个短期的做空信号，其K线偏离均线程度值=（2005年11月8日的周K线最高点价格−2005年11月8日对应的60周均线的价格）/2005年11月8日对应的60周均线的价格=（92.63−86.06）/86.06=+0.076。将60周均线作为一个分水岭，向左的箭头和向右箭头组成的K线区间被60周均线分为上下两部分，下方有12根阳线和8根阴线，其阴阳比例为1.5∶1，上方有16根阳线和11根阴线，其阴阳比例为1.45∶1。上、下方的阴阳比例基本相同，并且上、下方的偏离程度也基本相同。就像以60周均线为分水岭，把下方的K线翻转到上方。以此方式就可以判断下一轮的趋势也为下跌趋势，而非移动平均线理论发出的上升趋势的信号。向下的箭头标示了5周均线和10周均线向下穿越60周均线，可是这时的60周均线还保持向上的趋势。利用趋势交易理论新释的方法就可以判断这是一个做空点位。

图9-5　2004年10月8日至2006年5月12日美元指数周线图

如图9-6所示，60周均线从长期的下跌变得平缓，周K线呈现横盘震荡趋势。向左的箭头标示的是因为K线极值偏离60周均线幅度过大，发出短期做空的信号。其K线偏离均线程度值=（2009年3月6日周K线最高点价格-2009年3月6日对应的60周均线价格）/2009年3月6日对应的60周均线价格=（89.62-78.30）/78.30=+0.145。

图9-6　2008年4月11日至2010年3月19日美元指数周线图

美元指数论证小结：在美元指数论证中，利用K线偏离均线程度值这一指标出现的偏离程度值有+0.120、-0.102、-0.118、-0.081、0.076、0.145，将这6个K线偏离均线程度值的绝对值取平均值，得到的平均值为0.107。当美元指数周K线上浮或下浮60周均线超过0.1时，就可以定义为偏离程度过大，可以在此位置反向操作继续盈利，或者暂时平仓回避风险。事实证明，利用移动平均线理论、K线偏离均线程度值、K线角度正切值、阴阳K线比例这四种指标可以较为成功地论证美元指数趋势的形成过程。

第二节　交叉盘货币对

一、EURGBP

如图9-7所示，从1993年开始，EURGBP经过小幅的上升之后，60周均线拐平后有略微向下的倾向。1997年初，60周均线向下跌破了125周均线，在125周均线下方与125周均线同时向下运动，开启了一轮长期下跌趋势，这轮趋势一直持续到2000年末，时间长达4年之久。在2001年时，60周均线已经由长期的下跌趋势逐渐拐平。2002年初，125周均线也逐渐拐平，这时60周均线已经出现略微的上升趋势，并从125周均线下方向上突破了125周均线，开启了一轮长期的上升趋势，虽然中期有一段横盘震荡的过程，但是总体的上升趋势一直未改变。由此可见，这种大级别均线趋势的形成必定会酝酿一轮长期的趋势，对大级别均线的把握可以很好地预测长期趋势。下面，我们将对EURGBP的周K线图进行剖析，详细地分析趋势的形成。

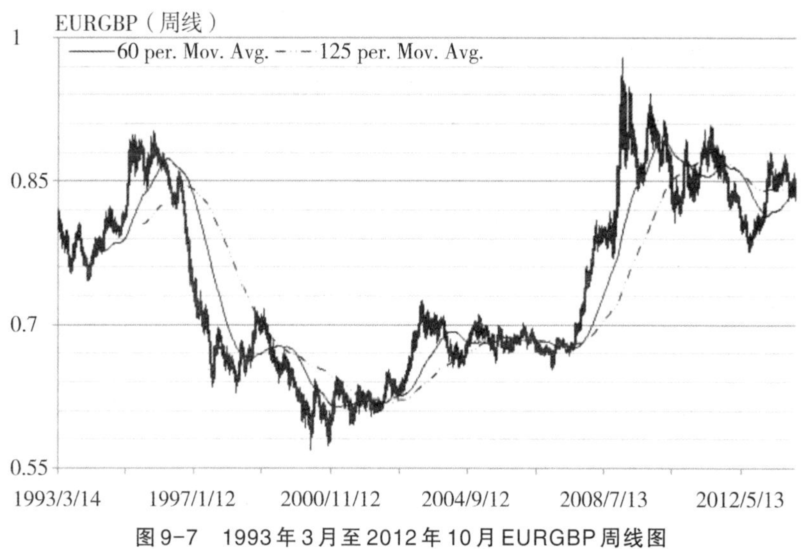

图9-7　1993年3月至2012年10月EURGBP周线图

如图9-8所示，EURGBP周线走势图中60周均线已由上升趋势逐渐拐平并转变为下跌趋势。向右箭头标示的是因为K线极值偏离60周均线幅度过大而发出短期的做空信号。其K线偏离均线程度值=（2003年5月9日最高点的K线价格-2003年5月9日对应的60周均线的价格）/2003年5月9日对应的60周均线的价格=（0.72-0.65）/0.65=+0.108。第一个向下箭头标示的是一个做空的信号，该位置的5周均线和10周均线全部向下穿越60周均线，但是此时的60周均线仍然有略微上升的趋势；第二个向下的箭头也是一个做空的信号，但是做空的时机比第一个箭头更好，该位置60周均线已经有略微下降的趋势，并且周K线、5周均线、10周均线向上突破60周均线不过后掉头向下运动，所以，第二个向下的箭头是做空的最佳位置。1996年1月21日至1996年6月2日周K线角度正切值=（0.8224-0.8779）/0.8779/20=-3.161×10^{-3}。1996年7月28日至1996年12月15日周K线角度正切值=（0.7504-0.8600）/0.8600/20=-6.372×10^{-3}，该下跌周K线角度的绝对值明显大于前期的周K线角度正切值-3.161×10^{-3}的绝对值，再次表明下跌趋势成立。

图9-8　1994年9月25日至1996年11月24日EURGBP周线图

如图9-9所示，在EURGBP周线图中，60周均线从长期的下跌趋势逐渐拐平，第一个向上箭头标示的是因为K线极值偏离60周均线的幅度过大，发出一个短期的做多信号，其K线偏离均线程度值=（1997年

7月13日周K线最低点价格-1997年7月13日对应的60周均线价格）/1997年7月13日对应的60周均线价格=（0.635-0.748）/0.748=-0.151。1997年3月23日至1997年7月27日周K线角度正切值=（0.6379-0.7235）/0.7235/20=5.916×10^{-3}，该周K线角度正切值的绝对值小于前期下跌趋势时周K线角度正切值-6.372×10^{-3}的绝对值，说明下跌趋势已经放缓。第二个向上箭头为一个做多的信号，60周均线由下跌趋势变得平缓，而5周均线和10周均线全部从下方向上突破平缓的60周均线。

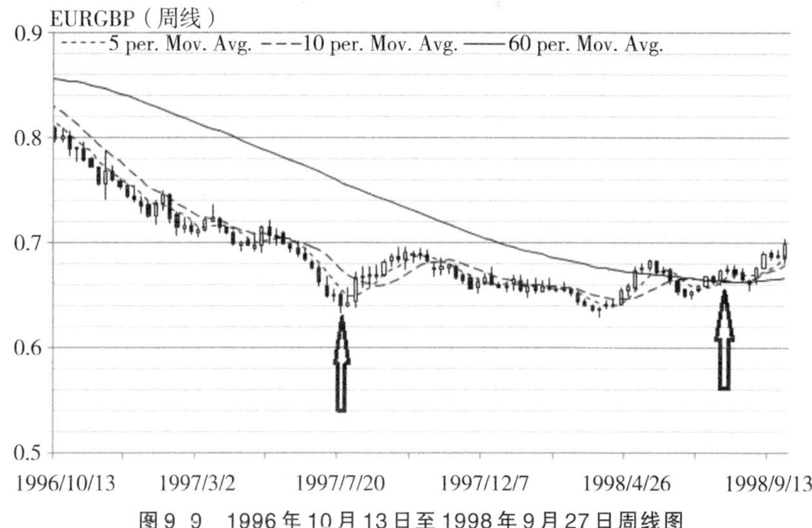

图9-9　1996年10月13日至1998年9月27日周线图

如图9-10所示，在EURGBP周线图中，60周均线由平缓逐渐转变为上升趋势，5周均线和10周均线全部突破了60周均线，箭头标示的位置是一个做多的信号，5周均线和10周均线突破60天后，回踩60周均线，但并未向下跌破60周均线，这是对上升趋势的确认。2002年10月11日至2003年2月20日周K线角度正切值=（0.6803-0.6245）/0.6245/20=4.468×10^{-3}。

如图9-11所示，EURGBP周线图中60周均线由平缓逐渐调头向上转变为上升趋势。周K线角度正切值非常小，接近于零，远小于前期上升趋势时的4.468×10^{-3}，表明了一轮上升趋势的终结，但是之后另一轮趋势的方向还需要借助其他指标判断。向下箭头标示的是一个做多的信号，该位置5周均线和10周均线全部向上突破平缓的60周均线，持续向

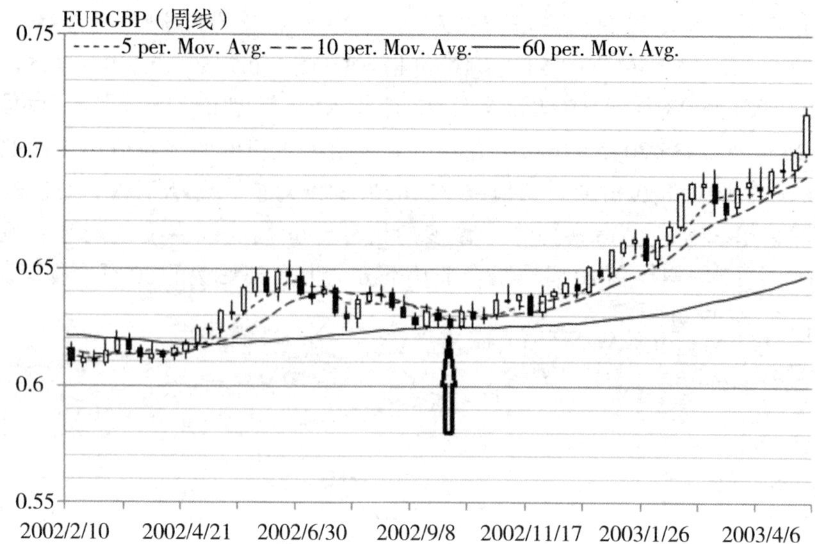

图 9-10　2002 年 2 月 10 日至 2003 年 5 月 9 日 EURGBP 周线图

上运动。2007 年 9 月 7 日至 2008 年 1 月 18 日周 K 线角度正切值=（0.7612-0.6736）/0.6736/20=6.502×10^{-3}，正切值为正值，并且大于上一轮上升趋势时的周 K 线角度正切值 4.468×10^{-3}，说明上升趋势成立。

图 9-11　2007 年 3 月 4 日至 2008 年 4 月 11 日 EURGBP 周线图

如图9-12所示，在EURGBP周线图中，60周均线由上升趋势逐渐变得平缓，向右的箭头标示的是一个做空的信号，这是因为该位置周K线极值偏离60周均线的幅度过大。其K线偏离均线程度值=（2009年1月2日周K线最高点价格-2009年1月2日对应的60周均线价格）/2009年1月2日对应的60周均线价格=（0.9802-0.7897）/0.7897=0.241。2009年6月19日至2009年10月30日周K线角度正切值=（0.9240-0.8418）/0.8418/20=4.882×10^{-3}，该角度正切值明显小于趋势成立时的6.502×10^{-3}，说明上升趋势已经明显放缓，接近尾声。向下箭头标示的位置5周均线和10周均线全部从上方向下跌破平缓的60周均线，再次发出了趋势反转的做空信号。

图9-12　2008年9月14日至2010年5月14日EURGBP周线图

如图9-13所示，在EURGBP周线图中，60周均线由下跌趋势逐渐变得平缓。向右的箭头是一个短期做多的信号，这是因为K线极值偏离60周均线的幅度过大，其K线偏离均线程度值=（2012年7月20日周K线最低点价格-2012年7月20日对应的60周均线价格）/ 2012年7月20日对应的60周均线价格=（0.7767-0.8447）/0.8447=-0.081。随后，5周均线和10周均线全部从下方向上突破了平缓的60周均线，又是一个做多的信号，利用K线偏离均线程度值与移动平均线同时发出做多信号，在向上箭头标示的位置可以开仓做多，至于后市如何，应该继续观察。

图9-13　2011年9月11至2013年2月22日周线图

EURGBP论证小结：在EURGBP论证中，利用K线偏离均线程度值这一指标出现的偏离程度值有+0.108、-0.151、0.241、-0.081，这4个K线偏离均线程度值的绝对值相差程度很大，所以在EURGBP周线走势中利用该指标时应该小心谨慎。但是事实证明，利用移动平均线理论、K线偏离均线程度值、K线角度正切值这三种指标可以较为成功地论证EURGBP趋势的形成过程。

二、AUDJPY

如图9-14所示，AUDJPY周线图中AUDJPY的波动幅度非常大也非常频繁。每次60周均线从下方向上突破125周均线时即形成长期上涨的趋势，而每次60周均线从上方向下穿越125周均线时即形成长期下跌的趋势。这说明对于长期趋势的形成，利用重大级别均线的交叉加以判断可以得到很好的结论。下面将对AUDJPY1993年5月至2013年10月的周K线走势图进行剖析，详细地解释AUDJPY趋势的形成。

如图9-15所示，AUDJPY周线图中60周均线由拐平变成向下的趋势，然后再次拐平。向右箭头标示的是因为K线极值偏离60周均线幅度过大所呈现的一个短期做多的信号，其K线偏离均线程度值=（1995

图9-14　1993年5月至2013年10月AUDJPY周线图

年4月9日周K线最低点价格-1995年4月9日对应的60周均线价格）/1995年4月9日对应的60周均线价格=（59.15-73.12）/73.12=-0.191。1995年5月21日至1995年10月1日周K线角度正切值=（78.25-59.30）/59.30/20=15.978×10^{-3}。周K线角度正切值极大，说明在该位置的单位时间的上涨幅度也是极大的，一轮上升趋势已经开启。向下箭头标示的是一个做多的信号，在该位置时5周均线和10周均线全部从下方向上突破平缓的60周均线，并持续向上。K线角度正切值、K线偏离均线程度值和移动平均线三种指标同时发出做多信号，所以宜在最大偏离程度值位置上直接做多，这是最好的开仓位置。

如图9-16所示，AUDJPY周线图中60周均线由上升趋势逐渐变得平缓，向右箭头标示的是一个短期做空的信号，因为K线极值偏离60周均线的幅度过大，其K线偏离均线程度值=（1997年4月6日周K线最高点价格-1997年4月6日对应的60周均线的价格）/1997年4月6日对应的60周均线的价格=（99.93-88.37）/88.37=+0.131。1996年12月15日至1997年4月27日周K线角度正切值=（100.05-89.67）/89.67/20=5.788×10^{-3}，该数值明显小于这轮上升趋势的前期周K线角度正切值15.978×10^{-3}，说明上升趋势已经有逐渐放缓的趋势。向下箭头标示的是一个做空的信号，5周均线和10周均线全部从上方向下跌破平缓的60周

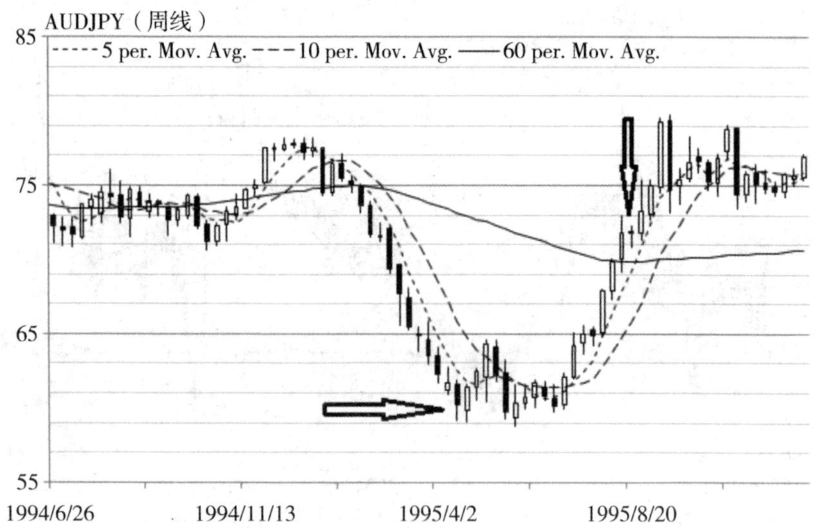

图9-15　1994年6月26日至1995年12月24日AUDJPY周线图

均线，并且在跌破后回踩60周均线，但并没有向上突破成功，之后继续下跌。K线偏离均线程度值与移动平均线同时发出了做空信号。所以，宜在最大偏离程度值位置开仓，这也是最佳的做空点位。

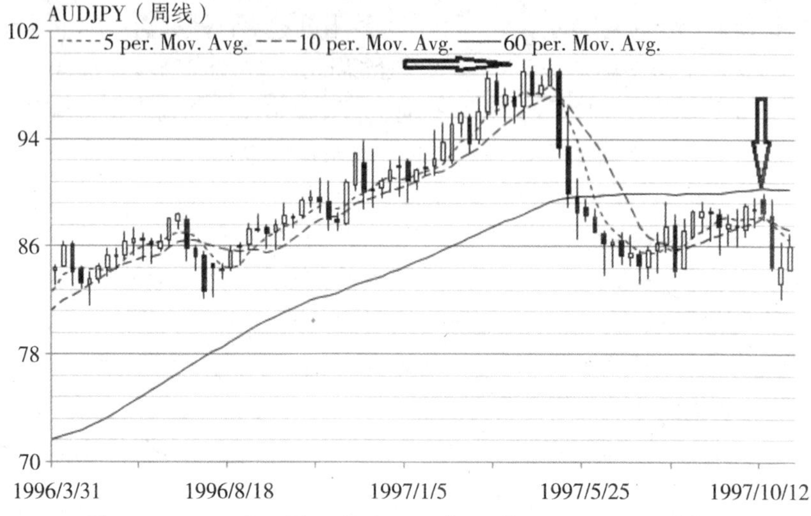

图9-16　1996年3月31日至1997年11月2日AUDJPY周线图

如图9-17所示，AUDJPY周线图中60周均线持续下跌，向右的箭头标示的是一个短期做多的信号。因为周K线极值偏离60周均线的幅度过大，其K线偏离均线程度值=（1998年10月4日的周K线最低点价格-1998年10月4日对应的60周均线价格）/1998年10月4日对应的60周均线价格=（69.54-85.23）/85.23=-0.184。向下箭头是一个做空的位置，5周均线和10周均线从下方向上突破了持续向下的60周均线，突破后掉头向下，从上方向下又跌破了持续向下的60周均线，这是在下跌趋势中做空的信号。1998年8月16日至1998年12月27日周K线角度正切值=（68.84-87.45）/87.45/20=-10.640×10^{-3}。1999年7月4日至1999年11月21日周K线角度正切值=（64.29-82.05）/82.05/20=-10.823×10^{-3}。两次的下跌角度正切值基本相同，说明下跌趋势仍然继续，可以维持继续做空的观点。

图9-17　1998年4月12日至2000年2月13日AUDJPY周线图

如图9-18所示，AUDJPY周线图中60周均线由下跌趋势逐渐变得平缓，并带有略微上升的趋势。K线首先呈现横盘震荡趋势，角度正切值接近于零，绝对值明显小于在前期下跌趋势时-10.823×10^{-3}的绝对值，证明了一轮下跌趋势的终结。125周均线也由下跌的趋势变得平缓，并且带有略微上翘的样子。第一个向上的箭头标示的是一个做多的信号，60周均线从下方向上突破平缓的125周均线，并且持续上升。这种大级别的均线形成“金叉”，是长期上升趋势形成的重要条件。第二个向上的箭头是对上升趋势的确认，是一个最佳的做多信号，5周均线和10周均线向下突破60周均线，并且在回踩平缓的125周均线之后掉头向上，从下方向上突破了60周均线，形成了一个绝佳的开仓做多点位。2002年7月21日至2002年12月1日的周K线角度正切值=（70.52-62.32）/62.32/20=6.579×10^{-3}。

图 9-18　2000 年 8 月 6 日至 2003 年 1 月 10 日 AUDJPY 周线图

如图9-19所示，AUDJPY周线图中60周均线持续上升。两个向右的箭头均为短期做空的信号，因为K线极值偏离60周均线幅度过大。第一个箭头位置的K线偏离均线程度值=（2003年7月4日周K线最高点价格-2003年7月4日对应的60周均线价格）/2003年7月4日对应的60周均线价格=（81.11-70.17）/70.17=+0.156。第二个箭头位置的K线偏离均线程度值=（2004年2月20日周K线最高点价格-2004年2月20日对应的60周均线价格）/2004年2月20日对应的60周均线价格=（84.99-76.26）/76.26=+0.114。2003年8月1日至2004年2月20日60日均线的角度正切值=（76.26-70.71）/70.71=0.078。2003年2月20日至2003年7月4日的周K线角度正切值=（81.11-70.09）/70.09/20=7.861×10^{-3}，该角度正切值大于上涨趋势初期的6.579×10^{-3}，说明上涨趋势依然继续。

图 9-19　2002 年 10 月 13 日至 2004 年 6 月 25 日 AUDJPY 周线图

如图 9-20 所示，AUDJPY 周线图中 60 周均线持续向上。2006 年 9 月 15 日至 2007 年 1 月 26 日周 K 线角度正切值=（96.45-87.73）/87.73/20=4.970×10^{-3}，该角度正切值小于前期的 7.861×10^{-3}，说明上涨趋势有放缓的迹象。向右箭头标示的是一个短期做空的信号，因为 K 线极值偏离 60 周均线的幅度过大。其 K 线偏离均线程度值=（2007 年 7 月 20 日周 K 线最高点价格-2007 年 7 月 20 日对应的 60 周均线价格）/2007 年 7 月 20 日对应的 60 周均线价格=（107.74-93.36）/93.36=+0.154。

如图 9-21 所示，AUDJPY 周线图中 60 周均线由平缓转变为下跌趋势。向上箭头标示的是一个做空的信号，该位置 5 周均线和 10 周均线全部向下穿越了略微向下的 60 周均线，之后持续下跌。向右的箭头标示的是一个短期做多的信号，这是因为周 K 线极值偏离 60 周均线的幅度过大。其 K 线偏离均线程度值=（2008 年 10 月 24 日最低点价格-2008 年 10 月 24 日对应的 60 周均线的价格）/2008 年 10 月 24 日对应的 60 周均线的价格=（55.11-95.73）/95.73=-0.424。

如图 9-22 所示，AUDJPY 周线图中 60 周均线从平缓转变为上升趋势。向上的箭头是一个做多的信号，5 周均线和 10 周均线在突破了平缓的 60 周均线后在 60 周均线上方震荡且趋势平缓，然后突然向上，并且

图9-20　2006年1月29日至2007年11月30日AUDJPY周线图

图9-21　2008年4月13日至2010年1月22日AUDJPY周线图

60周均线也呈现上升趋势，所以向上箭头标示的是一个很好的开仓做多位置。向右的箭头是一个短期做空的位置，因为周K线极值偏离60周均线的幅度过大，其K线偏离均线程度值=（2013年4月12日周K线最高点的价格-2013年4月12日对应的60周均线的价格）/2013年4月12日对应的60周均线的价格=（105.43-86.45）/86.45=+0.220。

图9-22　2011年10月23日至2013年8月2日AUDJPY周线图

AUDJPY论证小结：在AUDJPY论证中，利用K线偏离均线程度值这一指标出现的偏离程度有-0.191、+0.131、-0.184、+0.156、+0.114、+0.154、-0.424、+0.220，将这8个K线偏离均线偏离程度值的绝对值去掉一个最大值和一个最小值后，得到平均值为0.197。当AUDJPY周K线上浮或下浮60周均线超过0.197时，就可以定义为偏离程度过大，可以在此位置反向操作继续盈利，或者暂时平仓回避风险。事实证明，利用移动平均线理论、K线偏离均线程度值、K线角度正切值这三种指标可以较为成功地论证AUDJPY趋势的形成过程。

第三节　直盘货币对

一、EURUSD

如图9-23所示，EURUSD周线图中EURUSD经历了一轮长期的下跌趋势和一轮长期的上涨趋势，还有一轮长期的横盘震荡趋势。每次长期下跌趋势形成时，60周均线就会向下跌破125周均线；每次长期上升趋势形成时，60周均线就会向上突破125周均线；横盘震荡趋势形成时，60周均线总是会与125周均线互相反复地缠绕。下面将对EURUSD的周K线走势图进行剖析，详细地了解EURUSD趋势的形成。

图9-23　1992年9月至2013年10月EURUSD周线图

如图9-24所示，EURUSD周线图中60周均线逐渐变得平缓，并且有抬头向上的趋势。向上的箭头标示的是一个做多的信号，5周均线和10周均线全部从下方向上突破了平缓的60周均线，并且持续向上。1994年6月5日至1994年10月16日周K线角度正切值=（1.3142-1.1675）/1.1675/20=6.283×10^{-3}。

如图9-25所示，EURUSD周线图中60周均线由上升趋势逐渐变得平缓，之后转变成下跌趋势。向左的箭头是一个短期做空的信号，这是因为周K线极值偏离60周均线价格幅度过大，其K线偏离均线程度值=（1.453-1.235）/1.235=+0.177。1995年8月13日至1995年12月31日周K线角度正切值=（1.3669-1.3100）/1.3100/20=2.172×10^{-3}，明显小于前期上升趋势周K线角度正切值的6.283×10^{-3}，说明上升趋势有逐渐放缓的迹象。第一个向下的箭头标示的是一个做空的信号，5周均线和10周均线全部从上方向下跌破平缓的60周均线；第二个向下的箭头是一个绝

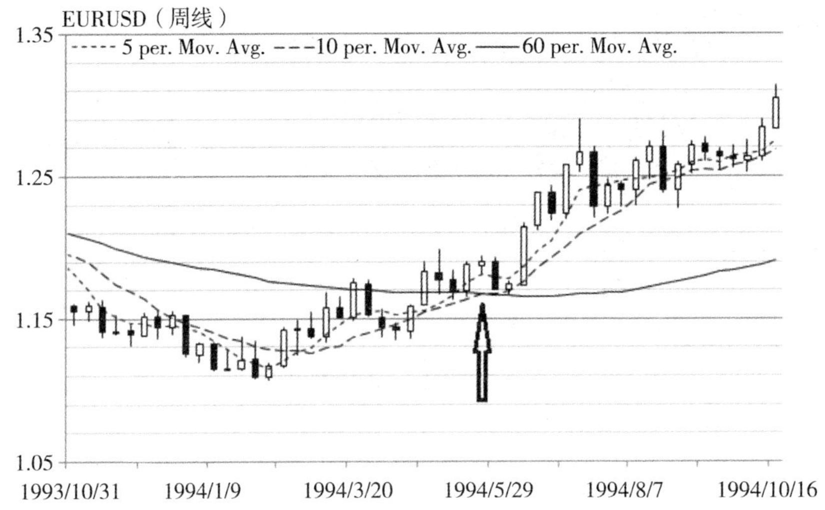

图 9-24　1993 年 10 月至 1994 年 10 月 16 日 EURUSD 周线图

佳的做空位置，5 周均线和 10 周均线在向下跌破 60 周均线之后持续向下，然后掉头向上回踩向下运动的 60 周均线，但并未突破成功，之后再次掉头向下运动，这是对下跌趋势的确认，是最好的开仓做空机会。1996 年 1 月 14 日至 1996 年 5 月 19 周 K 线角度正切值 =（1.2653-1.3561）/1.3561/20=-3.348×10^{-3}。

如图 9-26 所示，EURUSD 周线图中 60 周均线由下跌趋势逐渐变得平缓，周 K 线角度正切值开始时趋近于零值，是一轮下跌趋势的终结。但是下一轮趋势的方向还需要其他指标共同证明。向右的箭头是一个短期的做空信号，因为周 K 线极值偏离 60 周均线的幅度过大，其 K 线偏离均线程度值 =（1998 年 10 月 9 日的周 K 线最高点价格-1998 年 10 月 9 日对应的 60 周均线的价格）/1998 年 10 月 9 日对应的 60 周均线的价格 =（1.2394-1.1084）/1.1084=+0.118。向下的箭头标示的是一个做空的信号，K 线价格、5 周均线和 10 周均线从上方向下跌破 60 周均线，并持续向下，1999 年 1 月 10 日至 1999 年 5 月 23 日周 K 线角度正切值 =（1.0395-1.1793）/1.1793/20=-5.927×10^{-3}。K 线偏离均线程度值、K 线角度正切值与移动平均线同时发出了做空信号，表明下跌趋势成立。

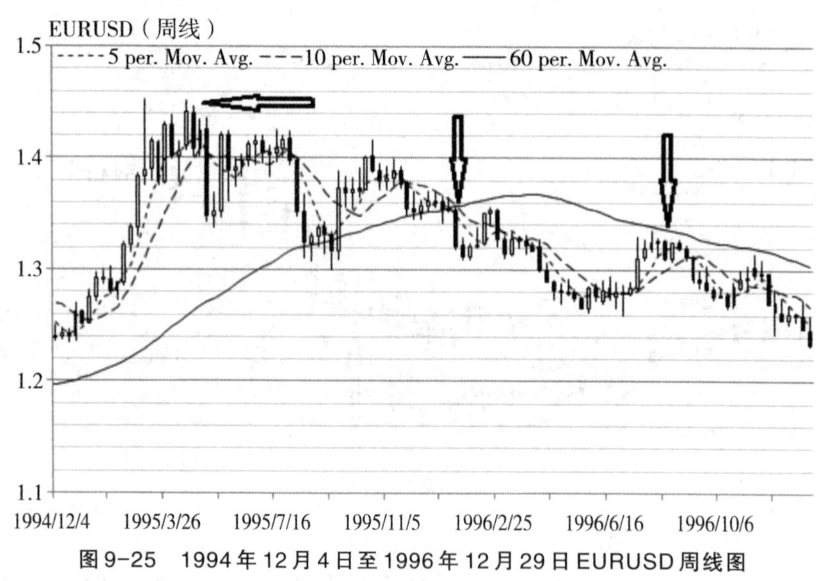

图 9-25　1994 年 12 月 4 日至 1996 年 12 月 29 日 EURUSD 周线图

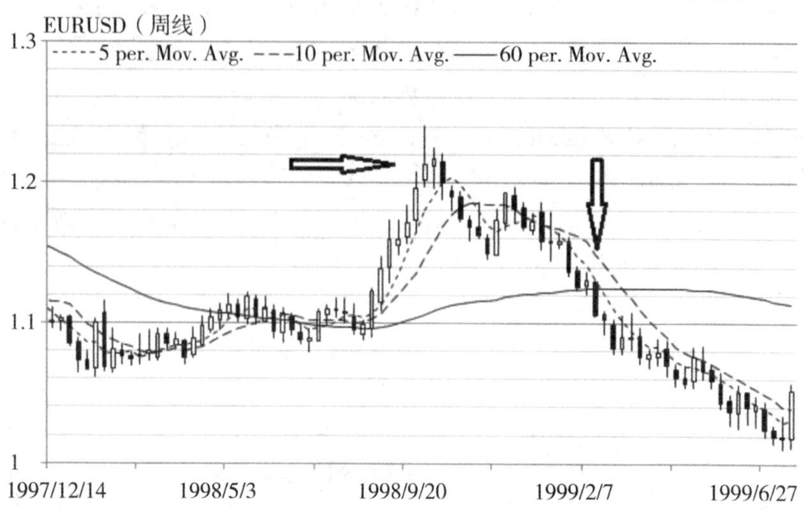

图 9-26　1997 年 12 月 14 日至 1999 年 7 月 23 日 EURUSD 周线图

如图 9-27 所示，EURUSD 周线图中 60 周均线开始时为持续的下跌趋势，后逐渐拐平。向左的箭头标示的是一个短期的做多信号，因为周 K 线极值大幅偏离 60 周均线，其 K 线偏离均线程度值=（2000 年 10 月 27 日周 K 线最低点价格-2000 年 10 月 27 日对应的 60 周均线的价格）/

2000年10月27日对应的60周均线的价格=（0.8230-0.9624）/0.9624=-0.145。2001年9月21日至2002年2月1日周K线角度正切值=（0.8565-0.9330）/0.9330/20=-4.100×10^{-3}，该K线角度正切值的绝对值明显小于前期下跌趋势K线角度正切值-5.927×10^{-3}的绝对值，说明下跌趋势已经逐渐放缓，趋势逐渐终结。2002年2月22日至2002年7月5日周K线角度正切值=（0.9971-0.8667）/0.8667/20=7.523×10^{-3}。向上的箭头是一个做多的信号，5周均线和10周均线全部从下方向上突破平缓的60周均线。周K线角度正切值和移动平均线同时发出做多的信号，上升趋势成立。

图9-27　2000年8月6日至2002年7月5日EURUSD周线图

如图9-28所示，EURUSD周线图中60周均线持续向上，向右的箭头标示的是一个短期做空的信号，这是因为K线极值偏离60周均线的幅度过大。其K线偏离均线程度值=（2003年5月30日周K线最高点价格-2003年5月30日对应的60周均线的价格）/2003年5月30日对应的60周均线的价格=（1.1931-1.0617）/1.0617=+0.124。2003年8月29日至2004年1月9日周K线角度正切值=（1.2868-1.0786）/1.0786/20=9.651×10^{-3}，大于前期上升趋势周K线角度正切值的7.523×10^{-3}，表明上升趋势依然成立。

如图9-29所示，EURUSD周线图中60周均线逐渐拐平，2004年10

图 9-28　2002 年 7 月 21 日至 2003 年 12 月 12 日 EURUSD 周线图

月 1 日至 2005 年 2 月 11 日周 K 线角度正切值=（1.2906-1.2244）/1.2244/20=2.703×10^{-3}，明显小于前期上升趋势时的周 K 线角度正切值 9.651×10^{-3}，上升趋势逐渐放缓，接近终结。第一个向右箭头标示的是一个短期做空的信号，这是因为周 K 线极值偏离 60 周均线的幅度过大，其 K 线偏离均线程度值=（2004 年 12 月 31 日周 K 线最高点价格-2004 年 12 月 31 日对应的 60 周均线价格）/2004 年 12 月 31 日对应的 60 周均线价格=（1.3660-1.2414）/1.2414=+0.100。向下的箭头标示的是一个做空的信号，5 周均线和 10 周均线全部从上方向下跌破平缓的 60 周均线。K 线偏离均线程度值和移动平均线同时发出做空的信号，在 K 线偏离均线程度值附近开仓做空会是一个不错的做空机会。第二个向右的箭头标示的是一个短期的做多信号，这是因为周 K 线极值偏离 60 周均线的幅度过大，其 K 线偏离均线程度值=（2005 年 11 月 18 日周 K 线最低点价格-2005 年 11 月 18 日对应的 60 周均线价格）/2005 年 11 月 18 日对应的 60 周均线价格=（1.1639-1.2622）/1.2622=-0.078。向上的箭头标示的是一个做多的信号，5 周均线和 10 周均线全部从下方向上突破平缓的 60 周均线，并持续向上，K 线偏离均线程度值与移动平均线同时发出做多的信号，证明上升趋势成立，并且第二个向右箭头位置附近是最好的开仓位置。若仅仅以移动平均线理论判断该趋势，必定会被移动平均线反复发出的相反的信号所迷惑，或是会坚持错误的观点。应用K线偏离均线程度值这一指标，成功地弥补了移动平均线理论的缺点。2005年12月30日至2006年5月12日周K线角度正切值=（1.2956-1.1776）/1.1776/20=5.010×10^{-3}。

图9-29　2004年8月15日至2006年5月19日EURUSD周线图

如图9-30所示，EURUSD周线图中60周均线由上升趋势转变为下跌趋势。2007年12月21日至2008年5月2日周K线角度正切值=（1.5690-1.4310）/1.4310/20=4.822×10^{-3}，该数值小于前期上升趋势的5.010×10^{-3}，说明上升趋势逐渐放缓。向上的箭头标示的是一个做空的信号，5周均线和10周均线全部从上方向下跌破60周均线，周K线角度正切值和移动平均线同时发出做空信号，表明下跌趋势成立，但是后续下跌趋势并没有持续很长的时间。向右的箭头标示的是一个短期的做多信号，因为周K线极值偏离60周均线的幅度过大，其K线偏离均线程度值=（2008年10月31日周K线最低点价格-2008年10月31日对应的60周均线价格）/2008年10月31日对应的60周均线价格=（1.2330-1.4842）/1.4842=-0.169。

如图9-31所示，EURUSD从2007年11月开始了长期的横盘震荡趋

图 9-30　2007 年 10 月 14 日至 2009 年 9 月 18 日 EURUSD 周线图

势，这也是在图 9-29 和图 9-30 中利用移动平均线理论和周 K 角度判断趋势时总是失效的原因。在横盘震荡趋势中，利用K线偏离均线程度值这一指标可以很好地规避风险，若是三个指标同时发出一个同样的信号，可能就预示着趋势将要反转。

图 9-31　2007 年 11 月至 2013 年 10 月 EURUSD 周线图

EURUSD论证小结：在EURUSD论证中，利用K线偏离均线程度值这一指标出现的偏离程度有+0.177、+0.118、-0.145、+0.124、+0.100、-0.078、-0.169，这7个K线偏离均线程度值的绝对值的平均值为0.130。当AUDJPY周K线上浮或下浮60周均线超过0.130时，就可以定义为K线偏离均线程度值过大，可以在此位置反向操作继续盈利，或者暂时平仓回避风险。事实证明，利用移动平均线理论、K线偏离均线程度值、K线角度正切值这三种指标可以较为成功地论证EURUSD趋势的形成过程。

二、USDCAD

如图9-32所示，USDCAD周线图中USDCAD经过了一轮长期的上升趋势和一轮长期的下跌趋势。在上升的趋势形成时，60周均线一直在125周均线上方运动，并且60周均线和125周均线全部持续向上运动。在长期下跌的趋势形成时，60周均线从125周均线上方向下穿越125周均线，形成“死叉”。在下跌趋势形成时，60周均线一直在125周均线下方运动，并且60周均线和125周均线全部持续向下运动。长期均线对趋势有决定性的作用，长期均线的趋势一旦形成，长期K线趋势是不易反转的，所以，长期均线是判断长期趋势再好不过的指标了。下面对USDCAD周线图进行剖析，详细地分析趋势的形成。

图9-32　1993年3月至2013年10月USDCAD周线图

如图9-33所示，USDCAD周线图中60周均线由平缓变得略微上翘。向上的箭头是一个做多的信号，5周均线和10周均线全部向上突破平缓的60周均线。1997年7月6日至1997年11月23日周K线角度正切值=（1.4270-1.3680）/1.3680/20=2.156×10^{-3}。该数值很小，因为该位置处于上升趋势的初期，所以均线比较平缓。

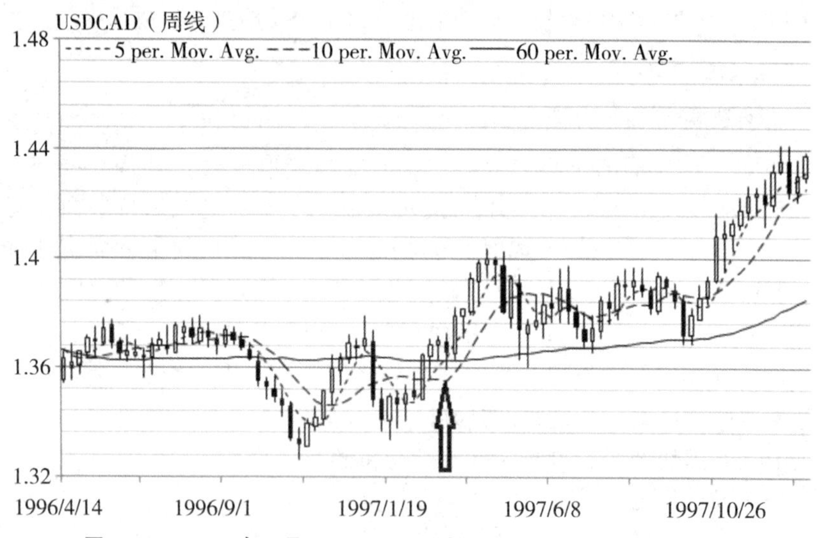

图9-33 1996年4月14日至1998年1月11日USDCAD周线图

如图9-34所示，USDCAD周线图中60周均线持续上升。1998年4月12日至1998年8月23日周K线角度正切值=（1.5855-1.4240）/1.4240/20=5.671×10^{-3}，该数值大于上升趋势初期的2.156×10^{-3}，说明上升趋势持续。向右的箭头是一个短期的做空信号，因为周K线极值偏离60周均线的幅度过大，其K线偏离均线程度值=（1998年8月28日周K线最高点价格-1998年8月28日对应的60周均线的价格）/1998年8月28日对应的60周均线的价格=（1.586-1.435）/1.435=+0.105。60周均线有缓慢的拐平趋势，但是还是保持向上的趋势。虽然5周均线和10周均线向下穿越了60周均线，但是60周均线仍然持续向上，并未到趋势完全反转的时候，短期的下跌趋势可能会形成，但是长期趋势的形成仍需等待，不可盲目地直接做空。

如图9-35所示，USDCAD周线图中60周均线平缓，向上的箭头标

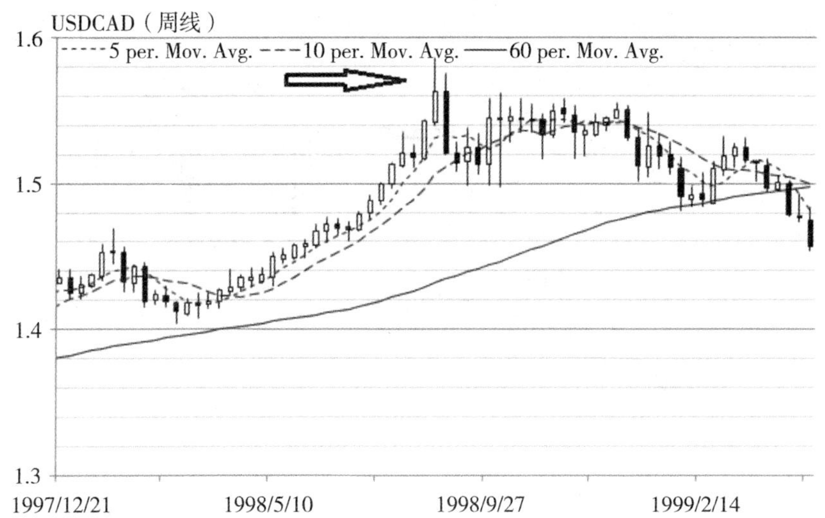

图 9-34　1997 年 12 月 21 日至 1999 年 4 月 25 日 USDCAD 周线图

示的是一个做多的信号，5 周均线和 10 周均线在突破 60 周均线后回踩 60 周均线，是对上升趋势的确认。两个向右的箭头标示的都是一个短期做空的信号，这是因为周 K 线极值偏离 60 周均线的幅度过大。第一个箭头标示位置的 K 线偏离均线程度值=（2000 年 11 月 17 日周 K 线最高点的价格-2000 年 11 月 17 日对应的 60 周均线的价格）/2000 年 11 月 17 日对应的 60 周均线的价格=（1.5632-1.4781）/1.4781=+0.058。第二个箭头标示位置的 K 线偏离均线程度值=（2001 年 3 月 23 日周 K 线最高点的价格-2001 年 3 月 23 日对应的 60 周均线价格）/2001 年 3 月 23 日对应的 60 周均线价格=（1.5778-1.4961）/1.4961=+0.055。两个位置的 K 线偏离均线程度值都在 5%左右，若没有很好地把握住第一个箭头位置的短期做空机会，那么第二个箭头位置的短期做空机会不应该错过，即使是平仓等待再次做多的机会也可以避免不必要的风险。2000 年 7 月 28 日至 2000 年 12 月 8 日周 K 线角度正切值=（1.5550-1.4625）/1.4625/20= 3.162×10^{-3}。

如图 9-36 所示，USDCAD 周线图中 60 周均线由上升趋势逐渐拐平，2001 年 9 月 28 日至 2002 年 2 月 8 日周 K 线角度正切值=（1.6092-1.5657）/1.5657/20=1.389×10^{-3}，明显小于前期上升趋势的 3.162×10^{-3}，说

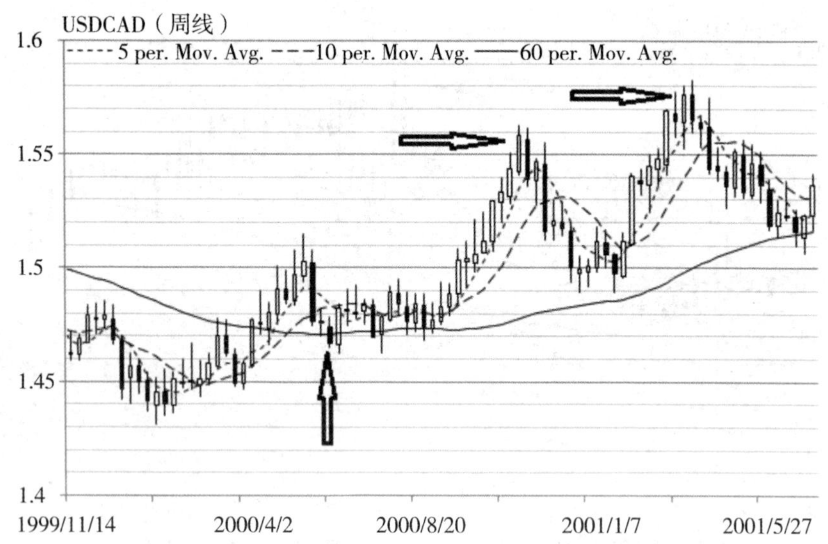

图 9-35　1999 年 11 月 14 日至 2001 年 7 月 13 日 USDCAD 周线图

明上升趋势逐渐放缓，一轮上升趋势的终结位置即将来临。向下的箭头是一个做空的信号，5 周均线和 10 周均线全部从上方向下跌破平缓的 60 周均线。2002 年 2 月 1 日至 2002 年 6 月 14 日周 K 线角度正切值=（1.5324-1.6138）/1.6138/20=-2.522×10^{-3}，K 线角度正切值和移动平均线同时发出做空的信号，表明下跌趋势成立。

如图 9-37 所示，USDCAD 周线图中 60 周均线持续下跌趋势。三个向右的箭头全部标示了短期做多的信号，这是因为 K 线极值偏离 60 周均线的幅度过大。第三个向右箭头位置的 K 线偏离均线程度值=（2004 年 11 月 26 日周 K 线最低点价格-2004 年 11 月 26 日对应的 60 周均线的价格）/2004 年 11 月 26 日对应的 60 周均线的价格=（1.1714-1.30）/1.30=-0.099。2004 年 6 月 25 日至 2004 年 11 月 12 日周 K 线角度正切值=（1.1898-1.3678）/1.3678/20=-6.507×10^{-3}，该数值的绝对值明显大于前期下跌趋势-2.522×10^{-3}的绝对值，说明下跌趋势依然持续。

如图 9-38 所示，USDCAD 周线图中 60 周均线开始由下跌趋势拐平，预示着上一轮的长期下跌趋势终结，随后 60 周均线震荡不稳定，整体趋势为横盘震荡趋势。向右和向左的箭头为短期做空的信号，这是

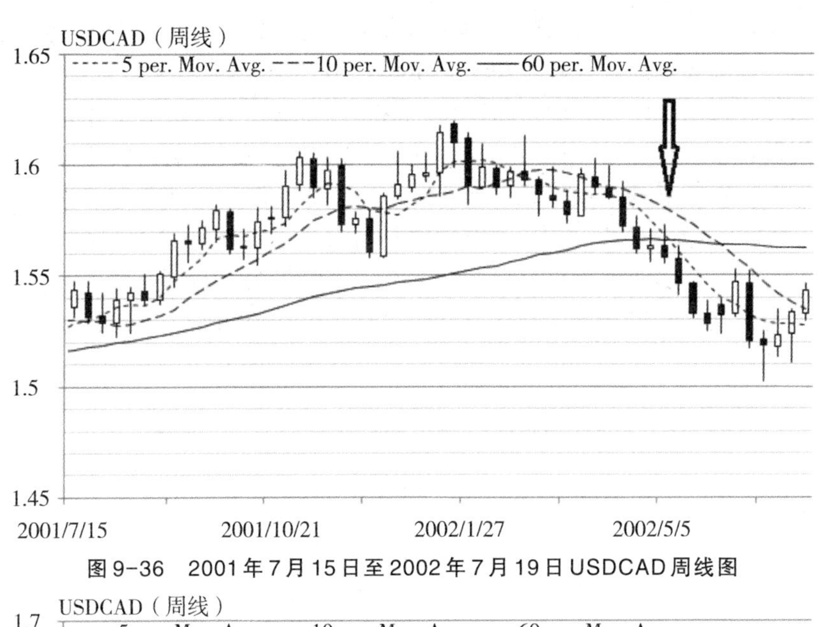

图 9-36　2001 年 7 月 15 日至 2002 年 7 月 19 日 USDCAD 周线图

图 9-37　2003 年 2 月 2 日至 2005 年 8 月 12 日 USDCAD 周线图

因为K线极值偏离60周均线的幅度过大。向右箭头位置K线偏离均线程度值=（2007年11月9日最低点价格-2007年11月9日对应的60周均线的价格）/2007年11月9日对应的60周均线的价格=（0.9056-1.0972）/1.0972=-0.175。5周均线和10周均线从下方向上突破了平缓的60周均线，发出了一个做多的信号。向左箭头标示的位置是一个短期的做空的信号，其K线偏离均线程度值=（2008年10月31日周K线最高点价格-2008年10月31日对应的60周均线价格）/2008年10月31日对应的60周均线价格=（1.3014-1.0233）/1.0233=+0.272。K线偏离均线程度值如此之大，在随后的短期下跌趋势中，5周均线和10周均线全部从上方向下突破了60周均线，但是60周均线仍持续上升，下跌趋势不能确立，此时的趋势并不明朗，应继续观望等待。若是仅仅以移动平均线判断趋势的话，就会错误地判断趋势，利用多种指标同时判断才可以准确地判断趋势。

图9-38　2007年4月15日至2010年7月2日USDCAD周线图

如图9-39所示，USDCAD周线图中60周均线平缓，周K线围绕着60周均线呈横盘震荡趋势，此时的趋势并不明朗，应该谨慎观望。

图 9-39　2011 年 2 月 27 日至 2013 年 2 月 1 日 USDCAD 周线图

第四节　黄金

如图 9-40 所示，黄金周线图中的主要趋势就是一轮长期上涨趋势，其中夹杂着的一些次要趋势是短期下跌趋势。在黄金的上升趋势中，K 线一直在 60 周均线的上方运动。60 周均线对黄金的 K 线价格有很好的“支撑”作用。从 2011 年 8 月开始，黄金也开始形成下跌趋势，60 周均线也随之掉头向下运动。下面我们对黄金的周 K 线进行剖析，详细地分析趋势的形成。

如图 9-41 所示，黄金周线图中 60 周均线变化非常平缓。向上的箭头标示了一个做多的信号，该位置 5 周均线、10 周均线、20 周均线和 60 周均线缠绕在一起，并且被一根阳 K 线同时向上突破了 4 根重要的均线，发出了做多的信号。同时，5 周均线和 10 周均线全部从下方向上突破平缓的 60 周均线。这样的信号出现在长期上涨趋势形成的初期。2001 年 5 月 4 日至 2001 年 9 月 14 日的周 K 线角度正切值 =（292.0-263.5）/263.5/20=5.408×10^{-3}，K 线角度正切值和移动平均线同时发出做多的信号，表明上升趋势成立。

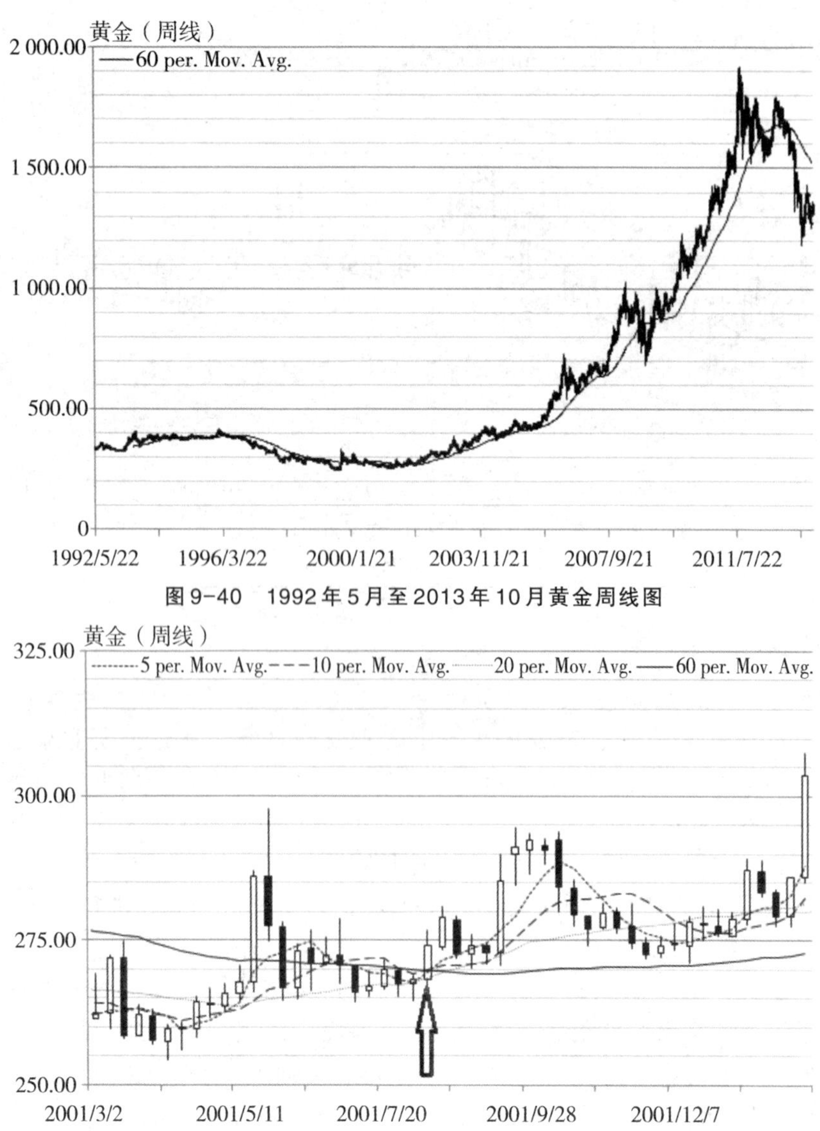

图 9-40　1992 年 5 月至 2013 年 10 月黄金周线图

图 9-41　2001 年 3 月 2 日至 2002 年 2 月 8 日黄金周线图

如图 9-42 所示，黄金周线图中 60 周均线持续向上。向右箭头标示的是一个短期做空的信号，这是因为周 K 线极值偏离 60 周均线的幅度过大，其 K 线偏离均线程度值=（2006 年 5 月 12 日周 K 线最高点价格-2006年5月12日对应的60周均线的价格）/2006年5月12日对应的60周均线的价格=（732-495）/495=+0.479。K线偏离均线程度值极大，短期需要回调，回归均线。2005年11月24日至2006年4月7日周K线角度正切值=（603.1-485.0）/485.0/20=12.175×10^{-3}，该数值明显大于前期上升趋势K线角度正切值5.408×10^{-3}，表明上升趋势依然持续。

图9-42　2005年3月18日至2006年10月6日黄金周线图

如图9-43所示，黄金周线图中60周均线持续向上。向右的箭头标示了一个短期做空的信号，这是因为周K线极值偏离60周均线的幅度过大，其K线偏离均线程度值=（2008年3月21日周K线最高点价格-2008年3月21日对应的60周均线价格）/2008年3月21日对应的60周均线价格=（1 033.9-750.27）/750.27=+0.378。随后，在短期的下跌趋势中，5周均线和10周均线虽然从60周均线上方向下跌破60周均线，但是60周均线还是持续向上运动的，所以在该位置不可盲目地做空，应该继续观望，等待5周均线和10周均线再次向上突破60周均线时做多。2007年11月2日至2008年3月14日周K线角度正切值=（1 009.0-780.0）/780.0/20=14.679×10^{-3}，该数值明显大于上升趋势初期的K线角度正切值5.408×10^{-3}，也大于前期上升趋势的K线角度正切值12.175×

10^{-3}，表明上升趋势依然持续。

图 9-43　2007 年 1 月 5 日至 2008 年 10 月 24 日黄金周线图

如图 9-44 所示，黄金周线图中 60 周均线由上升趋势逐渐拐平。向右的箭头是一个短期做空的信号，这是因为周 K 线极值偏离 60 周均线的幅度过大，其 K 线偏离均线程度值=（2011 年 8 月 26 日周 K 线最高点价格-2011 年 8 月 26 日对应的 60 周均线的价格）/2011 年 8 月 26 日对应的 60 周均线的价格=（1 913.7-1416.7）/1 416.7=+0.351。2011 年 3 月 11 日至 2011 年 7 月 22 日周 K 线角度正切值=（1 610.6-1 405.0）/1 405.0/20=7.317×10^{-3}，该数值明显小于前期上升趋势的 K 线角度正切值 14.679×10^{-3}，上升趋势已经明显放缓，有逐渐终结的可能。

图 9-44　2011 年 2 月 4 日至 2012 年 11 月 2 日黄金周线图

第五节　原油

如图 9-45 所示，原油周线长期为上升趋势，但是有一次剧烈的中期下跌趋势。下面对原油的周 K 线走势图进行剖析，详细地分析趋势的形成。

如图 9-46 所示，原油周线图中 60 周均线趋势由下跌趋势变得平缓，向右的箭头为短期做多的信号，因为 K 线极值偏离 60 周均线的幅度过大，其 K 线偏离均线程度值=（2001 年 11 月 21 日周 K 线最低点价格-2001 年 11 月 21 日对应的 60 周均线的价格）/2001 年 11 月 21 日对应的 60 周均线的价格=（16.7-27.8）/27.8=-0.399。随后，5 周均线和 10 周均线全部向上突破平缓的 60 周均线，发出做多信号，周 K 线在突破 60 周均线之后回踩 60 周均线，5 周均线和 10 周均线也在突破后向下试探 60 周均线，但是并未跌破，随后又维持上升趋势。2002 年 5 月 31 日至 2002 年 10 月 11 日周 K 线角度正切值=（30.08-24.38）/24.38/20=11.690×10^{-3}。K 线角度正切值与移动平均线同时发出做多的信号，表明上升趋势成立。

图 9-45　1998 年 2 月至 2013 年 10 月原油周线图

图 9-46　2001 年 2 月 2 日至 2002 年 10 月 18 日原油周线图

如图 9-47 所示，原油周线图中 60 周均线持续向上，两个向右的箭头均是短期做空的信号，这是因为 K 线极值偏离 60 周均线的幅度过大。第一个向右箭头位置的 K 线偏离均线程度值=（2005 年 9 月 2 日周 K 线最高点价格-2005 年 9 月 2 日对应的 60 周均线的价格）/2005 年 9 月 2 日对应的 60 周均线的价格=（70.85-51.47）/51.47=+0.377。第二个向右箭头位置的K线偏离均线程度值=（2006年7月14日周K线最高点价格-2006年7月14日对应的60周均线的价格）/2006年7月14日对应的60周均线的价格=（78.4-64.05）/64.05=+0.224。向下的箭头为一个做空的信号，5周均线和10周均线全部从60周均线上方向下跌破平缓的60周均线。2006年2月24日至2006年7月7日周K线角度正切值=（75.78-63.25）/63.25/20=9.905×10^{-3}，该数值小于前期上升趋势的K线角度正切值11.690×10^{-3}，上升趋势逐渐放缓。K线角度正切值、移动平均线和K线偏离均线程度值同时发出做空信号，在第二个向右箭头附近开仓做空，这是最佳的做空位置。

图9-47 2005年5月6日至2006年11月17日原油周线图

如图9-48所示，原油周线图中60周均线由上升趋势转变为下跌趋势。向上箭头标示的位置是一个做多的信号，在该位置5周均线和10周均线全部从下方向上突破60周均线。向左的箭头是做空信号，这是因为K线极值偏离60周均线的幅度过大，其K线偏离均线程度值=（2008年7月11日周K线最高点价格-2008年7月11日对应的60周均线价格）/2008年7月11日对应的60周均线价格=（147.25-95.99）/95.99=+0.534，K线偏离均线程度值非常大。向下的箭头标示的是一个做空的信号，是下跌趋势的确立，5周均线和10周均线全部从上方向下跌破平缓的60周均线。2008年8月15日至2009年1月16日周K线角度正切值=（35.16−117.45）/117.45/20=−35.032×10⁻³，K线角度正切值、移动平均线与K线偏离均线程度值同时发出做空的信号，表明下跌趋势成立。这轮上升趋势与下跌趋势都非常剧烈，且上升与下跌时的速度都非常快，利用K线偏离均线程度值这一指标能提早防范风险。

图9-48　2007年2月23日至2009年1月16日原油周线图

如图9-49所示，原油周线图中60周均线由下跌趋势拐平并抬头向上，60周均线向上说明了上一轮的下跌趋势已经终结。向左的箭头标示的是一个短期做多的信号，这是因为K线极值偏离60周均线的幅度过大，其K线偏离均线程度值=（2008年12月19日周K线最低点价格−2008年12月19日对应的60周均线的价格）/2008年12月19日对应的60周均线的价格=（35.98−100.25）/100.25=−0.641。

如图9-50所示，原油周线图中60周均线缓慢地向上运动，周K线缠绕着60周均线呈横盘震荡趋势。向右箭头标示的是一个短期做空的信号，这是因为周K线极值偏离60周均线的幅度过大，其K线偏离均线程度值=（2011年4月8日周K线最高点价格−2011年4月8日对应的60周均线价格）/2011年4月8日对应的60周均线价格=（113.21−83.90）/83.90=0.349。在横盘震荡趋势时，利用K线偏离均线程度值这一指标是最有效的。

图 9-49 2008 年 9 月 12 日至 2010 年 5 月 7 日原油周线图

图 9-50 2010 年 9 月 3 日至 2012 年 8 月 24 日原油周线图

第六节　总结

“顺势则生，逆势则亡”是金融市场永恒的真理，准确判断趋势是每一个职业投资者毕生的追求。趋势的重要性自然不必多说。趋势理论新释为市场投资者提供了一个全新的思想，只为提高判断趋势的概率。趋势理论新释的实用性也在实例论证中得到了证实。这个世界上没有任何事物是完美无瑕的，趋势理论新释也是这样，它也可能存在自身的缺点，但是这个思想的提出可以帮助投资者们完善自身的投资理论体系。只有最适合自身的投资理论体系，才是最好的。在这里，希望趋势理论新释会使各位投资者在思想上得到提升并获得超额的收益。

第十章

外汇交易实训

第一节　外汇交易术语

1. 汇率

汇率又称外汇利率、外汇汇率或外汇行市，是两种货币之间兑换的比率，亦可视为一个国家的货币对另一种货币的价值，通常以货币对的形式表达。

2. 做多

做多就是做多头，多头对市场判断是上涨，就是看好股票、外汇或期货未来的上涨前景而进行买入持有等待上涨获利。

3. 做空

做空是一种股票、期货、外汇等的投资术语，是股票、期货、外汇等市场的一种操作模式。它和“做多”是相反的，理论上是先借贷卖出，再买进归还。做空是指预期未来行情下跌，将手中股票按目前价格卖出，待行情下跌后买进，获取差价利润。其交易行为的特点为先卖后买。

4.买入价与卖出价

所有货币对的报价同时都具有两个价格，一个是买入价，而另一个是卖出价。买入价总比卖出价高。对于投资者来说，买入价就是外汇经纪商的卖出价，卖出价就是外汇经纪商的买入价。以英镑兑美元报价1.4685/1.4688为例，外汇经纪商的卖出价和投资者的买入价是1.4688，而外汇经纪商的买入价和投资者的卖出价是1.4685。

5.点差与点

点差=外汇经纪商的卖出价-外汇经纪商的买入价。例如，英镑兑美元报价1.4685/1.4688，点差=1.4688-1.4685=0.0003。由于小数点后面的数字过长，不方便记忆和交流，所以就引入了点的概念。但是，对于不同的货币对，点的概念又各不相同。对于不含有日元的货币对，点=0.0001。对于含有日元的货币对，点=0.01。

6.点值

在外汇交易的时候，点值通常是以美元计算的。点值=每个单位的交易量×最小跳动单位×（后一货币/USD），单位是美金。例如，USDCHF的点值=100 000×0.0001×（CHF/USD）=10/USD/CHF=10/0.9245=10.82美金。

7.手

1手=10万基础货币单位。

8.保证金

外汇保证金是金融衍生工具之一。它是以其一定比例的资金在外汇市场以各种货币为买卖对象，对汇率波动的方向进行扩大百倍以至数百倍的增值交易的金融衍生品，也称杠杆式外汇。

9.变动保证金

变动保证金是指清算所规定的，在会员保证金账户金额短少时，为使保证金金额维持在初始保证金水平，而要求会员增加交纳的保证金。

10.占用保证金

占用保证金是指持有所有未平仓头寸占用的保证金总和。

11.可用保证金

可用保证金是指投资者用于充抵保证金的现金、证券市值及融资融券交易产生的浮盈经折算后形成的保证金总额，减去投资者未了结融资融券交易已用保证金及相关利息、费用的余额。

12.保证金水平

保证金水平也叫保证金维持率、最低保证金维持率，是账户净值与占用保证金的比率。最低保证金维持率由经纪商规定（合同上有），一旦账户的保证金维持率低于这一水平，经纪商将会对客户的账户进行强行平仓处理。

13.保证金追缴通知

当账户所剩总资金和开仓所需要的资金的比率小于某一个特定比率（合同里会有说明），经纪商会向客户发出保证金追缴通知，并要求客户在一定时间内存入一定资金，否则将会对客户账户里的开仓部位执行强行平仓操作（全部或部分）。

14.隔夜利息

即期外汇交易中，头寸必须在两个交易日后交割。如果交易人在星期二卖出10万欧元，投资人必须在星期四交割，除非这个欧元的头寸被延期过夜。交易商会在北京时间6点的时候，自动将所有未平仓头寸办理延期过夜，使原来的外汇部位能在到期前转移到下一个交易日。

15.杠杆

杠杆就是交易量与需要的保证金之间的比值。

16.波幅

波幅是指货币在1天之中震荡的幅度。

17.单边市

单边市是指约有10天至半个月行情，只上不下，或者只下不上。

18.熊市与牛市

熊市是指长期单边向下，牛市是指长期单边向上。

19.牛皮市

牛皮市是指行情波幅狭小。

20.交易清淡与交易活跃

交易清淡是指交易量小，波幅不大。交易活跃是指交易量大，波幅很大。

21.上扬与下挫

上扬与下挫是指货币价值因消息或其他因素有突破性的发展。

22.盘整

盘整是指一般升（跌）后在区间内整理、波动。

23.破位

破位是指突破支撑或阻力位。

24.假破

假破是指突破支撑或阻力位，但立刻回头。

25.获利了结

获利了结是指平仓获利。

26.恐慌性抛售

恐慌性抛售是指听到某个消息就平仓，不管价位是多少。

27.止损

止损也叫“割肉”，是指当某一投资出现的亏损达到预定数额时，及时斩仓出局，以避免造成更大的亏损。其目的就在于投资失误时把损失限定在较小的范围内。

28.移动止损

移动止损又称“追踪止损”，就是追随最新价格设置一定点数的止损，只随汇价朝仓位的有利方向变动而触发，是在进入获利阶段时设置的指令。移动止损是一个非常好的交易工具，尤其在价格波动大的情况下，可以保证投资者的盈利。

29.止损指令

止损指令又叫停损指令或STOP指令，是指当市场价格达到客户预计的价格水平时即变为市价指令予以执行的一种指令。客户利用止损指令可以有效地锁定利润、减少损失。

30.限价指令

限价指令是指定一个价格，当市场价格低于这个价格时买进；或者指定一个价格，当市场价格高于这个价格时卖出。它的特点是可以按客户的预期价格成交，成交速度相对较慢，有时无法成交。限价指令以价格优先、时间优先的原则排序。

31.市场指令

市价指令也称随行就市，是指按照市场当时最好的价格立即（尽快）买（卖）某一特定交割月份期货合约的交易指令。

32.锁仓

锁仓就是建仓后，发现行情出现不利的苗头时，再反向开设等量的新仓位，这个新仓位不占用保证金。进行这种操作后，不论行情如何变化都锁定了亏损或者利润。待行情方向明朗时可以解锁，平掉其中某个方向的订单即可。

33.止盈

止盈也称停利、止赚、止赢，就是在目标价位挂单出货。

34.揸与沽

揸是买入，沽是卖出。

35.空头回补

空头回补是指空头在高位卖出开仓，并且价格下跌到满意的程度时买入平仓，同时造成价格暂时反弹上涨，但不能反弹到原来的高度。它相当于空头获利出局。

36.多头回补

多头回补是指期货、外汇市场上原本做多的投资者（看多先买入）在交易方向和持有的头寸反向发展时被迫平仓或反手做空（卖出）的行为。

37.单日转向

单日转向又称单日反转，是短期（甚至中期）见顶回落或见底回升的转向形态。

38.卖压与买气

卖压是指逢高价的卖单，买气是指逢底价的买单。

39.止蚀买盘

止蚀买盘是指作空头方向于外汇市场卖完后，汇率不跌反涨，逼得空头不得不强补买回。

40.头寸

头寸指投资者拥有或借用的资金数量。头寸是一种市场约定，承诺买卖外汇合约的最初部位，买进外汇合约者是多头，处于盼涨部位；卖出外汇合约者为空头，处于盼跌部位。

41.未结头寸

未结头寸是指尚未撤销或者清算的交易，此时投资者利益将受外汇汇率走势的影响。

42.多头头寸

多头头寸是指由买入多头而产生的投资头寸。由于此头寸尚未被冲销，因此可从市场价格上涨中获利。

43.空头头寸

空头头寸是指由卖出空头而产生的投资头寸。由于此头寸尚未被冲销，因此可从市场价格下跌中获利。

44.柜台市场

柜台市场用于描述任何不在交易所里进行的交易。

45.报价

报价是一种指示性市场价格，显示在任何特定时间，某一证券最高买入或最低卖出的有效价格。

46.账户结余

账户结余是指自上次平仓清算以来的账户余额。

47.账户净值

账户净值是指在账户余额基础上再加上浮动盈亏。

第二节　中国银行外汇交易平台实操

首先，在中国银行开通网上银行业务，并签约“双向宝”，这样才可以开始交易。

如图10-1和图10-2所示，登录中国银行官方网站，选择“个人客户网银登录”。填写正确的用户名和密码后，可登录中国银行网上客户端，开始交易。需要注意的是，中国银行网银交易需要安装控件。

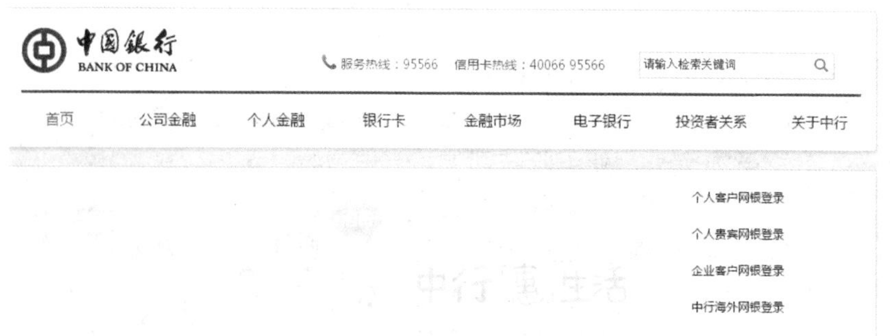

图10-1　中国银行网上银行登录入口

图 10-2　中国银行网上银行登录界面

如图 10-3 所示，选择“外汇实盘”，即可进入外汇操作界面，可以进行外汇行情查看和外汇实盘交易。

图 10-3　外汇实盘交易入口

如图10-4、图10-5、图10-6所示，在外汇实盘交易界面，可以进行三个操作，分别为“外汇账户”、“外汇买卖”和“交易状况”。

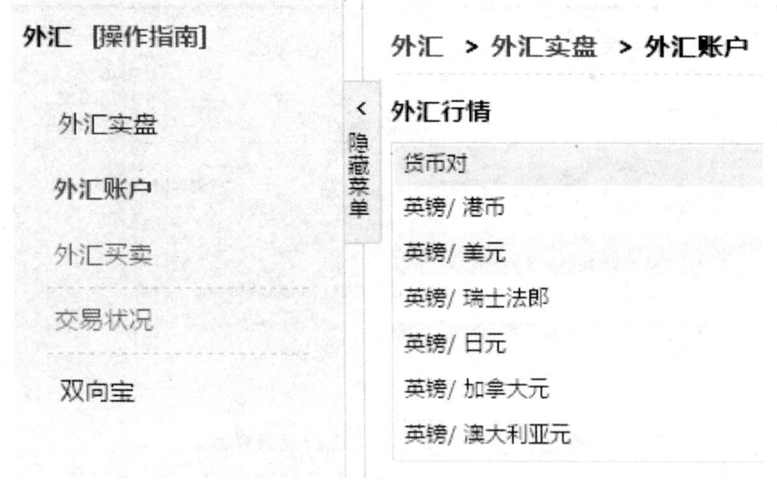

图10-4 外汇实盘交易界面——外汇账户

图10-4为外汇实盘操作的“外汇账户”界面，在该界面中，投资者可以查看外汇行情，可以定制汇率，分析外汇行情图。

在“外汇买卖”界面中，投资者可以进行外汇的实盘交易，如图10-5所示。投资者可以选择卖出币种、买入币种，即选择自己即将操作的货币对，输入交易金额，选择交易方式。在交易方式选择中，投资者可以选择两种价格方式——市价委托（市价即时）和限价委托（限价即时、获利委托、止损委托、二选一委托、追击止损委托）。

图10-6为外汇交易中的“交易状况”界面，该界面可以查看投资者历史委托交易状况、成交状况和当前有效委托状况。

除上述三大主界面外，在第一个界面“外汇账户”界面下，还有三个子界面——“行情走势”“全部汇率”“汇率定制”，如图10-7、图10-8、图10-9所示。

外汇账户界面中的“行情走势”子界面显示了各个货币对的行情走势图。图10-7（1）是2017年6月16日欧元/日元的日K线图。在该界面中，可以选择各种货币对，也可以选择K线周期以及图形类型，如图10-7（2）、图10-7（3）、图10-7（4）所示。

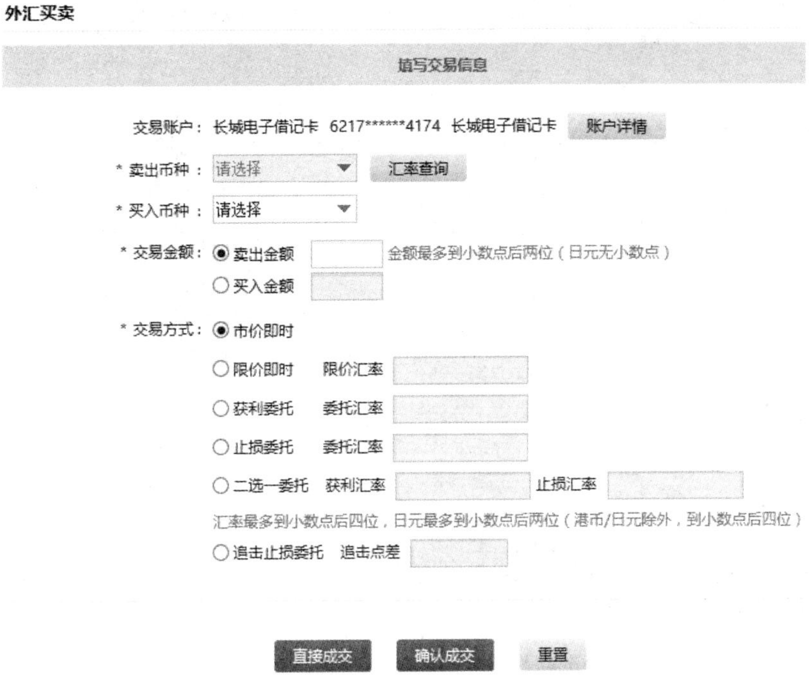

外汇买卖

填写交易信息

交易账户：长城电子借记卡 6217******4174 长城电子借记卡 账户详情

* 卖出币种：请选择 汇率查询

* 买入币种：请选择

* 交易金额：◉ 卖出金额 金额最多到小数点后两位（日元无小数点）

○ 买入金额

* 交易方式：◉ 市价即时

○ 限价即时 限价汇率

○ 获利委托 委托汇率

○ 止损委托 委托汇率

○ 二选一委托 获利汇率 止损汇率

汇率最多到小数点后四位，日元最多到小数点后两位（港币/日元除外，到小数点后四位）

○ 追击止损委托 追击点差

直接成交 确认成交 重置

图 10-5 外汇实盘交易界面——外汇买卖

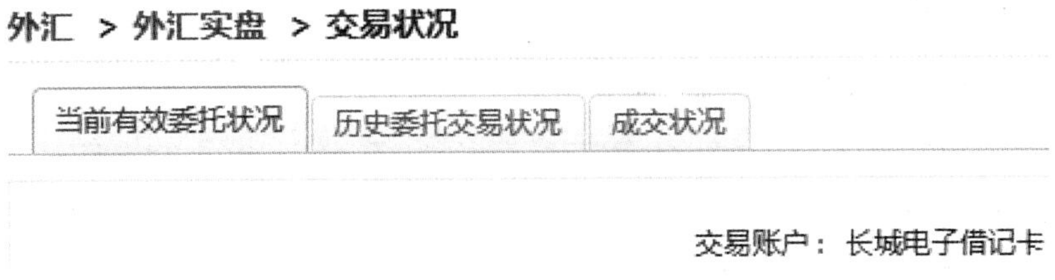

外汇 > 外汇实盘 > 交易状况

当前有效委托状况 历史委托交易状况 成交状况

交易账户：长城电子借记卡

图 10-6 外汇实盘交易界面——交易状况

受截图所限，图 10-8 只提供了 2017 年 6 月 17 日中国银行交易平台的部分汇率行情，中国银行外汇交易平台提供了 29 个货币对的外汇交易，分别是：欧元/美元、欧元/英镑、欧元/澳大利亚元、欧元/日元、欧元/加拿大元、欧元/港币、欧元/瑞士法郎、美元/日元、美元/加拿大元、美元/港币、美元/新加坡元、美元/瑞士法郎、英镑/美元、英镑/澳大利亚元、英镑/日元、英镑/加拿大元、英镑/港币、英镑/瑞士法郎、澳大利亚元/美元、澳大利亚元/日元、澳大利亚元/加拿大元、澳大利亚

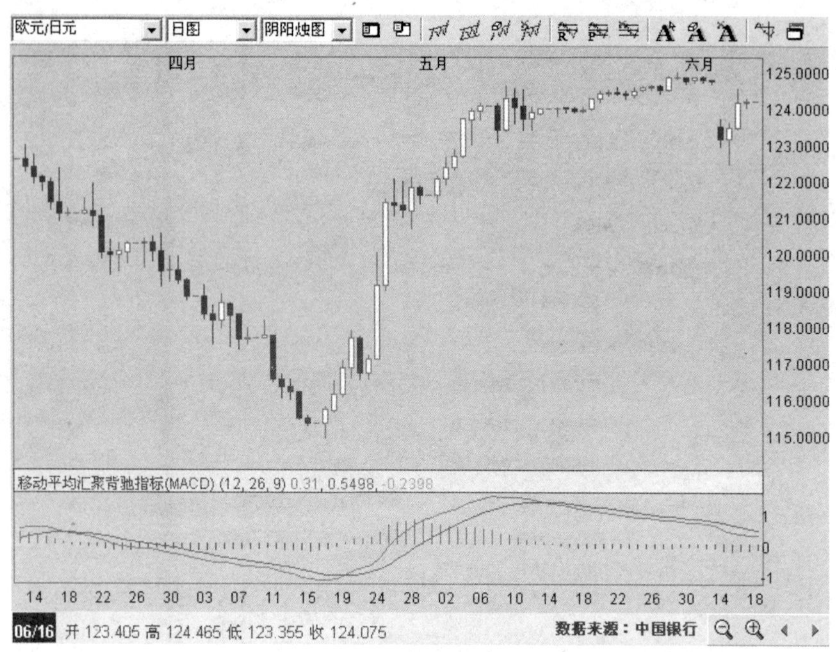

图 10-7（1） 外汇账户子界面——行情走势

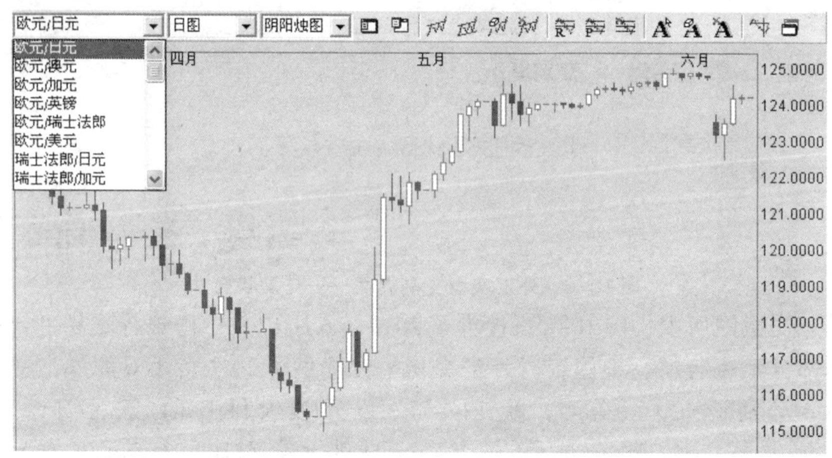

图 10-7（2） 外汇账户子界面——行情走势之货币选择

元/港币、澳大利亚元/瑞士法郎、加拿大元/日元、加拿大元/港币、港币/日元、瑞士法郎/日元、瑞士法郎/加拿大元、瑞士法郎/港币。

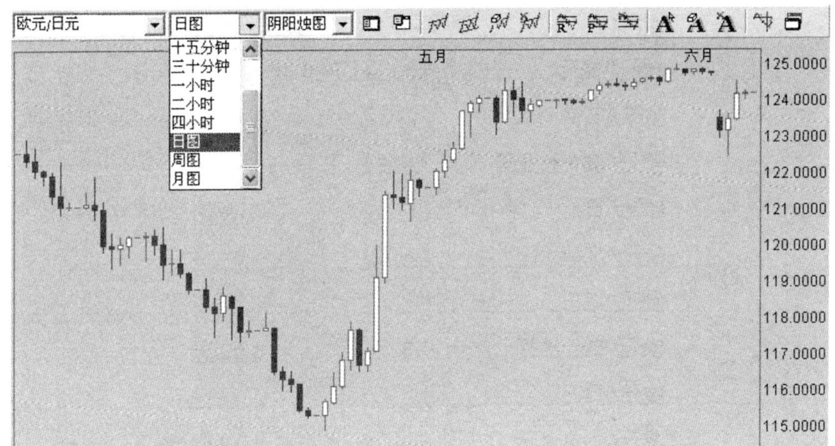

图 10-7（3） 外汇账户子界面——行情走势之 K 线选择

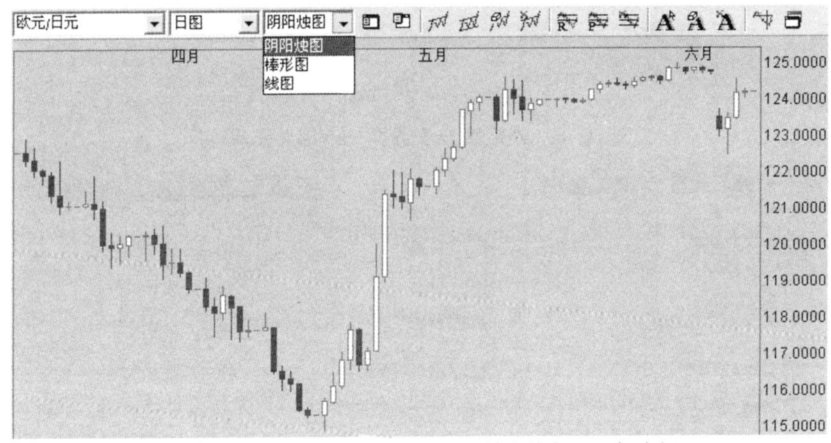

图 10-7（4） 外汇账户子界面——行情走势之图形类型选择

图 10-9 为汇率定制图，投资者可以定制经常关注或有意投资的货币对。

货币对	银行买入价	银行卖出价
欧元/ 美元	1.1188	1.1207
欧元/ 英镑	0.875	0.8776
欧元/ 澳大利亚元	1.4645	1.4751
欧元/ 日元	123.97	124.3
欧元/ 加拿大元	1.4769	1.4824
欧元/ 港币	8.7259	8.7437
欧元/ 瑞士法郎	1.0874	1.0929
美元/ 日元	110.75	110.97
美元/ 加拿大元	1.3204	1.3224
美元/ 港币	7.7988	7.8025
美元/ 新加坡元	1.3813	1.3848
美元/ 瑞士法郎	0.9722	0.9749

图 10-8　外汇账户子界面——部分汇率

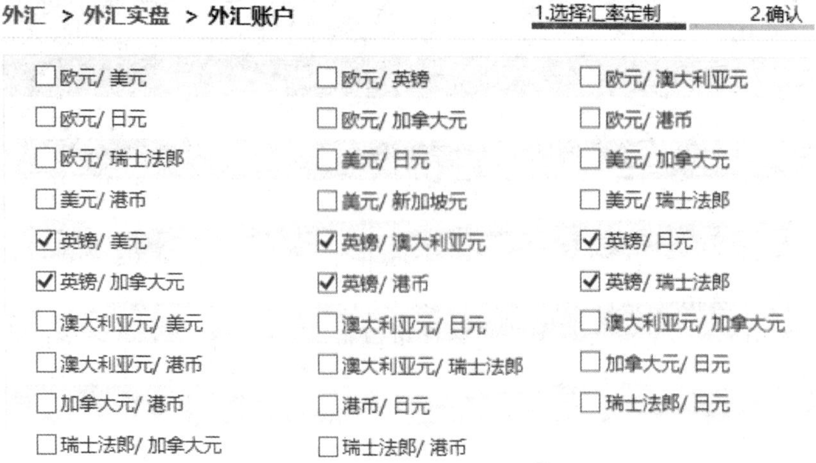

外汇 > 外汇实盘 > 外汇账户　　1.选择汇率定制　2.确认

☐欧元/ 美元　☐欧元/ 英镑　☐欧元/ 澳大利亚元
☐欧元/ 日元　☐欧元/ 加拿大元　☐欧元/ 港币
☐欧元/ 瑞士法郎　☐美元/ 日元　☐美元/ 加拿大元
☐美元/ 港币　☐美元/ 新加坡元　☐美元/ 瑞士法郎
☑英镑/ 美元　☑英镑/ 澳大利亚元　☑英镑/ 日元
☑英镑/ 加拿大元　☑英镑/ 港币　☑英镑/ 瑞士法郎
☐澳大利亚元/ 美元　☐澳大利亚元/ 日元　☐澳大利亚元/ 加拿大元
☐澳大利亚元/ 港币　☐澳大利亚元/ 瑞士法郎　☐加拿大元/ 日元
☐加拿大元/ 港币　☐港币/ 日元　☐瑞士法郎/ 日元
☐瑞士法郎/ 加拿大元　☐瑞士法郎/ 港币

图 10-9　外汇账户子界面——汇率定制

第三节　中国工商银行外汇交易平台实操

首先，开通中国工商银行网上银行。登录中国工商银行网上银行（http：//www.icbc.com.cn/icbc/）之后，选择“投资理财”→“外汇”→“汇市通”外汇买卖（如图10-10所示）。

图10-10　“汇市通”外汇买卖登录界面

“汇市通”是中国工商银行面向个人客户推出的外汇买卖业务，客户可以通过个人外汇买卖交易系统（包括柜台、电话银行、网上银行、手机银行、自助终端等），进行不同币种之间的即期外汇交易。

中国工商银行“汇市通”交易，委托时限宽泛，最长时限为120小时，且有24小时、48小时、72小时、96小时以及120小时五种时间范围可供选择；实行多档分级优惠。交易币种包括美元、日元、港币、英镑、欧元、加拿大元、瑞士法郎、澳大利亚元、新加坡元9个币种，共36个货币对。另外，交易起点金额低，且实行T+0交易。

“汇市通”外汇买卖操作功能如图10-11所示。

另外，工商银行还提供另一种外汇买卖登录方式。在“个人网上银行”登录界面，点击“外汇”，进入外汇买卖窗口（如图10-12所示）。

在这种登录界面下，客户可以看到“结售汇”“外汇买卖”“账户外汇”三个模块，如图10-13、图10-14、图10-15所示。

“外汇结售汇”界面提供人民币的外汇结售汇交易。

中国工商银行“外汇买卖”，指中国工商银行提供的不同外汇之间

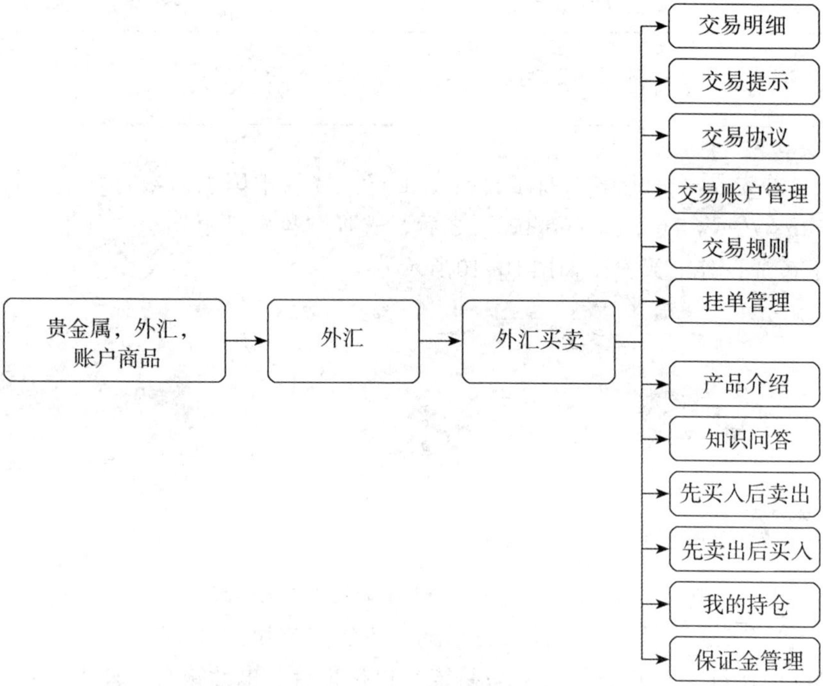

贵金属，外汇，
账户商品
外汇
外汇买卖
交易明细
交易提示
交易协议
交易账户管理
交易规则
挂单管理
产品介绍
知识问答
先买入后卖出
先卖出后买入
我的持仓
保证金管理

图 10-11 "汇市通"外汇买卖操作功能

ICBC 中国工商银行
用户登录
个人网上银行
>贷款
>理财
>基金
>外汇
>贵金属
>账户商品
>缴费

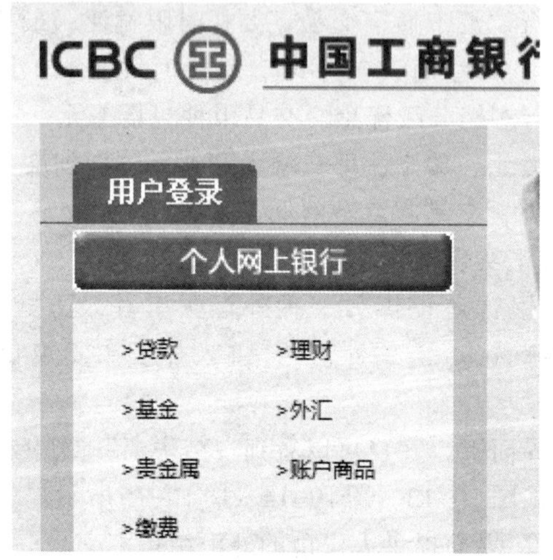

图 10-12 个人网上银行登录"外汇"买卖通道

结售汇	币种	现汇买入价	现钞买入价	现汇卖出价	现钞卖出价
• 产品介绍	英镑	867.96	848.12	874.06	874.06
	港币	87.18	86.61	87.53	87.53
	美元	680.02	675.59	682.74	682.74
	瑞士法郎	697.87	681.91	702.77	702.77
	单位：人民币/100外币			更新时间：2017-06-18 19:27:56	

图 10-13　外汇结售汇界面

外汇买卖	币种对	涨跌	银行买入价	银行卖出价	中间价	最高价	最低价
• 我的	英镑/美元	—	1.2769	1.2799	1.2784	1.2800	1.2774
• 产品介绍	美元/港币	—	7.7976	7.8036	7.8006	7.8013	7.8001
• 交易规则	美元/瑞士法郎	—	0.9716	0.9746	0.9731	0.9744	0.9729
• 交易协议	美元/新加坡元	—	1.3812	1.3842	1.3827	1.3836	1.3821
	美元/瑞典克朗	—	8.6886	8.7156	8.7021	8.7125	8.6976
	美元/挪威克朗	—	8.4294	8.4534	8.4414	8.4600	8.4408
	美元/日元	—	110.69	110.99	110.84	110.92	110.77
	美元/加拿大元	—	1.3207	1.3237	1.3222	1.3238	1.3210
	澳大利亚元/美元	—	0.7609	0.7639	0.7624	0.7631	0.7622
	欧元/美元	—	1.1186	1.1216	1.1201	1.1202	1.1186
	新西兰元/美元	—	0.7241	0.7271	0.7256	0.7259	0.7250

图 10-14　外汇买卖界面

买卖的投资交易产品。外汇买卖交易品种包括美元、日元、港币、英镑、欧元、加拿大元、瑞士法郎、澳大利亚元、新加坡元、新西兰元、挪威克朗、丹麦克朗、瑞典克朗等不同外汇组成的货币对。

外汇买卖按照交易类型不同，分为先买入后卖出交易和先卖出后买

品种	涨跌	银行买入价	银行卖出价	中间价	当日涨跌幅	当年涨跌幅
账户欧元	—	762.00	763.60	762.80	+0.06%	+4.26%
账户英镑	—	869.81	871.41	870.61	+0.05%	+1.71%
账户澳大利亚元	—	518.39	519.99	519.19	+0.03%	+3.63%
账户加拿大元	—	514.30	515.90	515.10	+0.10%	-0.37%

账户外汇

• 我的
• 产品介绍
• 交易规则
• 交易协议

更新时间：2017-06-18 1

图 10-15　账户外汇界面

入交易，两种交易类型相互独立，分别操作。先买入后卖出交易指客户先买入某种外汇，再卖出已买入外汇的交易。客户卖出某种外汇的每笔交易金额不能大于其实际持有该外汇的金额。先卖出后买入交易指客户首笔以美元为保证金卖出某种非美元外汇，然后在卖出的金额内部分或全部买入该外汇的交易。先卖出后买入交易的交易品种仅限美元兑非美元货币对，且卖出外汇为非美元。客户以先卖出后买入交易方式卖出外汇称为卖出开仓，买入外汇称为买入平仓。

外汇买卖按照交易方式不同，分为实时交易和挂单交易。实时交易指客户按照中国工商银行的交易报价实时买卖外汇的交易。挂单交易指客户提交挂单指令，当中国工商银行交易报价满足挂单条件时，按挂单价格成交的交易。挂单交易包括获利挂单、止损挂单、双向挂单、循环挂单、一对多挂单、触发挂单和追加挂单。循环挂单、一对多挂单、触发挂单及追加挂单仅适用于个人客户的先买入后卖出交易类型。

中国工商银行账户外汇是指中国工商银行为个人客户提供的，采取只计份额、不支取实际外汇的方式，以人民币买卖多种外汇的投资交易产品。账户外汇的交易品种按照挂钩外汇种类不同分为账户欧元、账户英镑、账户加拿大元、账户瑞士法郎、账户澳大利亚元、账户日元、账户新西兰元、账户新加坡元、账户挪威克朗、账户丹麦克朗、账户瑞典克朗等品种。

账户外汇的交易币种为人民币，交易报价单位为“人民币元/100单位外币”。账户外汇产品按照交易类型不同，分为先买入后卖出交易和先卖出后买入交易。两种交易类型相互独立，分别操作。先买入后卖出交易指客户先买入账户外汇，再卖出已买入账户外汇的交易。客户累计卖出账户外汇的数量不能大于累计买入的数量。客户以先买入后卖出交易方式买入账户外汇称为买入开仓，卖出账户外汇称为卖出平仓。先卖出后买入交易指客户首笔交易为卖出交易，然后在卖出的数量内部分或全部买入账户外汇的交易。客户累计买入账户外汇的数量不能大于累计卖出的数量。客户以先卖出后买入交易方式卖出账户外汇称为卖出开仓，买入账户外汇称为买入平仓。

账户外汇产品按照交易方式不同，分为实时交易和挂单交易。实时交易指客户按照中国工商银行交易报价实时买卖账户外汇的交易。挂单交易指客户提交挂单指令，当中国工商银行交易报价满足挂单条件时按挂单价格买卖账户外汇的交易。挂单交易包括获利挂单、止损挂单和双向挂单。

主要参考文献

[1] 郭强. 外汇交易实训教程 [M]. 哈尔滨: 哈尔滨工业大学出版社, 2014.

[2] 李健元, 李刚. 证券、期货、外汇模拟实验 [M]. 2版. 大连: 东北财经大学出版社, 2013.

[3] 皮埃尔. 外汇交易指南 [M]. 赖岸林, 范懿君, 译. 2版. 太原: 山西人民出版社, 2013.

[4] 杨向荣. 外汇交易实务 [M]. 2版. 北京: 电子工业出版社, 2013.

[5] 小何, 秦牧. 顺势而为——外汇交易中的道氏理论 [M]. 北京: 经济管理出版社, 2012.

[6] 兰容英, 倪信琦. 外汇交易实务 [M]. 2版. 厦门: 厦门大学出版社, 2012.

[7] 刘金波. 外汇交易原理与实务 [M]. 北京: 人民邮电出版社, 2011.

[8] 孔刘柳, 张青龙. 外汇管理——理论与实务 [M]. 2版. 上海: 格致出版社, 2010.